从罗马人
到罗马尼亚人

为拉丁渊源而辩

DE LA ROMANI
LA ROMÂNI

PLEDOARIE PENTRU
LATINITATE

【罗】伊昂-奥莱尔·波普 著
（IOAN-AUREL POP）

李昕 杨颖 译

中国人民大学出版社
·北京·

前　言

　　最近一个世纪以来，有关罗马尼亚人的前世今生、他们在欧洲以及世界上的地位等专业且正统的历史论述，频频见诸历史教科书和不同渠道的大众媒体。尽管如此，但一方面，这些内容并不具备足够的说服力；另一方面，相关业界动态也迫使研究者们设定假说，创立观点，发起论辩，不断进行新的阐释。与此同时，每一代人对重塑历史生活的感悟不同，但每一代人都懂得再现历史的必要性。在探究罗马尼亚民族历史的过程中，总会介入一些超越科学的观点，尤其是那些追逐内部政治利益、同时希望以此来贬低周围竞争对手的内容。甚至一部分知识分子借助观点来蛊惑懵懂的青少年。历史学，作为一门研究学科一向很难界定。它总摇摆于科学与艺术之间，在史实与神话传说中周旋，或是真实事件的记录，或是有感而发的随笔，亦真亦幻。然而，"历史行业"的严格规范早在19世纪就已足够明确，即使自那以后，现代主义、后现代主义、解构主义、元史学、史学领域的反事实推理等对这些规范造成了严重破坏。近几十年来，史学的真理（或者说可能存在的人类历史真相）面前又出现了新的障碍，那就是教育的堕落——教育与其应有的目标疏离，仅停留于肤浅的表象，同时又与欧洲及世界文化基础形同陌路。教育对普遍文化，尤其是对历史学、传统语言学及文学兴趣的锐减，已然令人担忧。而近几年来，这种兴趣的锐减更是助长了公众的愚昧无知，其结果是很大程度上把广大公众变成了只会被动接受的平庸之众。某些人及某些出版社的物质欲也直接导致了这一现象的发生：他们随时准备开发利用公众的猎奇心理。可惜，一些社会人文学科领域的真理在长时间反复被提及之后便逐渐失去了活力，因为人们更加渴求变化（即便在相关领域这是不可能的），新鲜感仍然是其追逐的目标。好在还是有部分历史认知的领域逐渐探寻到了终极真理或接近终极的真理，这部分内容不会再被考问，不会再被质疑，也不会再面临争论。我们前面提到的愚昧无知，正为那些企图掩盖真相、试图激发人们对过往生活进行超越实际情况的想象提供了肥沃的土壤。这些条件，为演绎过去人类的命运以及罗马尼亚人的发展历程构建了足够的空间和发挥余地。

总有一些史学爱好者，他们并不具备专业知识储备，却致力于自己来构建罗马尼亚民族的历史。他们建造出来的历史完全脱离事实，而更接近于文学艺术创作或科幻小说。他们为了坐实自身的言论，常常指责货真价实的史学家们制造各种阴谋，刻意掩盖事实，封堵所谓的重要信息来源。因为所谓的重要信息来源将有可能证明罗马尼亚人及其祖先掌握着宇宙的秘密，甚至也许被赋予了宇宙能量。他们可能创造了文字，发明了陶工用的陶轮，掌握了青铜和铁的冶炼技术，等等。如此令人难以置信的奇思妙想，会被阴险地再包装，将其离奇想象的面目隐藏后再呈现在众人面前，从而让人们更容易接受。

在无数流传于现代传播媒介或印刷品的"理论"当中，关于罗马尼亚人拥有纯正达契亚血统的观点占有一席之地。该观点标榜罗马尼亚人使用的语言曾是世界通用语言的本源，早于拉丁语甚至希腊语。显然，这是种极端的论调！（根据此观点，拉丁语是由达契亚人传授给罗马人的。）尽管这无稽之谈在近代社会传播广泛，但着实令人难以信服或接受。坊间支持此观点的证据可笑而荒谬，与语言学、历史研究和史学逻辑毫不相干，更不具备普遍的合理性。此种异想天开的观点的推动者们运用了拼合写作的技巧，摘取不同时代、不同地点的知识点与数据拼凑出了一个完整的结论。伪历史学家们经常利用权威论据，或者借助伪造的三段论，或者索性创造虚假的论证来进行操作，如此这般，毫无防备的人们就很难发现其错误性了。业界虚假的推论，如下即是简单例证：（1）盖塔－达契亚人信奉札尔莫西斯神（Zalmoxis）。（2）由此可见，盖塔－达契亚人是一神论者。（3）因为是一神论者，他们早在耶稣基督之前就已然是基督信徒了。事实上，此表述浮夸做作，听着似乎言之凿凿，却没有一句话论点充分，杜撰痕迹逐句升级：盖塔－达契亚人确实信奉札尔莫西斯神，但也信奉其他神，他们不可能是一神论者；此外，他们无论如何不会是基督信徒，在耶稣基督出现之前谈论基督教着实是无稽之谈。类似"研究"得出的结论即：盖塔－达契亚人曾经是世界上最开化的民族，随后产生的所有拥有过高度文明的民族，包括罗马人，都是他们的后裔。

大部分具有基本常识的人，即使没有准确、系统化和专业的知识储备，一般都不接受罗马尼亚人的起源单纯来源于达契亚或色雷斯－达契亚人这一观点。但他们也并不清楚罗马尼亚人的拉丁渊源，不了解世界主要民族的起源。有关罗马尼亚民族具有单一达契亚血统的"理论"与另一种同样荒唐的"理论"明显地互相矛盾。另一种所谓的"理论"认为，在与罗马人的冲突中，盖塔－达契亚人被赶尽杀绝，而幸存者也被悉数流放，因为罗马的达契亚行省不允许当地土著民族的存在。而这种"理论"通常与另一种观点有关，即移民学说，二者均带有政治色彩。该观点认为，罗马尼亚人并非原住民，而是稍晚才来到喀尔巴阡山所环绕的地区。特兰西瓦尼亚地区拥护启蒙运动的学者们支持罗马尼亚人种纯罗马属性的观点也同样有其政治动机。但在坚持罗马尼亚人是罗马人后代的同时，他们主张罗马尼亚人不容置疑的本土特性。非专业人士该如何理解这两种极端观点呢？它们一种认为罗马尼亚人源于纯正的达契亚人，另一种则认为罗马尼亚人是罗马人的后代。更有甚者，关于部分罗马尼亚人起源于库曼族的"理论"也曾盛行一时。

在相当一部分知识界人士看来，有关罗马尼亚民族的罗马血统理论以及罗马尼亚语的拉丁起源之说都如纯正达契亚人或纯正色雷斯人"理论"一般过分夸张。二者可以划归同一范畴，也许真理恰恰产生于二者之间。思想界普遍认为罗马尼亚人之所以跻身于罗马人后裔之列，完全归功于 18 世纪特兰西瓦尼亚学派执着、论点清晰而有条理的努力。特兰西瓦尼亚学派被公认为杰出的拉丁主义运动倡导者，在充斥着愚昧无知和以政治依据支持达契亚纯正论的背景之下，特兰西瓦尼亚学派提出了罗马尼亚人起源于罗马人的理论，纲领性地将古老而尚未规范化的罗马尼亚语拉丁化，并在罗马尼亚之外广而告之本民族的罗曼语民族特色，以便为生活在歧视政策之下的特兰西瓦尼亚地区的罗马尼亚人争取民族政治权利。由此，特兰西瓦尼亚学派的理论赢得了普遍共识，甚至得到了一部分伪学者的支持。他们认为，罗马尼亚人既不是达契亚人的继承者，也非罗马人的接班人，而是没有明确界定，模糊而难以定义地综合了二者的特点，由此，也很难被划入欧洲各民族中任何一支的范畴。同样令人疑惑不解的还有罗马尼亚语，大家都认为罗马尼亚语直到 18 世纪还处于未经雕琢的原始状态，而 18 世纪以后才被学者们草草依经拉丁语模式规范而成。当然，很有限的一部分知识界人士模模糊糊地了解到，早在 16 世纪就有途经罗马尼亚公国的外国学者或其他人士注意到了罗马尼亚语的拉丁特点并主张罗马尼亚人的罗马起源观点。由此，一个错误的结论就出现了。一方面，罗马尼亚人是从人文学者那里获知自己是谁、又来自哪里的。而另一方面又暗示了只有在人文主义的影响之下，罗马尼亚人才得以被归入古罗马世界，而这也是希腊－拉丁古典主义学派效仿文艺复兴时期，在其严格的规范基础上将世界系统化的必然要求。支持这些错误观点的人，总的来说，并不具备专业素养，也没有客观认识事物的科学追求。提出这些观点的人有着各自不同的目的，即使他们得出的结论是相同的：那些坚持罗马尼亚人不属于罗曼语民族的人认为，作为东南部欧洲人口最众多的民族，罗马尼亚人不应被列入世界精英民族的范畴，不配拥有体面的身份；另一部分人的思维恰恰相反，对于他们来说如果罗马尼亚人被划为罗曼语民族将是一种侮辱，因为罗马尼亚人不能发源于他的"征服者"和罗马"帝国主义者"，罗马尼亚民族应该产生于以某种方式在某个时期发展起来的更为高贵的人种。"爱国者"们相信这些种族比"微贱"的罗马人更为古老，是他们将罗马尼亚人推向永恒，将罗马尼亚人从难以避免、终将消逝的逻辑中抽离出来。

很多罗马尼亚知识分子无法脱离与历史研究的关系（知识分子

们痴迷于历史，且满怀爱国情怀），但他们往往会忘记对过往世界的探索是一项艰难而专业的工作，需要丰厚、勤勉而艰苦的积累，更需要坚持不懈和巨大的努力，同时也离不开聪明才智。非专业性的历史研究，即便是在最强烈的爱国主义情怀驱动之下，也有可能导致灾难性的后果：摧毁一个民族的可信度，增加外人对本民族的困惑，或者给几代专业人士曾为之奋斗的可靠、诚信而博学的工作带来质疑。

本部著作，尝试在世界范畴内诠释罗马尼亚人的民族和语言身份问题，力求浅显易懂，因而并非一部纯科学作品。书中语言没有严格遵循专业性，有可能会引起业内一些学者的不满或失望。写作中，为了降低阅读难度，提高读者理解程度，我对一些论据进行了简化处理。当然，简化的目的并不是为了偏离人类历史真相。此外，书中内容所引用例证摘选自多种语言，特别是拉丁语，这也有可能成为大家顺畅阅读的障碍。因此，我将所有涉及外语的段落都翻译成了罗马尼亚语。为此，我有可能要承担一定风险，毕竟照意大利人的说法——翻译即"叛徒"。因为，原始作品不能等同于任何其他译文，而原始作品中的语言文字魅力更是不能被取代。如果这部作品没能做到简单化、论点鲜明而浅显易懂，或者本书的知识科学层次不能达到某些读者的预期，那么作者要承担全部责任。不过，又或许，勤奋终究不会让我的努力白费。"Fecit quod potui, faciant meliora sequentes."（"尽我所能，造福后人。"）

本书的创作首先要归功于数十代历史学家的努力。从文艺复兴开始，历史学家们就着手研究罗马尼亚人的命运、在世界上的地位及其所扮演的角色、他们的特性及语言。本书的部分章节收录了我在不同场合的谈话内容，以及发表于专业或文化期刊、著作合集中的点滴研究成果和文章。这些内容曾被不同传统刊物或电子出版物转载，但通常我并不知晓，转载者也没有征得我的或者相关出版社的同意。我没有，也不打算与这些人计较，但这样的结果却造成我无法确切知道自己的作品何时何地被转载发表。我无暇处理这类事情，也没有兴趣去指责谁，或者因为发表我的文章将谁告上法庭，我也并不明确我是否拥有作品的独家复制权（著作权）。谈到这个话题主要还是缘于有些人（并不多，还算幸运）不怀好意地密切关注我的"自我剽窃"行为，荒谬地要证明我总是"窃取"自己的作品来发表。要知道，当今世界的所有历史界人士（我指的是那些作品丰富多产的学者），会不时地对自己的观点甚至文章进行深度再加工，把各种观点归纳总结，得出新的结论。这种行为不会被指责为"自我剽窃"或者冒犯广大读者。如果放任"政治唯尊"的卑鄙观点渗透进知识界和思想创作界，蔑视真理与常识，那么我们就会归于平庸，成为业界的侏儒，并将局限自我表达的方式。

目　录

世界上的语言与民族，
罗马尼亚人与罗马尼亚语

　　生活在今天地球上的几十亿人口，使用着六千至七千种语言。而我们很难更加精确地计算出人们赖以交流的语言工具的数量，这主要是缘于语言与方言的界定困难。换句话说，关于一门语言与这门语言方言的区分，以及世界上所有语言及方言的分类标准，专家学者们并没有达成完全共识。交流方式（语言、方言）、共同起源和宗教信仰是凝结一个种族共同体也就是民族的主要元素，而很多民族在新时代又演变出了现代国家。

　　世界上最重要的语言系统（地球上差不多一半人口都在使用的）是印欧语系。印欧语系又划分出如下语族：印度－伊朗语族（或印度－波斯语族）、意大利语族、罗曼语族（现代拉丁语族）、凯尔特语族、日耳曼语族、斯拉夫语族、波罗的海语族。除此之外，还有些比较特殊的语言，如希腊语、阿尔巴尼亚语、赫梯语、吐火罗语等。欧洲绝大部分民族（印欧语系民族）使用的语言主要是日耳曼语族、罗曼语族和斯拉夫语族。

罗马尼亚人属于罗曼语民族的一支，他们使用的语言是现代拉丁语。显然，我们无法回避罗马尼亚语在如此众多语言中的地位问题。语言分类是一项艰苦、费力且与其他领域相关联的工作。目前的分类方法各式各样，且得出的结论也不尽相同。撇开上述问题不谈，从多方面来看，我们完全有必要对世界主要语言做出具有雄辩力的概论。2017 年出现的一种语言分类方法（我们认为这种分类更加客观一些）被称为"世界语言晴雨表"①。持"晴雨表"观点的学者认为，内在因素及环境因素共同造就了语言的影响力。语言的内在因素是指：使用此种语言的人数、平均信息量（一条语言信息所承载的内容量）、传播元素（与不同种族交流时所体现出来的语言特点）、语言的地位、此种语言被转译为其他语言的次数、其他语言被转译为此种语言的次数、所取得的国际文学奖项、在维基百科网站上的活跃度，以及此种语言在高校领域的教学情况。环境因素包括：人口发展指数、生育指数（使用此种语言的妇女生育孩子的数量），以及互联网对此种语言的影响。以上述原则为基础，兼顾部分平衡性因素，对每个语言即可评估出一个内在因素得分、一个人口学指数得分、一个基于其影响力和综合特征并考虑到平衡因素的得分，以及一个全球性得分。依照这个标准，罗马尼亚语的内在因素得分排名世界第 11 位，位列英语、法语、西班牙语、德语、俄语、意大利语、汉语、葡萄牙语、日语和波兰语之后；人口学指数得分排名第 21 位；影响力排名第 24 位。综合衡量这三项指标，罗马尼亚语在世界主要语言中排名第 15 位，位列英语、法语、西班牙语、德语、俄语、意大利语、葡萄牙语、日语、荷兰语、瑞典

---

① 出自阿兰·卡尔韦（Alain Calvet）和路易－让·卡尔韦（Louis-Jean Calvet）的著作，由"法语及在法国使用的语言总代表团"（文化部）支持完成。http://www.culture.gouv.fr/Thematiques/Langue-francaise-et-langues-de-France/Actualites/Barometre-des-langues-dans-le-monde-2017.

语、汉语、波兰语、捷克语和克罗地亚语之后，而居于塞尔维亚语、匈牙利语、韩语、挪威语、丹麦语、希腊语、希伯来语、加泰罗尼亚语、芬兰语、土耳其语、亚美尼亚语、斯洛伐克语、保加利亚语、斯洛文尼亚语和乌克兰语之前。

面对如此众多的语言，罗马尼亚语在名单中的排名已然十分令人钦佩。即便是占据六七千种语言中的前 100 名，其地位就已经值得关注了，那么罗马尼亚语第 15 位的世界排名，对于罗马尼亚民族文化的自我传承及世界传播来说意义就更为重要了。榜单中的所有语言细观起来都不寻常。前 15 名中，5 种语言属于罗曼语族（法语、西班牙语、意大利语、葡萄牙语和罗马尼亚语），4 种语言为日耳曼语族（英语、德语、荷兰语和瑞典语），4 种语言为斯拉夫语族（俄语、波兰语、捷克语和克罗地亚语），再加上 2 种亚洲语言（日语和汉语）。换言之，排名世界前 15 的语言中，13 种为印欧语系语言，而其中的 5 种属于罗曼语族。罗马尼亚语言（和文学）能够跻身这一范畴的事实表明，从文化角度来说，罗马尼亚人民实现了他们作为拉丁文化的一分子在人类发展过程中的历史使命。罗马尼亚科学院历时一个多世纪主持编纂的《罗马尼亚语词库词典》（*Dicționarul Tezaur al Limbii Române*）是非常重要的一部词典学著作，能够为我们正确评价罗马尼亚语这份财产的世界地位提供足够的参考。词典的出版分为两个阶段（1906 年至 1944 年期间出版的部分简称 DA，而新版部分出版于 1965 年至 2010 年，简称 DLR），共 37 册，涵盖了约 17.5 万个词条及其变体，130 万条引证。词典收录了民间用词、方言、古代文献中的古体词汇、纯文学用语，以及科学技术词汇。科学技术词汇要求至少在两个不同的专业领域被使用过。词典的再版为 19 册的大部头，每册 500～1000页，包含了初版全部 37 册的内容。词典的电子版编纂于 2007 年至

2010 年间。这部词典，无论从体量还是词典学的专业角度来说，都与世界上另外几部大词典不相上下：如《法语词库》（*Trésor de la langue Française*）、《牛津英语词典》（*Oxford English Dictionary*）、《德语词典》（*Deutsches Wörterbuch*）等。

然而现在还是可以听到很多猛烈抨击罗马尼亚语的声音，不仅来自世界范围，更是来自罗马尼亚人自己，甚至罗马尼亚人的语言学和文学创作作品都满带偏见与复杂情结地认为，罗马尼亚语本身并不重要，没有意义。当然，罗马尼亚语的发展历程与罗马尼亚民族的命运息息相关。罗马尼亚语会与罗马尼亚民族共同经历一段不确定、短暂、动荡而自我鞭笞的时代。

兴趣所致，在能力范围内我（或深或浅地）研究过欧洲所有民族的历史，每一个民族都有关于其民族起源的理论。因为没有哪个民族或种族不会被问到从哪里来，到哪里去，说什么语言，信仰什么，继承下什么传统，穿什么服饰，有什么习俗，聚居地在民族形成过程中起什么作用，等等。这就正如法国人科学地依据文献来论证自己属于罗曼语民族（有着日耳曼称谓的罗曼语民族）一样，法国人认为自己是特洛伊人，是荷马笔下英雄帕里斯（Paris）的后代；同样，中世纪的波兰人认为自己是萨尔马特人；匈牙利人认为自己是匈奴人；而达契亚丹人（丹麦人）、特兰西瓦尼亚萨斯人因其本属于哥特人，也就是日耳曼人，就依据乔丹尼斯*（Iordanes）的研究成果，自称为盖塔人；等等。基本上所有民族都在求证自己最古老的起源。而求证的内容经常很怪异，有的来自《圣经》（比如证明自己是挪亚的儿子和后人，即闪、含、雅弗、歌蔑、玛各等等），或者来自古希腊神话传说中的同名英雄。其中的一些是虚构

---

* 公元 6 世纪时期研究哥特人的史学家。他曾用拉丁文撰写了哥特人的历史，混淆了哥特人与盖塔人。——译者

的，一些接近于真实，还有一些介于真实与虚构之间。很多民族在寻找，并且相信在史料中发现了自己种族的独特性和纯洁性。然而今天毋庸置疑的事实是，所有民族的构成都或多或少有种族融合的成分。天选之民族或受诅咒的民族是不存在的，同样也没有出身高贵或来自"蛮族"之分。尽管当代科学在解读大多数民族的演变问题上取得了本质的进步，但陈旧的偏见仍然存在，新的偏见又层出不穷。

罗马尼亚人和他们的语言同样不可避免地经历了这个过程，罗马尼亚人也曾在神话传说中找寻并断言了自己的血统来源。如果仅考虑第二次世界大战后的几十年，我们就会发现罗马尼亚人依照传统观念曾经被认为是罗马人的后裔，是斯拉夫人的后裔，是达契亚－罗马人，又或是库曼人的后代，或者完全来自色雷斯－达契亚人。然而，面对罗马尼亚人是罗曼语民族的事实，相关血统的外在认知和内在认知还没有被完全固定、确立和归纳。正因为如此，罗马尼亚人的拉丁起源，即便已经被成千上万留存的史料证明，也应不断地被论证与再论证。从本书中可以看出，罗马尼亚人的罗马渊源和罗马尼亚语的拉丁属性并不是最新提出的假设，也不是文学作品的神来之笔，而是罗马尼亚民族身份的基本组成部分，自其民族起源以来就被保留下来，并且得到了可靠的论证。换句话说，如果把两个极端"理论"（有关罗马尼亚人起源的纯粹达契亚主义和纯粹拉丁主义）置于天平托盘之上，平衡是实现不了的。因为罗马尼亚人的罗马血统处于优势地位，而他们的语言是现代拉丁语的一支。纯粹拉丁起源"学说"（曾经兴起一时，后面我们会继续提及）更接近事实，这是无可争辩的，对比之下，纯粹达契亚主义这一极端"理论"则被置于投机钻营、口出狂言的弄虚作假地位。

罗马尼亚人在罗曼语民族中的特殊性

所有古老的罗曼语民族都诞生在欧洲，诞生在曾经是罗马帝国领土一部分的土地上。他们大都形成于同一时期，有着共同的特征（相同的表现形式）。综合各方面情况来看，任何一个罗曼语民族形成的基础都包含至少三个根本的民族因素：古老的本土或原生因素，征服者因素，以及移民因素。这三者接踵产生，依序叠加。征服者因素（罗马人以及其他讲拉丁语的人）是所有罗曼语民族的公分母，占主导地位，是罗曼语民族特点的载体，这一因素决定了他们的个性和独特之处。以法国人为例，原生因素是高卢人（凯尔特人），征服者因素是罗马人，而移民因素为法兰克人（也包括其他一些相对来说并不十分重要的日耳曼人分支）。这些因素互相作用后产生的结果会不尽相同，但与罗马人到来之前的原住民及罗马人之后出现的移民相比较，古罗马的影响力始终强大且稳占上风。来看看罗马尼亚人，原生因素是盖塔－达契亚人（色雷斯人大家族中的一员），征服者因素是罗马人，而移民因素是斯拉夫人①。在这几大因素的共同作用下（发挥的效力各有不同，但仍然是罗马人或者其他讲拉丁语人的影响力占优势），罗马尼亚人在公元第一个千年诞生了。罗马尼亚人种起源的地理分布范围十分广泛，南起巴尔干山脉（旧称赫穆斯），北至森林葱郁的喀尔巴阡山，从西部的蒂萨平原至东部的摩尔多瓦高原。在如此广大的区域中，罗马尼亚人的人口密度分布并不十分均匀，他们也并没有在同一时期内就完全覆盖了上述所有地区。漫漫历史长河中，罗马尼亚人与他们的祖先一样，始终处于与不同民族共同生活、相互融合的过程之中。

所有罗曼语民族在形成过程中所经历的基本历史进程就是我们所说的罗马化。有关罗马尼亚人的罗马化，本书将随后做更为详细的论述。

---

① 罗马尼亚人是唯一一个在其民族构成中包含斯拉夫元素的罗曼语民族（也就是移民因素，出现于此民族形成后期）。其他罗曼语民族的形成过程中融入的则是日耳曼人元素（东哥特人、伦巴第人、法兰克人、勃艮第人、西哥特人等等）。

罗马尼亚人的特征

那么，谁是罗马尼亚人？对西方而言，罗马尼亚人是一个古怪的存在——西方人在近代为世界构建了主要的文明模式，而罗马尼亚人则以非典型性民族的身份出现在国际视野中。在国际舆论中，罗马尼亚人生活的区域以斯拉夫人为主，但这个民族却自负地声称拥有拉丁渊源且要求具有西方成员的身份。事实上，国际舆论对罗马尼亚人知之甚少，其所掌握的信息从神话传说到琐碎的事实，支离破碎而带有感情色彩。对西方来说，罗马尼亚人的不同寻常不仅仅表现在罗马尼亚民族的形成方式上，同时也体现在后来的发展过程中。不管怎样，从名称、民族起源的基本因素（罗马因素）和基督教化的形式与语言（使用拉丁文）上看，罗马尼亚人理应划归西方文化领域；而从一些民族起源的次要因素（盖塔－达契亚和斯拉夫因素），从宗教信仰和遵循拜占庭礼法的教会，从宗教、文化和行政事务中所用的中世纪语言（斯拉夫式），以及西里尔字母的使用（于 19 世纪才被正式弃用）上来看，罗马尼亚人更应具有东方

传统[①]。

如大多数民族一样，罗马尼亚人从古至今拥有两个人种（民族）称谓，一个是他们对自己的称呼，另一个是外族人对他们的称呼。他们对自己的称呼（民族称谓）是"Rumân"（罗马尼亚人），当人文主义出现之后，又自称为"Român"（罗马尼亚人）。这个词是罗马尼亚语从拉丁语单词"Romanus"继承而来的，罗马尼亚人自其民族诞生之日起就开始这样称呼自己。从 13、14 世纪起，我们可以找到足够多的中世纪史料来证明一个事实，那就是生活在多瑙河和喀尔巴阡山脉之间地区的人自称为"罗马尼亚人"，且其中的一些人已经意识到了他们的罗马血统，或者换句话说，他们意识到了自己的古罗马起源。但是，外族人（首先是其周边的拜占庭人、斯拉夫人、匈牙利人、日耳曼人等）称罗马尼亚人为"伯拉奇人"（Blaci）、"弗拉赫人"（Valahi）、"沃罗赫人"（Volohi）、"伏拉西人"（Vlasi）、"奥拉霍克人"（Oláhok）、"瓦拉琴人"（Walachen）、"依拉克人"（Ilac）、"乌拉格人"（Oulagh）等等，随后这些称呼又传到了西方国家。"弗拉赫人"一词有可能来源于一个罗马化凯尔特人部落的名字——"沃尔卡"（Volcae），后来，这个词通常被用来称呼拉丁语使用者或者有罗马血统的民族。在中欧和东南欧地区，它仅仅指罗马尼亚人，因为他们是这片区域唯一的拉丁语使用者。有趣的是，这两种称呼（即"罗马尼亚人"和"弗拉赫人"）完全可以视为同义词。无论从词源学或语义学的角度来看，这两个词都确切地指向同一事物，即该民族的古罗马起源及其语言的拉丁语特色。《斯特拉斯堡誓言》（宣誓于 842 年）是首部确凿证明了法

---

① 关于罗马尼亚人历史的简要概述，参见伊昂-奥莱尔·波普的《罗马尼亚人与罗马尼亚：简史》（1999 年在纽约出版）及《罗马尼亚人简史》（2017 年在布加勒斯特出版）。

国人民族身份的法语文献。而在《斯特拉斯堡誓言》中，罗马尼亚人被以"弗拉赫人"或"伯拉奇人"的称呼提及。这样，我们就可以将9世纪看作罗马尼亚民族初步确立之时。当然，民族和语言都是不间断地发展变化的，这就是为什么首个证据、诞生、出现等词都是相对而言的。

在其人种起源过程的最后阶段（8至9世纪），罗马尼亚人的生活区域正好处于欧洲两个重要的文化和宗教势力范围交界之处：一边是拉丁文化和天主教；而另一边是拜占庭的势力范围，盛行的是斯拉夫文化和东正教。一些作者将这片边界理解为起于波罗的海终于亚得里亚海的一条精确而严格的分界线，而很有可能正是这段分界线永远决定了罗马尼亚民族不同于欧洲其他民族的命运。分界线的一边是信奉天主教和新教的人（民族），多为日耳曼和罗曼语民族，他们是具有自主精神和顽强发展能力的欧洲文明和文化的创造者；另一边可以说是欧洲和亚洲之间的一处"地峡"①，是萧条而因循守旧的"东方势力"——东正教派和斯拉夫民族的势力范围。当然，如果仔细分析，这种笼统的划分就会被证明是肤浅、简单而缺乏依据的。除此之外，罗马尼亚人、希腊人、匈牙利人、阿尔巴尼亚人、波罗的海人及其他族群仅仅是被非常含糊地包括在了这个框架里。举例来说，罗马尼亚人并不是斯拉夫人，但大部分却是东正教徒；波兰人是斯拉夫人，但大部分却信奉天主教。此外，罗马尼亚民族从形成之初直到今天一直生活在这条被人为划分的边界两侧。两侧的罗马尼亚人在本质上始终有着相同的身份特征、相同的语言、相同的信仰（拜占庭式东正教）以及相同的"forma mentis"（对生活和世界的理解方式与精神状态）。罗马尼亚人所处的"交界地

---

① 塞缪尔·亨廷顿（Samuel Huntington）《文明冲突与世界秩序的重建》中的概念。

区"确实存在，但并不是交界线，而是一条数百公里宽的狭长地带，始于波罗的海，终至多瑙河下游、黑海和亚得里亚海。在这片广阔的区域内，从官场和精英阶层到普通百姓的日常生活，西方和东方的思想意识形态充分交融。历史资料表明，中世纪的这片土地上，人们以及他们生活的社区在一段时期内同时承担着多重身份（拜占庭与拉丁文化，东正教与天主教，基督教与伊斯兰教，摩西教与基督教，等等），以方便他们在社会中进行自我表达，自我强调，谋求生存或者适应严苛的社会要求。因此，在匈牙利、波兰－立陶宛、罗马尼亚、保加利亚、塞尔维亚等王国和公国中都能找到相同时期有关拜占庭（东正教）和拉丁（天主教）教会等级制度方面的记载，它们同时存在、共生，且在这片土地上发展变化着。此外，在被认为是天主教的国家里，例如阿尔帕德王朝和雅盖隆王朝，官方教会是西式的（拉丁化的，后来称为天主教），而根据史料记载，13 至 15 世纪，当地多达一半的人口都是东正教徒，他们拥有东正教的教堂、修道院、主教管区和相应的大主教区。同样，在中世纪时期的罗马尼亚各公国（摩尔多瓦和罗马尼亚公国），官方尊崇东正教的等级制度，而同时运行的还有拉丁化的主教管区，以适应为数众多的、不同来源的人口，主要是城市人口、各地方人口，抑或是来自特兰西瓦尼亚地区人口的不同宗教需求。由此，在这片广大的交界地区上，各种文化的重叠与交融达到了最大化。

如今，罗马尼亚约有三千万人口，绝大部分生活在多瑙河以北地区，正如在中世纪一样，他们是东南部欧洲人口最多的民族。其中超过二千三百万的罗马尼亚人集中生活在罗马尼亚境内和摩尔多瓦共和国。同时，乌克兰、塞尔维亚、保加利亚、马其顿、希腊、阿尔巴尼亚、匈牙利（约二百万）、意大利（超过一百万）、西班牙（约一百万）、德国、法国、英国、美国、加拿大、澳大利亚、新西兰、北欧等国也都有分布。罗马尼亚人是当今欧洲东部民族中罗曼语族唯一的继承者；是唯一与拉丁主体世界隔绝的继承者；是唯一深受斯拉夫语影响的欧洲罗曼语民族；它还是唯一信奉东方基督教派的罗曼语民族（尊崇拜占庭，即东正教和希腊天主教的宗教礼仪）。中世纪时，罗马尼亚人的精英阶层使用斯拉夫语作为其宗教、行政和文化语言，这也是欧洲罗曼语民族中仅有的现象。罗马尼亚人是罗曼语民族，其历史却在西方世界鲜为人知，因为与其他罗曼语民族相比，罗马尼亚人所生活的地区相对隔绝。罗马尼亚人没有参与西方的文化大潮，没有建造哥特式大教堂，没有创作出英雄史诗、"武功歌"*、宫廷小说、即兴喜剧。在13至14世纪期间没有如意大利和法国一样经历文艺复兴，17、18世纪也没有诞生伟大的哲学家、戏剧家或寓言作家。当然，罗马尼亚人自有其价值，而不在于创造那些享誉世界的西方文化。

所以，从身份构成的基本因素来看，罗马尼亚人宣称自己属于西方世界。而其他方面又显示他们应归属于东欧和东南部欧洲。抛开这种二元性不谈，至少在名字上，从他们的语言以及他们民族起源的本质因素来说，罗马尼亚人属于拉丁世界的一部分。

---

* 11至14世纪流行于法国的一种数千行乃至数万行的长篇故事诗，通常用十音节诗句写成，以颂扬封建统治阶级的武功勋业为主要题材，故称"武功歌"。——译者

基督教与罗马尼亚人的教会

罗马尼亚人（就他们的罗马渊源来说）是如何在东欧的文化财产中分得一杯羹的？罗马尼亚人身份中的东方和西方二元性很难解释，尽管如此，他们的文化并不植根于盖塔－达契亚人因素（有些人对此十分珍视），却是来源于古代世界末期和中世纪基督教生活的组织方式。

区别于几乎所有欧洲中部、东南部及东部的邻居，罗马尼亚人（以及希腊人和阿尔巴尼亚人）没有归属基督教的明确日期或象征性事件。因为他们对基督教的信仰并不是依据某位统治者的意愿而实现的，也不是某个时刻通过集体受洗仪式来完成的（如保加利亚人／早期保加利亚人、俄罗斯人、塞尔维亚人、匈牙利人、波兰人、捷克人等等）。罗马尼亚人对耶稣基督的信仰是逐步发展起来的，从他们的达契亚－罗马祖先起，在 2 至 3 世纪侵入达契亚地区的殖民者和外来军队的影响下，绵延了几个世纪。罗马尼亚人信奉基督教的过程是渐进地，零星分散地，秘密地，无组织地，在邻近的地区之间，人与人之间，在宗教迫害的艰难环境中逐步实现的。

这一过程在某种程度上得到进一步推动是在 313 年罗马帝国皇帝颁布了《麦迪兰龙敕令》①（*Edictul de la Mediolanum*，麦迪兰龙即今天的米兰）之后。《敕令》宣布人们可以像信仰其他宗教一样拥有信仰基督教的自由。于是，虽然在这个时期，曾经的罗马帝国达契亚行省已经不再归属罗马帝国的官方管辖，多瑙河南岸的传教士们依然可以自由跨过河流，在北岸的拉丁语人群中，用当地人听得懂的拉丁语来布道，传播上帝的旨意。此过程一直持续到随后的几个世纪。事实上，大部分早期罗马尼亚人是通过拉丁语实现基督教化的。包括当时的各种史料、文字记载和考古证据，尤其是罗马尼亚语（真正鲜活的资料），都可以证明这一点。罗马尼亚语中几乎所有涉及基督教的重要词语（基督教义的基本内容及部分宗教仪式用语）都来自拉丁语：如斋戒（ajunare）、圣坛（altar）、教堂（biserică）、洗礼（botez）、信仰（credinţă）、基督徒（creştin）、十字架（cruce）、圣餐（cuminecătură）、主（domn）、上帝（Dumnezeu）、饶恕（iertare）、天皇（împărat ceresc）、礼拜（închinare）、忍耐（îndu-rare）、天使（înger）、罪孽（păcat）、祈祷（rugăciune）、节日（săr-bătoare）、神圣的（sânt）、两次斋戒的间隙（Câşlegi）、圣诞节（Cr-ăciun）、复活节前的星期日（Florii）、复活节（Paşti）、复活节前的大斋期（Păresimi）、圣乔治日（Sângeorz）、圣尼古拉日（Sânni-coară）、圣彼得和圣保罗日（Sânpetru）等等。然而，也有一些罗马尼亚语词语具有斯拉夫语的渊源，比如那些涉及教会的组织形式、宗教仪式、后来的一些节日以及逐渐形成的教会传统等字眼，如字母（buche）、祭奠（pomană）、生者人名录（pomelnic）、神甫（popă）、

---

① 此文件被称为"敕令"是不恰当的。事实上，原文件是李锡尼皇帝颁布给他控制的各行省（罗马帝国东部地区）执政官的一份文书。文书中要求各地停止对基督徒的一切迫害，立即归还他们被没收的财产。但文书并没有将基督教定为国教，李锡尼也没有因此而开始信奉基督教。

圣饼（prescură）、字母表（slovă）、礼拜（slujbă）、晨祷（utrenie）、晚祷（vecernie）、主教（vlădică）、圣母领报节（Blagoveştenie）等等。如何解释这种双重性呢？如果罗马尼亚人通过拉丁语实现了对基督教的信奉，但他们教会牢固的组织形式、教规的确立及等级制度等却是斯拉夫模式的。从逻辑角度看，只有一种说法可以对此进行诠释，而且这种说法完全可以在历史演变过程中找到充分的证据支持。要认清这一点，一方面我们非常有必要对依靠自觉自发和习以为常建立起来的宗教信仰，同制度性的教会建设以及公共组织下的宗教生活加以区别。此外，对宗教信仰的考量不能凭借新时代确立的标准，不能应用约定俗成、已然公认的框架来评价。在古代晚期甚至中世纪早期，信奉基督教并不意味着严格遵守教会设定的所有教规。在长达几个世纪的时期内，基督教一直以一种精神状态的形式存在着，人们遵守圣经戒律及教会教规的同时，也承袭着世代流传的多神教习俗。反过来看，教会生活也并没有稳定地确立下来，其特点表现为一些规则还处在不断制定的过程中。通常，历史学家们在寻觅有关早期宗教体系形成的证据过程中，往往忽略了几个世纪以来，一些基督徒，尤其是那些生活在偏僻边远地区的基督徒所逐渐形成的发展势力。要知道，重要的并不是事件发生的地点，而是与事件有关的人；不是事件本身，而是参与事件的人的群体。正如"ecclesia"一词，其基本意为人群的聚集或人群的共同体，而并无建筑或机制之意。其实，基督教对于任何民族来说都不是一夜之间灌输到人们头脑中的，其教规也是随时间的流逝而逐渐确立起来的，并不是在一瞬间就能要求人们去遵守的。罗马尼亚人，包括他们的先辈，对基督教的信奉是一个持续不断的过程。这一过程或者循序渐进，或者在逆境中获得更大发展，同时又要提防散落在教民群体中的多种异教势力的干扰。曾经的教会生活十分简单，还处于各个地方非天主教的等级制度控制之下，受到"异端分子"的干扰及不同势力的影响。基督教在罗马尼亚人当中的有机传播从来不是来自政治力量的强迫，从而也就保证了其持久性和牢固性，并能够深深植根于民众且开花结果。所以，罗马尼亚人的信仰在很长一段时期内都被称作"罗马尼亚教"也是可以理解的。

具体来说，我们都知道，罗马帝国的统治在 3 至 5 世纪出现了危机，在其首都迁至君士坦丁堡，帝国分裂之后，罗马世界的东部在很大程度上实现了希腊化，确切地说，是希腊文明的影响再次浮出了水面，被重新认可。斯拉夫人大量涌入东南欧地区，从很大程度上改变了当地族群的民族特性。602 年，多瑙河防线被突破，之后不久，北方的斯拉夫人侵入巴尔干地区，拜占庭的统治势力节节败退。与此同时，拜占庭的教会组织也开始瓦解。7 至 8 世纪，斯拉夫化进程在巴尔干半岛①紧锣密鼓地开展起来。679—680 年，阿斯巴鲁赫率领的保加利亚部落（早期保加利亚人，即图兰人、突厥人）侵入至多瑙河南部地区。阿斯巴鲁赫于 681 年建立了保加利亚第一帝国。这一时期，保加利亚人的斯拉夫化进程也迅速展开。自此，保加利亚人保留了自己的突厥称谓，却成了斯拉夫民族。864—865 年，保加利亚可汗鲍里斯（以米哈伊尔之名）与一部分贵族共同接受了君士坦丁堡教会的洗礼，并被授予沙皇头衔。鲍里斯曾经尝试通过罗马教会组织教会等级制度，努力失败后，他建立了自制的保加利亚教会，名义上依附于新罗马的大主教，也即君士坦丁堡。所有这些事实永远改变了生活在多瑙河北部和南部的罗曼语民族（罗马尼亚人）的命运。

---

① 巴尔干半岛是指南起地中海，北至多瑙河下游河谷，西起亚得里亚海，东到爱琴海和黑海的一片欧洲区域。所以，匈牙利、罗马尼亚（领土的 90%）、斯洛文尼亚，以及克罗地亚的部分地区从地理分布上来看并不在巴尔干半岛的范围内。罗马尼亚是一个处于喀尔巴阡山脉－多瑙河流域范围内的东南欧国家。

图拉真时代的达契亚是罗马帝国的一个行省，其推行的文化为西方、拉丁化的，而不是希腊—东方式的。330 年罗马帝国首都迁至君士坦丁堡，帝国正式分裂（395 年）。西罗马帝国的衰落（476年），查士丁尼大帝的统治（527—565）及其统治下国家领土的扩张（至多瑙河），等等，都是罗曼语民族由多瑙河下游和喀尔巴阡山地区向新罗马及拜占庭帝国转移的重要原因。而斯拉夫人对巴尔干半岛的入侵及其在当地的定居（602 年以后渐成规模），以及斯拉夫人在多瑙河以南，从黑海至亚得里亚海的狭长地带所建立的多个公国，直接切断了喀尔巴阡山 - 多瑙河地区罗曼语民族与罗马的联系。——在今天的罗马尼亚领土上，最后一位众所周知的，使用拉丁文与罗马教皇维吉留斯（Vigilius）保持通信联络的主教是 6 世纪托米斯（Tomis，今黑海沿岸的康斯坦察）的瓦伦丁（Valentinianus）。还是这位托米斯的瓦伦丁，与君士坦丁堡教会也有直接联系。但是，这些导致巴尔干半岛斯拉夫化、中断了多瑙河地区罗曼语民族与罗马关系的历史进程，同时也为罗曼语民族与新罗马关系的加强赋予了更重要的意义。面对与两大基督教中心的隔绝，北多瑙河地区当地的罗曼语民族（原始罗马尼亚人及早期罗马尼亚人）有很长一段时间生活在"民间基督教"[①]的形式之下。这时的他们没有合乎教规的等级制度，也没有能力建立自己基本的教会组织。很自然，他们的教会组织规则为拜占庭式，但直接的组织模式却是斯拉夫式，尤其是保加利亚式的。这是因为，鲍里斯组织的保加利亚教会（9 世纪下半叶）与君士坦丁堡牧首有等级关系（初期的），罗马尼亚人要建立自己规范的教会体系，这是唯一与他们最接近的组织模式。但我们这里所指的并不仅仅是对某种模式的模仿，更是一种强制推行的过程。9 至 10 世纪，保加利亚沙皇将政

---

① ZUGRAVU N. Geneza creştinismului popular al românilor. Bucureşti:[s.n.] , 1997.

治统治范围拓展至广阔的多瑙河下游北部地区，包括特兰西瓦尼亚南部。同时在这些区域内，强制推行他们的宗教等级制度及其教会组织形式。而这其中，宗教语言是所有内容中的一项。9世纪后20年，在来自摩拉维亚和潘诺尼亚的克莱门特和纳乌姆（西里尔和美多德的弟子）推动下，西里尔字母开始在保加利亚广泛传播。西里尔字母正是斯拉夫语言浑然天成的外衣。而斯拉夫语，恰如德米特里·奥波兰斯基所说，在拜占庭联邦的势力范围内，与希腊语一样都是被直接应用于宗教礼拜仪式的语言①。由此，在罗马尼亚人使用拉丁语且具有拉丁传统的教堂里（没有规范组织形式的民间教堂），多瑙河南岸拜占庭－斯拉夫模式开始被强行灌输进来。我们不排除宗教热情以及9至10世纪基督教在斯拉夫人间的广泛强制推行，使得还属于异教的或者说还没有被纳入教会组织体系的罗马尼亚孤岛，遵循斯拉夫人的规则开始其基督教化的过程。无论如何，拜占庭－斯拉夫式的宗教组织模式对罗马尼亚人来说是压倒性且无处不在的。这种模式贯穿于罗马尼亚人的生活中，还常常与政治因素密不可分。它最直接、最基本的外部表现形式即是以西里尔字母书写的斯拉夫宗教语言。可能此种现象的产生不仅仅缘于斯拉夫－保加利亚人的毗邻和他们的政治统治，更有可能是因为几个世纪以来斯拉夫民族元素的长久存在对古罗马尼亚人和罗马尼亚人的影响及其传播。随着时间的推移，一些斯拉夫族群逐渐融入当地生活，这并不像在此之前，斯拉夫文化仅仅在罗马尼亚人的语言和文化中留下一些痕迹就罢了。换言之，罗马尼亚的精英阶层（指12至13世纪左右，由罗马尼亚、斯拉夫、佩切涅格－库曼民族杂居而形成）接受了斯拉夫式的礼仪、行政语言及传统。精神文化是不可能在短时

---

① OBOLENSKY D.The Byzantine Commonwealth: Eastern Europe 500-1453. London: [s.n.], 1971.

间内迅速形成的，而需要几个世纪的漫长过程。这种融合有可能在12 至 13 世纪表现得更为强烈。11 至 13 世纪时，曾经一度在罗马尼亚人周边，或者在罗马尼亚人生活的区域之内存在过几个强大的国家，如保加利亚、塞尔维亚和俄罗斯。这些国家具有正式的教会组织形式，其生活传统和宗教信仰为拜占庭式，并使用斯拉夫语言。匈牙利和波兰虽然与罗马教廷有关联，却拥有强大的拜占庭等级制度和庞大的东正教人口。这一切都对罗马尼亚人产生了深远影响，使其逐渐过渡到斯拉夫的宗教礼仪体系。

罗马尼亚人如何从使用斯拉夫的宗教礼拜仪式发展到以斯拉夫语为书写方式的文化呢？众所周知，中世纪时期，无论西方还是东方，很难想象除了教会之外还有什么其他可以用文字记录的文化。教会是文化的伟大守护主，庇佑着文化发展的各个层面。一旦某个社会接纳了斯拉夫的宗教礼仪方式（即以斯拉夫语为礼拜用语），那么其他书面产品也会相应地去适应斯拉夫模式。因此，虽然斯拉夫民族文化于 12 至 13 世纪间消失在多瑙河以北地区（随着最后一批古斯拉夫人被同化），罗马尼亚人依然将斯拉夫教会和政治文化作为珍贵的传统，继续保留了约 4 个世纪之久，而西里尔字母则一直被沿用到 19 世纪中期[①]。斯拉夫语在罗马尼亚公国的修道院内被作为宗教语言传授，在这里是一门死语言，而在使用中的活的斯拉夫语言（保加利亚语、塞尔维亚语、俄语）及罗马尼亚语也对其造成了一定的影响。罗马尼亚人使用的斯拉夫教会语言来自西里尔和美多德在斯拉夫人基督教化过程中翻译教会书籍时所使用的语言。由罗马尼亚人撰写，或者是为罗马尼亚人撰写的最主要的斯拉夫教会文本可以追溯到 14 至 17 世纪。这段时期内保存下来的文本涉及编年史（史学书籍）、法学书籍（法律文献）、故事集和行政文书

---

① PANAITESCU P P. Studii de istorie economică şi socială. Bucureşti:[s.n.] , 1947.

（尤其是有关所有权的文件）、王室命令、外交和私人信函。那时，修道院和教堂附近，皇室行政办公厅及城市里都可以找到斯拉夫文的写作中心。斯拉夫语在皇室和一些封建贵族的生活圈内均有习授。后来，又创建了斯拉夫语皇家科学院。早在16世纪，一些重要的图书馆纷纷建立起来，特别是在大主教区、主教管区、修道院和教堂内部。罗马尼亚人于1508年引入了印刷术，并将其首先应用于斯拉夫语文献（从时间轴上看，特尔戈维什特曾经是世界第四大斯拉夫语文献印刷中心）。而罗马尼亚语的印刷书籍在几十年后才出现（但仍然使用的是西里尔字母）。17世纪，罗马尼亚土地上出现了真正的"东正教复兴"（信仰的合理化）。同一时期，在罗马尼亚公国的马泰·巴萨拉布（1632—1654）、摩尔多瓦公国的瓦西里·卢布（1634—1653）两位大公的努力及基辅（此城市当时隶属波兰－立陶宛联盟）罗马尼亚籍大主教贝特鲁·莫维勒的支持下，涌现出一批珍贵的罗马尼亚语及斯拉夫语书籍[1]。

有趣的是，特兰西瓦尼亚和西部地区的罗马尼亚精英阶层（由零星被称为领主的封建残余势力、教士和少数城镇居民所组成）也将斯拉夫语作为宗教和文化用语。那时在这一地区流通的或是手写或是印刷的各种文献资料，有的来自东正教堂和修道院的碑文、有的来自誊写作坊、有的来自保存下来的档案和藏书等，都是有力的证明。此外，在15至16世纪期间匈牙利国王颁发给生活在某些地区（哈采格、巴纳特）的罗马尼亚封建领主和贵族使用的某些拉丁文捐赠文书背面可以找到用斯拉夫语书写的受赠人（受益人）的个人记录，包括他们的名字以及对文件所包含的拉丁语文书的解释[2]。

---

① CANDEA V. Contribuții la istoria umanismului românesc. Cluj:[s.n.], 1979.

② DRAGAN I. Nobilimea românească din Transilvania între anii 1440-1514. București, :[s. n.], 2000: 188-189.

另外，特兰西瓦尼亚的罗马尼亚人教堂，与罗马尼亚公国和摩尔多瓦公国大主教区及主管教区始终保持着联系。罗马尼亚公国的大主教自 14 世纪以来就已是特兰西瓦尼亚及匈牙利的总督，而特兰西瓦尼亚的高级教士、一部分神甫和大祭司在喀尔巴阡山脉以南也担任着圣职。不难发现，从 15 世纪起，摩尔多瓦的大主教区就开始了对特兰西瓦尼亚，尤其是对那些生活在喀尔巴阡山区省份北部和东部地区的罗马尼亚人实施精神庇护。那时的教区中心设立在费利埃库和瓦德。

东方文明模式的危机
及被西方世界的同化

　　君士坦丁堡沦陷于土耳其人之手（1453年）后，拜占庭的信仰世界节节败退，文明模式危机也随之而来。与此同时，西方天主教在文艺复兴、新教改革及地理大发现的推动下成功获得大发展，实现了其世界范围内的扩张。罗马尼亚知识精英中的一部分人意识到了这种情况，意识到罗马尼亚人的身份属性所面临的文明冲击与入侵，这种威胁一直存在，而他们却无还手之力。因此，在与周边邻居（波兰人、匈牙利人、捷克人、斯洛伐克人、克罗地亚人）几个世纪的周旋之后，罗马尼亚人也开始适应西方业已取得的成功模式了。上述背景下，文化领域内教会斯拉夫语的影响（即在文化创作，如宗教、历史、文学、法律、哲学等作品中，在印刷品以及国家机构事务所的范围内使用斯拉夫语）在中世纪末期和近代初期（16至17世纪）显得越来越格格不入。对于一个迈着胆怯的步伐向现代化发展的新拉丁民族来说，更适合的文化模式是西方式的，有活力的，且能创造性地与教会斯拉夫语的影响相关联，同时又牢牢锁定着东方传统的思维模式。斯拉夫语的神学用语、文化及行政用语，直接嫁接在像罗马尼亚语一样的新拉丁语语言上。它并不能促进罗马尼亚语的自然演变，没有增强其拉丁属性，而是以书面斯拉夫语词语的形式渗透其中。此影响在精英阶层表现得尤为明显。罗马尼亚语中很多来源于斯拉夫语的词语（时至今日，这些词语中很大一部分使用面已经很窄，成了古语，甚而已经消失了）诞生于斯拉夫文化对罗马尼亚人影响的鼎盛时期，而不是产生于罗马尼亚人及其祖先与古斯拉夫人的共居时代。相反，西方的新拉丁语语言得益于中世纪拉丁语在教堂、大学及行政机构范围内的持续使用，它的拉丁新词不断丰富，文化内涵更加饱满，发展得更为和谐、更加完整，具有了更清晰的罗曼语特征。当罗马尼亚人开始用文字记录自己的语言时，又一个不同寻常的现象出现了，那就是西里尔字母（很多斯拉夫语言的特征）被长久保留在了罗曼语族的语言中。暂且不说一些罗马尼亚语的发音很难用西里尔字母表达出来（这些发音不得不去适应西里尔字母的发音），主要是这种并不合适的字母总让陌生人感觉罗马尼亚语是一种斯拉夫语言。或者，不管怎样，西里尔字母严重阻碍了拉丁文字的发展。确切地说，伴随着现代进程中曙光的出现以及罗马尼亚人与拉丁文化和整个西方世界不断恢复的联系，斯拉夫语文化无论从哪个方面来看都更像是一种舶来之物，理应废除。

罗马尼亚语的书写文化始于 15 世纪，标志是已出现一些颤音化*的宗教文本。这些文本仍然出自受西方影响最为巨大的特兰西瓦尼亚和巴纳特地区①。第一批罗马尼亚语学校，第一批翻译成罗马尼亚语的书籍都出现在这两个地区。同样从这里走出了第一批罗马

---

* 来源于拉丁语词汇中的 n 在罗马尼亚语中变为 r 的语音现象。——译者

① PANAITESCU P P.Începuturile şi biruinţa scrisului în limba română. Bucureşti:[s.n.], 1965.

尼亚语的印刷品，罗马尼亚人的书写方式也从这两个地区开始过渡到使用拉丁字符。从 16 世纪起，在人文主义和宗教改革的共同作用下，西方（拉丁语、新拉丁语、日耳曼语）的影响日益扩大（最早是在特兰西瓦尼亚地区），与此同时，斯拉夫语文化对罗马尼亚人的影响范围日渐萎缩。17 世纪的编年史作家们已经开始用罗马尼亚语撰写书籍。早期的启蒙运动者，柏林学院成员迪米特里耶·坎泰米尔（摩尔多瓦大公）开始更多地使用拉丁语和罗马尼亚语。而特兰西瓦尼亚罗马尼亚人与罗马教会的联合（1697—1701），以及特兰西瓦尼亚学派（罗马尼亚主要的启蒙运动学派）的出现，更拉近了罗马尼亚文化与西方的距离。通过这种方式，在经历了几个世纪斯拉夫语文化及教会影响之后，罗马尼亚人的文化发展进程开始了其新拉丁和亲西方阶段。此种意义上的首次"革命"是通过人文主义运动和宗教改革（二者也对罗马尼亚人造成了影响）来实现的。随后，特兰西瓦尼亚罗马尼亚人与天主教会实现联合，重新建立起与罗马的直接联系，也促进了这一进程的发展。由此，罗马尼亚人也成了 18 世纪启蒙运动的推动者，更为与西方的同步发展创造了新的机会。拉丁主义学派虽然曾经一度言过其实，但其使罗马尼亚人和欧洲重新认识到罗马尼亚人的罗马渊源和罗马尼亚语的拉丁属性，为拉丁书写方式地位的确立和普及做出了贡献。拉丁主义运动证明了沿用斯拉夫文化包装新拉丁语的荒谬性。至此，大约于 19 世纪中叶，在经历了两个多世纪的双重字母使用阶段（从 16 世纪起，罗马尼亚语的书写中就开始零星地使用拉丁字母）后，拉丁字母开始成为官方强制推行的唯一书写方式。

然而，在罗马尼亚人与西方重拾关系，即他们追寻古老根源（按那个时代的民族意识形态所表述）的过程中，最激烈而有效的部分发生在 19 世纪，来自多瑙河和之后的罗马尼亚各公国的法兰西文化影响①。有趣的是，这种影响部分产生于俄国人对多瑙河公国的占领时期（1828—1834），来自那些讲法语且受到法国模式渗透的俄国政要和军官的影响。之后，整整几代罗马尼亚年轻人，尤其是贵族、城市富人阶层和知识分子，相继赴法国学习。他们不仅从法国带回了丰富而严谨的知识，更带回了伏尔泰的语言，并且在回国后继续使用和传播这种语言。从 19 世纪到如今，罗马尼亚各学校学习的主要外语都是法语。法语不仅仅是一个高级文明和伟大文化的载体，不仅仅被尊为文明模式的"经典"，更是西方世界的象征。而某些思潮、发展趋势和势力，曾经试图将罗马尼亚人与之划清界限。直到今天，罗马尼亚仍然是中东欧地区主要的法语使用国家。此外，在罗马尼亚现代文化中，重视拉丁文化，重视与西方的关联，以及重视罗马尼亚与欧洲现代结构同步发展的思想文化流派是现代的、务实和进步的，而支持达契亚起源、地域主义、东正教和拜占庭－斯拉夫传统的流派，则昭示着保守、怀旧的趋势。最终，20 世纪时，西欧模式，也就是西方所倡导的文明与文化，开始成为罗马尼亚的主导倾向。当然，这一占主导地位的发展趋势并不能抹杀（随时间推移）在西方拉丁文化和东方拜占庭文化冲突背景中形成的罗马尼亚人的特征及其对自身的身份认同。

---

① ELIADE P. De l'influence française sur l'esprit public en Roumanie. Paris :[s.n.], 1898.

特兰西瓦尼亚学派及起源于
拉丁文化的西方文明

尽管一些重大事件、早期及更早前的历史进程（例如人文主义运动、特兰西瓦尼亚罗马尼亚人与罗马教会的联合、罗马尼亚人文主义学者迪米特里耶·坎泰米尔的理论等）也造成了一定影响，但罗马尼亚文明与西方重拾牢固、明确且持久的关系还是得益于特兰西瓦尼亚学派。关于特兰西瓦尼亚学派，有些人可能仅知道是其将罗马尼亚人的罗马渊源及罗马尼亚语的拉丁属性理论化了。事实上，特兰西瓦尼亚学派所倡导的运动包含诸多元素，而在有关罗马尼亚人的拉丁属性问题上他们也并未杜撰，且没有夸大其词。显而易见的夸张理论（已然被否定）是来自晚些时候 19 世纪拉丁主义学派的作品。拉丁主义者，派生于特兰西瓦尼亚学派（特兰西瓦尼亚学派领袖的追随者），是特兰西瓦尼亚学派的后继者。那么，特兰西瓦尼亚学派（包括启蒙学派在内）在罗马尼亚文化发展及罗马尼亚文化成功融入欧洲的过程中起到了什么作用呢？

特兰西瓦尼亚学派的主要贡献，在于其广泛开展的旨在使罗马尼亚文化及文明与西方欧洲发展节奏同步的运动。正如我所论述，特兰西瓦尼亚学派在此方面的尝试（胆怯的且局部的）早在16世纪就已萌芽于人文主义运动，并最先渗透进特兰西瓦尼亚地区。尼古拉·罗曼努尔（也称尼古劳斯·奥拉胡斯）就是踏上这条道路的一位学者。他生活于1493年至1568年间，研究领域为欧洲、匈牙利、斯洛伐克和罗马尼亚文化。相关学者们的努力延续至17世纪，也渗透到摩尔多瓦和罗马尼亚公国，主要体现为摩尔多瓦多位编年史学家的著作，大管家康斯坦丁·坎塔库济诺的作品，尤其是迪米特里耶·坎泰米尔的著作等。迪米特里耶·坎泰米尔可以被纳入早期启蒙运动者之列，他是第一个被欧洲和世界文化圈明确承认的罗马尼亚大知识分子（具有清晰的罗马尼亚认同感）。启蒙运动思潮的兴起为争取现代民族解放斗争创造了新条件，于是，特兰西瓦尼亚学派成了推动思潮发展的新生力量。

这个被称为启蒙运动的思想文化和政治思潮主要于18世纪出现在西欧地区。但其却在西方国家，远至北美洲、东方，甚至在俄罗斯都产生了重要反响并引发了论辩。启蒙运动是一种文化、哲学、知识性及大众化的运动（一种思想潮流）。它的出发点是：唯有人类的理性能够确保幸福，促进社会普遍向好发展。启蒙运动支持创新精神，支持获取广博的知识，支持进步趋势、科学研究、理性主义和批判精神。启蒙运动全面兴起于18世纪的法国，其代表人物为当时最为闪耀的一批思想大家：伏尔泰、狄德罗、孟德斯鸠、达朗贝尔、笛卡儿、卢梭。然而，这一思想流派被认为最早起源于英格兰，体现在一些哲学家的著作中，如托马斯·霍布斯、约翰·洛克、大卫·休谟、丹尼尔·笛福、乔纳森·斯威夫特，同时也表现在英国所谓的政治组织模式中。法国启蒙运动的大多数代表都是哲学作家，他们关注的领域广泛，涵盖文学、科学和哲学领域。他们的文学作品受到哲学思想的影响且包含对社会的严厉批评。关于启蒙运动称谓的由来是这样解释的，这一思想潮流的代表证明了他们相信人类理性，相信他们有能力启蒙（教育和指导）世界。思想的启蒙是可以通过文化、知识和学校教育来实现的。因此，在文化领域，启蒙思想寻求通过教育来提升人民素质，更加注重人的普世性及世界公民的思想（世界主义）。孟德斯鸠、伏尔泰、卢梭及他们同时代的人支持"法律精神"，支持理性地组织国家，支持三权分立原则、立宪主义、"社会契约"精神（人民将权利委托于代表，由代表来领导他们，类似于签订一份契约。这份契约允许人民在这些领导人没有履行其义务的前提下更换他们，甚至可以诉诸武力），支持发动革命进行反抗的权利以及人人平等，诸如此类。政治上，启蒙运动主张开明的专制政体和专制主义，也就是由君主来合理地统治国家，同时君主受一定国家治理原则的制约以确保公民福祉的实现。因为只有公民福祉才是一个国家繁荣的关键所在。一些开明的君主——路易十四和路易十五、弗里德里希二世、玛丽亚·特蕾莎和约瑟夫二世、彼得一世和叶卡捷琳娜二世等，都曾经尝试让他们的臣民成为纳税人，让他们摆脱奴役，并激发他们进行生产活动的积极性。罗马－德意志帝国*的哈布斯堡皇帝、约瑟夫二世倡导"一切为了人民，而不是获取于人民"的口号，正是为了迷惑群众，以避免暴力冲突和革命的发生。开明君主们所提倡和进行的改革曾经一度确保了国家机构更有效的运转，但也仅仅是推迟了人民群众革命浪潮的爆发。

在中欧和东欧，启蒙运动因当地精英的志向以及该地区的社会需求而以不同的形式表现出来。因此，世界主义的成分在这里被大幅削弱，自由和民族解放的思想得以加强。欧洲这些地区的人民从

---

* 神圣罗马帝国。——译者

文化中看到了通往民族自由之路，从君主的改革中窥见社会解放、摆脱多民族帝国统治和旧体制强权的方式。罗马尼亚的启蒙运动也具有同样的文化、思想意识及政治抱负。文化思想意识主要体现在特兰西瓦尼亚学派、特兰西瓦尼亚知识分子以及各公国开明的贵族阶层所撰写的学术论文和文章上。政治抱负表现在特兰西瓦尼亚哈布斯堡皇帝、罗马尼亚公国及摩尔多瓦公国的法纳利奥特大公们的改革上。特兰西瓦尼亚学派是启蒙运动的一股文化思潮。它的内容涵盖广博，兴起于18世纪下半叶至19世纪20年代间。特兰西瓦尼亚学派寻求优先通过文化努力实现特兰西瓦尼亚地区罗马尼亚民族的政治解放。特兰西瓦尼亚罗马尼亚人自中世纪起就一直遭受明显的歧视对待，这一现象在16至17世纪更为突出。奥地利统治时期（1688—1699），特兰西瓦尼亚是自治公国。那时在这个公国里同时运行着三个民族（匈牙利人、撒克逊人和塞克勒人）的政治制度，存在着四种宗教（加尔文教、路德教、一神论教派和天主教）。此种制度下，罗马尼亚人（据奥地利的人口普查，罗马尼亚人约占总人口的三分之二）和他们的东正教信仰（承受着来自加尔文教派的巨大压力）无法行使自己的权利，他们被认为是受压迫的二等公民。因此，为获得与其他被承认民族一样拥有平等权利的承诺，作为交换条件，特兰西瓦尼亚罗马尼亚人在1697至1701年间与罗马教会联合，但充分保留了拜占庭（东正教）的特色，包括宗教仪式、节日、立法及习俗，同时，只接纳对天主教表示亲近的四个内容：承认罗马教皇在教会中的最高权威、炼狱的存在、圣餐的有效性并使用面饼或未发酵面包，以及承认圣灵也出于圣子（Filioque）。最终，那些所承诺的权利并没有兑现，这也决定了罗马尼亚特兰西瓦尼亚的大部分人口仍然保留了东正教的信仰。尽管如此，1754年布拉日（Blajului）学校建立，一部分神甫和信奉希腊天主教的农民的孩子得以赴维也纳、布达、特尔纳瓦/特尔纳维亚（今斯洛伐克境内），尤其是罗马及其他西方中心城市学习。他们掌握了那个时代最高水准的神学、哲学、语言学、历史、科学等内容，成了捍卫罗马尼亚民族利益的知识分子。

现代民族情感的觉醒带动了实现民族解放以及为争取部分领土的民族政治权利而斗争的意识和行动。依据那时的传统观念，在一片土地和国家领土上世代而居的人们拥有相应的政治权利。当发展至现代，民族权利的论证又被进一步丰富，即通过缴纳捐税最大限度地享有公共利益，并参与社会发展活动（即纳税、产品生产和参军等等）。在此背景下，特兰西瓦尼亚学派的代表们试图通过各种努力来证明罗马尼亚人的罗马渊源，罗马尼亚语的拉丁属性，罗马尼亚人在特兰西瓦尼亚（古达契亚地区）世代居住的历史及延续性，罗马尼亚人所保留的罗马传统和习俗，罗马尼亚人所创造出的物质及文化价值，等等。

那时，可以普遍体会到解决"欧洲思想意识危机"（保罗·哈扎德）及通过"从小欧洲过渡到大欧洲"（皮埃尔·肖努）来重新考量欧洲大陆所带来的益处。自14、15世纪以来，尤其是奥斯曼土耳其全面占领拜占庭帝国之后，文艺复兴、宗教改革、教会对改革运动的血腥镇压（和天主教改革）、个人博学派（16世纪）和群体博学派（17世纪）的兴起，以及1700年前后诞生的巴洛克运动和启蒙运动，都使得西欧成了文化和文明的主要样板。所有这些潮流和运动都或多或少地对后来整合为罗马尼亚这个国家的公国和省份造成了影响。

即便古老的拜占庭-斯拉夫、东正教和文化领域斯拉夫主义的干扰始终没有中断，并在中世纪给罗马尼亚人的精神文化发展留下了深刻的印记，随着时间的推移，西方模式的影响越发突出。18

世纪罗马尼亚社会现代化进程的发展得益于从各种途径渗透而来的西方影响。同时，这些影响也使得罗马尼亚现代国家的形成和确立与西方模式相符合。罗马尼亚人的民族发展进程与其周边邻居的命运密切相关，而在特兰西瓦尼亚和巴纳特①，有着特权待遇的族群（民族）——匈牙利人、撒克逊人、塞克勒人、塞尔维亚人、斯瓦比亚人是主要因素之一。在古老的中世纪天主教传统和新教教派大范围影响的共同作用下，就连特兰西瓦尼亚的各个民族也坚定地向西方模式看齐，只是他们的境况不同于罗马尼亚人。首先，这些民族在国家政治群体中占有一席之地，他们的宗教因其享有特权（官方族裔）而被认可。对此，奥地利人予以承认并原封不动地接受。这就意味着他们通过国家地位和宗教优先权获得权力，而罗马尼亚人只能屈居其下。其次，权力的分配完全不成比例，尤其是这段时期，罗马尼亚人占总人口的三分之二，却处在特权少数族裔的统治之下。现代民族的内聚性于是在特兰西瓦尼亚所有种族群体中开始凸显，并带有强烈的个人主义色彩和排他性。

早在 1600 年，还处于古老的中世纪民族时期的罗马尼亚人就已开始显现出现代特征，这得益于群体意识对语言、血统、教派、传统等因素重要性的认知，以及勇敢的米哈伊大公成功统一了罗马尼亚公国，而这一趋势也符合欧洲新的发展方向。17 世纪各种因素在民族区域内的蓄积促使罗马尼亚人在民族解放斗争中更加坚定地致力于民族团结、民族传统和罗曼语民族特点的维护。现代民族通过扩大影响力及大规模的运动登上了历史舞台，直至最后（1848—1849）促成知识分子与广大民众团结一心，成就了统一民

---

① 我们将在书中更多地使用普遍意义上的"特兰西瓦尼亚"，来指代包括喀尔巴阡山区省份、巴纳特和"帕提乌母"地区（即克里沙纳、萨特马尔、马拉穆列什等）在内的土地。此片土地范围内一些需要特别阐述的例外情况，我们会做特别说明。

族国家的诞生。因此，几乎在整个欧洲都有分布的中世纪民族群体与同时存在的现代民族之间的本质差别也就不难理解了：中世纪民族总体上还表现为无组织及被动生存的状态，现代民族则更加活跃，已然主动采取行动争取平等、解放及民族国家的建立。此种差异源于组成群体的个人对于群体内聚力的认知程度。换言之，源于现代时期民族意识的存在，或者源于对以语言、民族起源、信仰、文化、传统等紧密关联的思想意识为基础而形成的强大民族共同体的信念。

特兰西瓦尼亚地区的中世纪民族曾经是一些具有强烈而明显政治特征的存在。换句话说，贵族、撒克逊人、塞克勒人以及最初的罗马尼亚人（在获得特权被官方承认的前提下）成为参与修会或共同体从而行使国家权力的群体。所有这些特权群体都具有民族特征，但早年间却都缺乏足够的稳定性。14世纪下半叶至15世纪初，罗马尼亚人是被排除在这些特权群体之外的，他们以"分立派教徒"的身份存在，而并非罗马尼亚人。然而，从1500年起，"民族"一词越来越频繁地取代阶层成为这些特权群体的称谓。我们这里所指的仍然是政治性民族，民族的概念仅仅在精英阶层行使权力的时候才会被使用到。与此同时，从17世纪起，尤其是1700年以后，特兰西瓦尼亚各民族的种族属性变得愈加鲜明。这里所说的种族属性也包含了古老中世纪对于民族的理解。中世纪时的种族概念是消极的、固化的，通常不会激发整个族群的态度表达；现代的种族则更为主动、更具有斗争精神，族群中的每一分子都对本种族的特征具有明确的认识。特兰西瓦尼亚罗马尼亚人在中世纪并不是官方认可的民族，因此并不具备现代民族形成的法律基础，他们正是伴随着此种不利条件走出了中世纪，进入了之后的时代。举例来说，匈牙利民族早在1541年圣史蒂芬王冠王国瓦解前就已确立并得到官方承认，由此贵族精英与普通百姓共同形成了现代的匈牙利民族国家。罗马尼亚人在中世纪时没有获得授权允许其发展罗马尼亚民族自己的社会领导阶层，因而也没有他们的政治国家。他们的现代国家是以最新形成的知识分子精英人士为基础而建立起来的。正是与罗马教会的联合，为神甫、富农和农村小贵族（具有罗马尼亚民族意识）的孩子们提供了赴布拉日学校学习的机会（1754年以后），学成之后他们还可以到国外高等学校继续深造。因此，相较匈牙利现代民族早在中世纪就已通过特权跻身高贵血统的民族之列而拥有合法的贵族出身，罗马尼亚现代民族的形成则更加底层而乡土化。这个民族的形成与特权无关，而是逐步在出身于农村的知识分子基础上发展起来的。18世纪，特兰西瓦尼亚这两个现代民族（匈牙利和罗马尼亚）的本质区别不在其内容，而在形式：当匈牙利人因其民族早在中世纪就已获得承认而具有牢固的法律基础时，罗马尼亚人的民族只是一个事实的存在，没有法律依据。当时特兰西瓦尼亚还有两个被承认的民族也拥有法律基础，即撒克逊人和塞克勒人。所以，为了争取自己的民族被认可，罗马尼亚领导人在18世纪展开了斗争，力争成为"国家的组成部分"，以及与其他民族享受平等权利，包括参与行使国家权力等。

争取民族权利的斗争形式多种多样，但可以划分为政治、宗教、社会和文化几种。罗马尼亚人，在宗教领域体现为与罗马教会的联合以及由希腊天主教伊诺琴丘·米库－克莱因主教领导的请愿运动（请愿运动也具有明显的政治含义）；政治性质较为明确的领域，是由特兰西瓦尼亚学派代表们领导的特兰西瓦尼亚请愿运动，有时也被称为"恳请运动"（"mişcarea Supplex-ului"）；社会领域体现在霍雷亚领导的起义（这一起义被赋予了民族政治的含义）；文化领域体现在富有战斗性的启蒙运动中，最主要的代表是特兰西瓦尼亚学派的学者们发起的教育和文化运动。当然，以此方法来划分特兰西瓦尼亚罗马尼亚人的民族解放斗争具有很强的教条性。实际上我们所列举的这些运动在发展过程中互相交织、互相融合、相互影响，并受到中欧和东南欧地区占主导地位的倡导群体自由崇高理念的影响。

在特兰西瓦尼亚的特殊条件下，宗教领域和文化领域的斗争关系紧密。当然，特兰西瓦尼亚罗马尼亚人与罗马教会的联合从本质上看是宗教和教会行为，但从其所涉及的各种因素来看，这个事件也具有不同的政治和民族内涵。特兰西瓦尼亚罗马尼亚人与罗马教会联合的做法，以哈布斯堡家族的观点看，是政治性的。而部分罗马尼亚领导者认为是民族性的，表现为如果赋予我们民族权利，双方可以联合。因此，罗马尼亚人的民族解放计划由一位教会人士制定，他就是伊诺琴丘·米库－克莱因。1729年，他（被皇帝）任命为希腊天主教主教，并于1732年就职。他撰写了一份陈情书，题为《请愿书》（*Supplex Libellus*），呈送给奥地利政府和地方当局。他在文章中指出，最后的期限已经来临，因为罗马尼亚人已经兑现了诺言，即已实现与罗马教会的联合，但是当局许诺要赋予的权利并没有实现。他强烈要求兑现这些权利：改变罗马尼亚人被奴役的身份，承认他们的民族地位，并与其他民族保持平等；罗马尼亚人有权担任公职，包括在政府和议会中任职（当时的议会中只有唯一一位罗马尼亚人，即主教本人），按其人口比例赋予罗马尼亚人学习知识和技能的权利；减轻农民负担，普遍改善被压迫人民所有社会阶层的状况。主教要求赋予民族权利的论据顺应时代要求且合乎逻辑：罗马尼亚人当时的人口数量在国内最为众多，他们承担着绝大部分的公共义务，但利益却由其他族群所享受；罗马尼亚人是国家内最为古老的居民，是罗马人的后裔，随图拉真皇帝迁移而来①。对于伊诺琴丘而言，罗马尼亚民族的生存状况和民族的历史沿革成了政治斗争的武器，而他的《请愿书》也真正成为特兰西瓦尼亚所有罗马尼亚人进行民族解放斗争的政治纲领。《请愿书》的结论即"我们的事情我们办"（nihil de nobis sine nobis），也就是说所有与罗马尼亚人相关的决定都要有罗马尼亚人的代表参与。这也是另一种现代的政治思想（人民将权利赋予其代表行使），是真正的让-雅克·卢梭理论的序言。

伊诺琴丘主教在各个统治阶层的反对和歧视中越发地顽强且更加坚信自己的正义，逐渐成长为一名政治领袖：他在布拉日组织教区会议，召集了罗马尼亚人中举足轻重的代表，同时还有神职人员、非宗教人士、希腊天主教及东正教教徒，一起商榷本民族的重大问题。实际上，这更像是一次国民大会或民族代表会议。面对激进的伊诺琴丘主教的种种行动，玛丽亚·特蕾莎君主一直以来十分恼火，于是将他召回维也纳（1744年），进行非法调查，并对他施以威胁。主教只得悄悄逃到罗马，寻求教皇的保护。伊诺琴丘主教的流亡生活一直持续到1768年，在此期间虽然被禁止回到他的人民中间，他的心却始终与人民在一起。伊诺琴丘主教向高级神职人员和君主呈递了数十篇陈情书，以期转变民族的命运。24年的流亡生活后，主教在意大利去世。他期待着家乡特兰西瓦尼亚的公众在他构建的"修道院"中觉醒，他坚信"只有在祖国的土地上才能够获得真正的重生"。卢齐安·布拉加对主教的主张十分推崇且钦佩有加。主教为事业而殉道，他的愿望直至231年后才得以实现。1997年秋天，他的遗体被从罗马带回布拉日安葬。

---

① 18世纪的观点认为，国家内最古老且最高贵的居民拥有这个国家的政治和领土权。总之，罗马尼亚人作为罗马人的后裔，是古老而高贵的，也就是说完全契合这一观点。

特权阶层（获得承认的民族）和受到这些权贵影响的维也纳皇室拒绝全面赋予特兰西瓦尼亚罗马尼亚人在1699—1701年间以书面形式承诺给他们的权利。他们漠视伊诺琴丘·米库－克莱因的斗争和他的流亡生活。所有这些都激发了罗马尼亚人的不满情绪，也自然而然地鼓舞着罗马尼亚人重新回归东正教。1744—1763年间，主张回归东正教的运动开展起来，其中不乏一些暴力行动。这些运动使得部分特兰西瓦尼亚罗马尼亚人保留了东正教信仰或者重新回归了东正教（维也纳皇室也由此接受了恢复东正教等级地位的事实）。因此，自1761年起，罗马尼亚人正式拥有了东正教和希腊天主教两个教会（主教级）。两个教会都遵循拜占庭礼仪。通过与罗马教会联合以及将"伊利里亚特权"（曾授予塞尔维亚人）扩展至信仰东正教的罗马尼亚人的（虚幻的）愿望表达，两个特权等级在罗马尼亚社会中正式确立起来。这样，罗马尼亚人也就拥有了更多的机会参与文化和公共生活。然而，自由对于罗马尼亚人来说只是部分且有限的，因为联合内的利奥波德第二特许状（此特许状理应扩展而保证世俗人士的平等权利）并未适用于罗马尼亚人，而"伊利里亚特权"（已在巴纳特地区施行）也被拒绝在特兰西瓦尼亚地区施行。以上因素激发了连锁反应，包括文化领域。

另外，特兰西瓦尼亚（1688—1699）和巴纳特（1716—1718）并入哈布斯堡王朝的势力范围为罗马尼亚民族的确立创造了有利条件。哈布斯堡王朝于1700年从特兰西瓦尼亚的统治阶层，即特权阶级身上，察觉到了这一地区的敌对态度。奥斯曼帝国统治时期，这些特权阶级可凭喜好统治国家。而今，他们受到森严制度的监管，对领土的控制权被牢牢限制。维也纳当局在统治被征服的省份方面拥有丰厚经验，他们双管齐下，将胁迫与说服相结合，使用武力威胁与利诱打配合。这个过程中的一个统治工具必定是（以新统治者的角度来看）天主教教会，这也是维也纳皇室的信仰，是灌输王朝意识形态和增强被征服者对国家忠诚度的必要条件。然而在特兰西瓦尼亚，天主教会却是特权阶层中最软弱无力的，其中占据主导地位的是诞生于宗教改革之后的新教。新教的加尔文派身居高位，信奉者是强大而高傲的匈牙利贵族。哈布斯堡王朝的官员和耶稣会神甫们提交的报告表明，在特兰西瓦尼亚推行天主教的前景不佳。一方面，统治阶层（官方认可的民族）永远不可能重新归顺天主教。另一方面，即使天主教的地位恢复了也毫无意义，最理想的状况也只能覆盖总人口的三分之一。余下的三分之二，也就是总人口的绝大多数，都是罗马尼亚人。他们信奉东正教，遵循正统教规，被奴役于拥有田产和土地的大公。结果，当局将注意力转向了罗马尼亚人。如果罗马尼亚人能够屈从罗马的信仰，在维也纳推行的"分而治之"政策原则下，局势就有可能趋于平衡，维也纳宫廷也有希望获得不容忽视的支持力量。

因此，特兰西瓦尼亚罗马尼亚人有史以来第一次感受到统治当局对其命运切实而具体的关心。特蕾莎和约瑟夫的改革，当朝皇帝对罗马尼亚人的访问，君主在讲话中使用罗马尼亚语以及对"弗拉赫"农奴致以的慰问，以罗马尼亚语颁布的官方行政文书，建立边境军团，打击统治阶级自中世纪以来获得的特权，颁布宗教宽容法令，或废除农奴制，都让罗马尼亚人感觉受益于某种保护，而不再是任何人的附属品。由此，罗马尼亚公共舆论萌生了对君主的强烈信任感。这种情感被历史学家称为"美好君主神话"或"君主制幻境"，在罗马尼亚人明白这是神话或幻境之前，确实改善了罗马尼亚人的命运。

18世纪的一些学者坚信（他们也并没有搞错）人民生活的改善可以通过加强基础教育来实现，而且文化有可能创造通向自由的道路。人民的觉醒意味着人民意识到了民族的力量，从而可以坚定地引导他们开展民族斗争、取得必要的共同权利。对书本上科学知识和学问教养的信仰最终赋予了启蒙运动的称谓，同时也成了启蒙运动的特征①。最重要的罗马尼亚启蒙运动（如前所示）就是特兰西瓦尼亚学派的建立。罗马尼亚的启蒙运动是指一群知识分子开展的运动。他们将文化，尤其是多个领域（历史、语言学、神学、文学、法律等）转化为政治斗争的武器，服务于民族解放运动。18世纪，人们在政治斗争中过分强调历史依据：他们认为一个国家最古老最高贵的居民理应掌控这个国家的政权，享受所有的权利。从这个角度来考虑的话，罗马尼亚人自认为所经受的是不公正的待遇。因为，作为罗马人的后裔，罗马尼亚人确确实实是特兰西瓦尼亚地区最古老且最高贵的居民，但他们却并没有享受到应有的权利。要想通过科学手段来揭示罗马尼亚人的起源，那就需要有文化、受过高等教育的人来实现了。迪米特里耶·坎泰米尔就是这样一位学者，但他的呼声无人迎合，他也没能创建起一所学校。问题的解决还是来自罗马尼亚人与罗马教会的联合。虽然罗马尼亚人并没有获得所有被承诺的权利，他们仍有机会通过某些渠道与欧洲建立文化联系。首先就是在伟大的斗争者，希腊天主教主教伊诺琴丘·米库-克莱因以及他同时代一些人的不懈努力下，1754 年成立了布拉日高等学校。这里是名副其实的神学家、教师和学者的培养基地。出自这所学校的最优秀的学生在出国留学后，以优异的成绩回到家乡，成为牧师，然后发展至大司祭、高级教士、教师、官员等等。到 18 世纪末，一批神学家、学者和作家从他们的队伍中

---

① 恰恰从 18 世纪以后，中世纪的古老谚语"一书，一财富"（本意为如果拥有捐赠文书，也就是信函或者文件，就有权主宰自己的土地）已然改变了含义，且与启蒙和学问相关联。今天，人们已经完全忘记了这句话的古老本意。

崛起，其中最重要的人物有：萨缪尔·米库、格奥尔基·欣卡伊、贝特鲁·马约尔以及伊昂·布达伊－德雷阿努。他们撰写了宝贵的历史、语言学和神学著作。这些作品证明了罗马尼亚人的罗马血统；证明了他们在古老达契亚土地上世代居住的延续性；证明了罗马尼亚人无论生活在国家或行省的政治构架下始终团结一致；证明了罗马尼亚语的拉丁起源，同时表达了发展民族语言的迫切需求。他们鼓励出版能够启发民智，主张与愚昧斗争，铲除迷信的作品。最终，他们开展的大规模活动，以科学的论据证明了罗马尼亚人的古罗马血统。他们有意地（并不是出于无知）忽略了形成罗马尼亚人的达契亚元素，因为达契亚是"蛮夷"，并不十分"高贵"。从这里我们可以看到他们通过文化领域所追求的民族和政治目标。很自然，作品发表后，他们的思想遭到特兰西瓦尼亚当权民族或维也纳人的反对。罗马尼亚人因此并没有获得平等的权利，也没有享受到民族自由，但却奠定了 19 世纪民族运动的思想基础。

特兰西瓦尼亚学派学者们最重要的论述为历史类和哲学类著作。比如萨缪尔·米库撰写的《历史数据简述》《有关罗马尼亚人历史的问与答》《关于罗马尼亚人历史的小知识》《罗马尼亚人的历史、日常及事件》。这些作品事实阐述正确，却十分枯燥，大部分摘自编年史及其他文字材料。那个时代，对其他作者的作品进行再加工是一种时尚。这位作家还有一系列关于教会历史的重要著作，题为《答复约瑟夫·卡罗勒斯·埃德尔》。这也是回应 J.C. 埃德尔（抨击学术作品《弗拉赫人的请愿书》的人士之一），与其进行论战的产物。受意大利史学著作的影响，在穆拉多利的支持下，格奥尔基·欣卡伊撰写了《关于达契亚－罗马尼亚人的论述》，此书也以《有关完整达契亚－罗马尼亚或弗拉赫民族的问题》为题而著称于世。他的主要作品《罗马尼亚及多民族纪事》更多地表明了他的批判精神，在文献资料基础上，信息的表述也更为丰富。贝特鲁·马约尔撰写了两部著作：《罗马尼亚人在达契亚起源的历史》和《罗马尼亚人的教会历史》。前一本著作带有明显的论战性质，表述生动，段落章节带有嘲讽风格，罗马尼亚人的罗马起源是论述的主要基调。其论战性质的作品还有《回应针对〈罗马尼亚人在达契亚起源的历史〉一书作者贝特鲁·马约尔的指责》和《对〈罗马尼亚人在达契亚起源的历史〉的修订》。还有一本史学著作值得关注，那就是《关于特兰西瓦尼亚民族的起源》。很遗憾知道这本书的人不多，它的作者是伊昂·布达伊·德雷阿努。其作品还有：《匈牙利人不得以武力侵占特兰西瓦尼亚》《有关三个公国的联合及特兰西瓦尼亚批准的决议》《斯拉夫人的历史》。特兰西瓦尼亚学派的历史学家们并不是出于无知而力挺罗马尼亚人的纯正罗马起源。他们秉持着战斗精神，为了让世人明白罗马尼亚人是罗马人的后裔。罗马人创造了繁荣的文明，为世人留下了重要的文化遗产。达契亚人是"蛮夷"，没有创造文化。

　　语言学领域，上述学者支持罗马尼亚语的纯正拉丁起源观点，力争保留拉丁字母的书写方式，支持摒弃斯拉夫文化及其他外来元素的影响，支持在罗马尼亚语的语法结构中引入词源学理论。因此，萨缪尔·米库撰写了《弗拉赫－拉丁语字典》，和格奥尔基·欣卡伊一道推出了《达契亚－罗曼语或弗拉赫语元素》，并在书中将拉丁语和罗马尼亚语进行了对比。《布达词典》是一部四语词典（罗马尼亚语、拉丁语、匈牙利语与德语词典），1825年在布达出版。词典以大量罗曼语新词丰富了罗马尼亚语，从而取代了其他来源的词语。贝特鲁·马约尔在其著作《罗马尼亚人在达契亚起源的历史》结尾，发表了《关于罗马尼亚语起源的论述》一文，文章强调罗马尼亚语来源于民间拉丁语。马约尔还有另一本书《从起源的角度来揭示罗曼语或拉丁－弗拉赫语的拼字法》，其附录文章为《叔侄关于罗马尼亚语起源的谈话》。文学领域，特兰西瓦尼亚学派最重要的代表作品是伊昂·布达伊·德雷阿努的《吉普赛史诗》。1750年，特兰西瓦尼亚学派编印的第一本罗马尼亚语书籍在布拉日出版。这是一本题为《真理之花》的小册子，现在只能找到两本：一本存于罗马尼亚国家图书馆，一本在布达佩斯的塞切尼国家图书馆。这是布拉日"虔诚牧师"们的集体作品，更确切地说是在贝特鲁·巴维尔·阿隆主教领导下的所有希腊天主教修士的集体作品。这本书对1700年罗马尼亚人与罗马教会联合时涉及的四点教义（1439年佛罗伦萨理事会也曾提及此内容）进行了深刻阐释，从而为此事件提供了合理的证明。作为一种表达方式，在那个时代，最开明思想家们通过《真理之花》释放出了有关泛罗马尼亚的早期信息。这也是我们文化中第一本附带了丰富参考书目的书。书目中的作品依托充分的论据，且在此基础上陈述了鲜明的观点。该书作者们的言外之意是，深刻的作品同时需要别具一格的批判内容。看似装帧朴素的这本书，于1813年被主教伊昂·鲍勃再版[①]。

特兰西瓦尼亚学派对哲学—神学领域也投入了广泛的关注。他们或者翻译欧洲专业文献或者直接研究原文作品。例如，萨缪尔·米库撰写了《祈祷书》《有关婚姻的正统论述》《道德神学》等等，出版了《学习自然规律以破除人民迷信》。同时，他还注重科学知识的普及，出版了《农事经济指导》、《自然界或万物历史》和《自然界历史小词典》。贝特鲁·马约尔撰写了《正典》（教会教规相关内容）、《大司祭的权利与职责》、《说教》（关于培养孩子和有关去世孩子葬礼的学问）、《布道》（关于一年中礼拜和节日的学问）

---

① 《真理之花》也出版了拉丁语版本：*Flosculus Veritatis*（1753年出版）和 *Doctrina Christiana*（1757年出版）。

等等。

特兰西瓦尼亚学派的代表人物依据当时最先进的欧洲模式编写了罗马尼亚语教科书，这也是他们一项非常重要的活动。

东正教于18世纪也实现了现代化发展，其所受影响不仅仅来自西方，也来自君士坦丁堡或塞尔维亚文化。《圣经》在布加勒斯特出版（1688年）、康斯坦丁·布伦科维亚努的统治、迷人的罗马尼亚巴洛克风格（布伦科维亚努式）对特兰西瓦尼亚地区的深刻影响、布拉索夫保加利亚人社区的知识分子运动（以牧师和大祭司拉杜·特姆帕、迪米特里耶·埃乌斯塔蒂耶维奇为代表的时代）等都只是这一时期若干鲜明例证的代表。1678—1688年在罗马尼亚公国、1707年在摩尔多瓦公国建立的皇家学院，是东正教重大文化事件的代表。启蒙思想派的另一种表现形式是对书籍印刷的兴趣。1700—1800年间，罗马尼亚公国印刷的799本书中，617本为罗马尼亚语，其他为希腊语、拉丁语、斯拉夫语等。世俗书籍的比例不断上升，多少阻碍了宗教性书籍的发展。耶尼凯泽·维科莱斯库的作品、蒂尼库·高莱斯库的旅行日记（《我的旅行笔记》），都推动了启蒙思想的传播。罗马尼亚公国和摩尔多瓦公国的凯撒里耶·勒姆尼恰努和莱昂·凯乌卡，在阅读了法国理性主义者的著作，尤其是丹尼斯·狄德罗的《百科全书》后，也对启蒙思想的传播做出了贡献。

但是，与罗马教会的联合还是为特兰西瓦尼亚学派的文化运动和罗马尼亚启蒙主义的确立创造了最为有利的前提条件。随着时间的推移，这种联合（神学和教会领域的）被阐释为回归罗马母亲怀抱的举动。正是罗马永恒地赋予了罗马尼亚人称谓、血统和语言，也就是罗马尼亚人的身份。重返罗马也是罗马尼亚人回归西方世界的一条途径，更是罗马尼亚社会走向迫切所需的现代化的途径。这条发展道路从 18 世纪以来始终曲折而不平坦。尽管经历了重重挫折，时至今日，仍然符合罗马尼亚社会的基本发展目标。

特兰西瓦尼亚学派后继有人。从 1821 年至 19 世纪下半叶，学派的成果在历史和语言学领域被不断巩固。语言学家们夸张地强调拉丁性，将罗马尼亚语从其他所有异族元素（尤其是斯拉夫元素）中抽离出来，并引入了词源学的书写方法，以更好地凸显出罗马尼亚语的拉丁本源。1866 年以后，罗马尼亚文学协会、罗马尼亚学术协会（1867 年）以及随后成立的罗马尼亚科学院（1879 年）终止了此种表述方式，依据语音学原则，在语汇和书写方式上保持了协调。

特兰西瓦尼亚学派是文化史上罗马尼亚启蒙运动最重要的表现形式。学派吸收了欧洲启蒙运动的伟大思想，同时，基于地方百姓遭受歧视待遇，学派也少量汲取了世界主义和普世主义的内涵。特兰西瓦尼亚学派以支持民族解放思想为核心，成为中欧和东南欧启蒙主义的组成部分。

特兰西瓦尼亚、罗马尼亚公国和摩尔多瓦的启蒙运动，通过各种表达形式（文化、政治、行政、请愿）为争取罗马尼亚人的生存环境与西欧保持一致做出了贡献。特兰西瓦尼亚学派、伊诺琴丘·米库·克莱因主教的斗争、"罗马尼亚人的请愿书"运动、霍雷亚起义、特兰西瓦尼亚和各公国的启蒙专制主义（专制制度）、罗马尼亚公国和摩尔多瓦请愿书和改革计划、图多尔·弗拉迪米雷斯库领导的运动等——这些新思想的传播和社会上产生的巨大变革，阐明了罗马尼亚启蒙主义思想并将罗马尼亚社会引向现代化。罗马尼亚启蒙主义者在科学和文化领域的创造不仅在启蒙人民上做出了贡献，也将罗马尼亚文化推向了欧洲。

由此可见，特兰西瓦尼亚学派并没有杜撰、也没有过分夸大罗马尼亚人的古罗马起源和罗马尼亚语的拉丁属性,而是对其进行了科学论证,并将其转化为罗马尼亚民族解放斗争的理论基础。特兰西瓦尼亚学派的代表们收集了所有他们能够找到的自上古和中世纪以来罗马尼亚人起源于罗马的证据,并将这些证据科学地表述出来。诚然,在罗马尼亚民族解放斗争的背景之下,激烈的论战中有些言论过于尖锐,还有一些见解带有明显的政治色彩。同样,我们也可以看到,在罗马尼亚启蒙学者们的妙笔之下,历史成了民族政治斗争的武器,服务于罗马尼亚民族。总之,当时罗马尼亚人周边民族的所有大知识分子都如此行事。抛开这些不谈,罗马尼亚人的罗马起源以及罗马尼亚语的拉丁属性是不争的事实。特兰西瓦尼亚学派只是将其系统化整理,而不是杜撰出来的。为了详细了解罗马尼亚人的罗马渊源,我们首先要明确今日新拉丁世界的特征,然后再深入了解历史。而这奇妙的研究之旅务必始于"永恒之城"的建立,以及其后罗马帝国在欧洲和世界上的扩张。

拉丁文化及其在当今
世界的地位

拉丁文化，与日耳曼和斯拉夫文化一起，都是当代欧洲大陆的现实存在。它们自遥远的过去传承而来，带有很多难解之谜。但在今日快节奏的社会生活中，人们的关注点完全不在于此。

然而，人类群体渴望追忆其集体生活的历史，就如每一个人期待回顾过往一样不可避免。即便我们想摆脱这样的记忆，它们也总会追上我们，让我们兴奋，使我们快乐或自责，又总是扰乱我们的思绪，考验我们的心智。没人知道过去发生的一切通过大脑的何种机制在召唤我们。但这种现象总是存在的，即使有些人嫌恶（或声称嫌恶）追忆过去。对此，有这样一种普遍得到公认的解释：历史代表的是人们过去的生活，而生活是被人们称为"思绪"（布莱士·帕斯卡）的本质构成，即便我们并不确切地知道何为人类，何为生活。我们又怎么可能不为生活所动？怎么可能不为我们自身、不为我们的命运所引导？无论被做何评价，对历史的追溯发生在各种不同的场景中，发生于不同素养和奋斗方向各异的人身上，这确实是值得钦佩和鼓励的。然而，了解真实的过去、重现历史生活，只能通过专家，即专业的历史学家来实现。他们拥有权威的方法，可以追根溯源。否则的话，仅仅依靠激发想象力来描绘过去，也许可以臆指一切，唯独不能重现历史。直至今日，历史学家们也不能独立地完成对历史的研究，因为久远的生活与我们当今生活一样复杂而难于求证，需要多学科的配合联动。

当人类正在被各种不同的文明所影响，经常有人问我为什么要为拉丁文化辩解。我通常用历史和现实依据作答，却总难足够令人信服。曾经有一次，我对一位傲慢的持异议者长话短说：只要世界各地的法学院还在研究罗马法学，历史就在延续。我想说，事实上，我们不能为了亲近一些准则（今日所说的"趋势"）而放弃我们自己文明的价值观。那些"趋势"有可能是偏激的，不确定的，不合适的，抑或是骗人的。从另一个角度来讲，我遗憾地发现，很多地方都不再研究罗马法学。这一法学曾经被查士丁尼大帝（527—565）应用于他的"制度"，在中世纪大学教育中延续，直至现代社会，被之后的《拿破仑法典》所采用（19世纪初）。甚至今天罗马法学仍然以各种形式发挥着影响力。从多方面角度来说，罗马法学是现代法律的基础，它为无组织群体的混乱状态提供了秩序和纪律保障，是拉丁文化的基本组成部分。一些"意见领袖"（其中很多人缺乏教养甚至没有文化）忽视或攻击拉丁文化，因为他们没有能力了解、理解甚至深入拉丁文化的本质。这部分可悲的群体中包括那些支持罗马尼亚人纯正色雷斯/达契亚起源的人，罗马尼亚人由此被从主血脉中剥离，并被置于微不足道的境地。他们中的一些人（没有经历过专业的基础学习）认为罗马尼亚人的罗马起源理论是那些古怪的学者和对此感兴趣的政客们的一项相对较新的创造。我撰写本书的目的，是为了证明与罗马尼亚人的拉丁起源和世界拉丁文化相关联的各种证据具有古老的历史性和严肃性。本书内容终止于 16 至 17 世纪，因为这之后罗马尼亚人的罗曼特点发展得更加趋向日常化和共性化。18 世纪（通过由特兰西瓦尼亚罗马尼亚人与罗马教会联合而产生的特兰西瓦尼亚学派），在运用了历史、语言学、法律、神学的博学工具前提下，罗马尼亚人的古罗马起源及罗马尼亚语的拉丁属性得以完全确认。尽管证据确凿，在教育日益被轻视、日益形式主义且基础内容缺乏的背景之下，否定这些真理的零散声音还在不时出现。

地球在加速发展。随之而来的，是赋予我们世界基本内涵的价值观逐渐淡化起来。难道我们的世界将会在缺少必要生存准则的情况下延续其发展或者无可挽救地改变其发展方向？我们是否有责任捍卫作为欧洲文明基础的希腊罗马古典主义和基督教呢？

欧洲人口中印欧人占据 90% 的绝对多数，并且今天被划分为（如我们所见，依据约定俗成的方式）日耳曼人、斯拉夫人和罗曼语族人。我们所指的日耳曼人包括奥地利人、讲德语的瑞士人、荷兰人和佛兰德人、英国人、丹麦人、挪威人、瑞典人以及其他较小的群体。斯拉夫人在形式上分为三类人群：西斯拉夫人，即波兰人、捷克人、斯洛伐克人等；南部斯拉夫人，即保加利亚人、塞尔维亚人、黑山人、克罗地亚人、斯洛文尼亚人、马其顿人等；东斯拉夫人，即俄罗斯人、乌克兰人、白俄罗斯人等。罗曼语族人包括：意大利人、法国人、西班牙人、罗马尼亚人、葡萄牙人、普罗旺斯人、加泰罗尼亚人、撒丁人、弗留兰人、列托 - 罗马人等。

欧洲还有几个民族不属于这三大群体中的任何一个，尽管他们中的一些仍然是印欧人。他们是：希腊人——实际上已发展为一个全新的民族，只是与古代拥有相同称谓；阿尔巴尼亚人（伊里利亚 - 色雷斯人）；凯尔特人或高卢人（主要集中在爱尔兰、苏格兰、威尔士、布列塔尼等地区）；巴斯克人（居住在西班牙北部和法国西南部），他们既不属于印欧人，也不属于芬兰－乌戈尔人（匈牙利人、芬兰人、爱沙尼亚人），而是来自更大的乌拉尔－阿尔泰语系族群（因此，有别于印欧语系族群）；另外还有土耳其人、阿拉伯人（近代才来到欧洲）等。

前述三大族群的足迹随时间推移几乎遍布整个地球。斯拉夫人于近代扩张至符拉迪沃斯托克。而日耳曼人，具体地说是英国人，从欧洲到美洲，再到澳大利亚，几乎统治了世界。至于罗曼语族群在其他陆地的大扩张我们之后还会谈到。所有欧洲民族，包括他们在世界各地的扩展群体，无论其发源如何，均深受希腊－罗马古典主义和拉丁文化的影响。如果抛开罗马影响不谈，那么日耳曼民族和斯拉夫民族创造的文明就是无法想象和难以理解的。罗马的影响力使得"蛮夷族群"从此定居下来，逐步开化并适应了时代的进步。

当然，上述分类是相对而言的，受限于我们人类此刻的知识水平。但我一直不明白，为什么总有一些人在寻找划分民族和语言的其他分类方法时，更喜欢不确定、有争议、更未知的解决方案呢？民族（同他们所使用的语言一样）并不是一成不变的，不是自诞生以后就永远保持原始形态。民族总是在变化的：一方面，变化的差异要在长时间内才能够显现出来；另一方面，对这种动态变化的感知仅在人类一个生命周期的过程中很难察觉到，这些持续不断的变化在不断改变着每一个民族。总之，有的民族在几千年的发展历程中从未更名改姓，比如犹太人、希腊人、中国人。有人惊叹于这些民族的古老历史，认为他们比其他民族重要得多。但是，今日的这些民族（犹太人、希腊人、中国人）已然与古代的犹太人、希腊人或中国人大不相同，正如意大利人、西班牙人、法国人或罗马尼亚人不同于罗马人一样。从这一点来看，语言往往才是真正的晴雨表。例如，在我少年和青年时期流行一时的词语"机会""领导""迪斯科""地点""可能的"等等，在今天，人们更喜欢用"机遇""经理""俱乐部""位置""可行的"等词语来表述。我们就更不用提信息和通信领域的术语了。在这些领域，"语言革命"更是铺天盖地。老旧的术语（在相应的时代更多的是外来语）随时间的推移会被其他流行词语所取代。然而，被取代的词语并不会完全消失。这些老旧术语就像其他很多词语一样依然保留在语言财富中，只是被使用的频率在逐渐下降。口头和书面语言的变化是人们进化发展过程中可见的指标，总是随人们的精神状态、感知世界的方式、对信仰和教会态度的变化而变化。总之，所有的种族群体都在不断改变着，以顺应自身的发展，适应周围其他族群，或者与他们所生存的大型共同体的生产生活方式相融。

在研究民族进化（持续几个世纪甚至上千年）的过程中，学者们发现了不易觉察的改变。这些改变的日渐积累导致了一个民族与其本源民族大不相同，甚至因此而变换其称谓也理所应当。如此类推，让我们追溯到公元第一个千年末的某个时期，那时在高卢领土上使用的拉丁语口语已经与古拉丁语（文学语言及市井语言）以及在意大利半岛或者伊比利亚半岛上使用的拉丁语口语变体有天壤之别，以至于这个语言已然完全成了另一种语言。同样，有资料证明，大约在9世纪中叶（约840年），除了法语的存在，欧洲舞台上也出现了中世纪德语。今天的德语就是由此衍生而来。通常情况下，当一种语言必定要更改其称谓的时候，使用它的民族也应该拥有相应的称谓。除了极少数例外，一个民族与其使用的语言一般都具有相同称谓：法国人说法语，意大利人说意大利语，而罗马尼亚人说罗马尼亚语。当然，也有例外：瑞士人不说瑞士语，而是说德语、法语、意大利语和列托－罗马语；奥地利人不说奥地利语，而是说德语；摩尔多瓦共和国的摩尔多瓦人说罗马尼亚语；等等。美利坚合众国的美国人，加拿大人，澳大利亚人，新西兰人，等等，都说英语。尽管这些英语的差距不断增大，曾经也有人提出应该给这些方言土语重命名，比如它们不再被称为"美国英语"、"加拿大英语"、"澳大利亚英语"或者"新西兰英语"，而是被叫作"美国语"、"加拿大语"、"澳大利亚语"或者"新西兰语"。巴西人使用葡萄牙语也是同样的情况。民族的起源并不一定总是与其所使用的语言的起源保持一致，虽然理论上民族与语言应该相辅相成：比如，日耳曼人（盎格鲁－撒克逊人）是英国人种的基本构成，因此他们说的是日耳曼语言；俄罗斯人主要来自古斯拉夫人，他们讲的就是斯拉夫语；意大利人是罗马人的后裔（还有一些其他的种族成分），他们讲的是新拉丁语；等等。是的，也有例外：美利坚合众国的美国人是多个欧洲人种的后代（英国人、德国人、法国人、爱尔兰人等），而他们说的是英语。这非常有可能，因为在美洲殖民地，讲英语的族群明显强势于其他族群，尽管那时与德语族群的竞争也非常激烈。

罗马尼亚人的拉丁起源及民族斗争

人类族群的人种和语言起源很难准确地界定。纯粹的民族是不存在的，也没有纯粹的语言；正如民族和语言没有高低尊卑之分。过去曾经有过一些几乎为官方所认可的观点，例如：中世纪后几个百年和文艺复兴时期，如果一个民族源自特洛伊人，那将无上荣耀，罗马人的祖先就是这样看待自身的。法国的君主们借助民间流传的书籍声称本民族具有特洛伊血统，并在此基础上建立了追溯至普里阿摩斯国王（特洛伊国王）的族谱。波兰人也是同样情况，他们具有毫无疑问的斯拉夫血统，而声称出身于萨尔马特人，因为萨尔马特人古老而具有传奇色彩，是一个介于神话与现实之间的族群。在18世纪的特兰西瓦尼亚，在争取民族解放的斗争以有组织的方式开始之时，罗马尼亚人认为他们有权利在这片土地上与其他人平等生活，且有可能建立一个只有最古老和最尊贵血统民族组成的国家。匈牙利人无法否认他们在896年才来到潘诺尼亚平原，但他们可以通过两种"修正"来"美化"自己的迟到：第一，他们事实上是匈奴人的后代，而匈奴人早从 4 世纪起就开始在这片地区生活。第二，他们初来之时，很快占据了（而不是攻克了）整个喀尔巴阡山盆地，当时那里并无人居住。如此一来，这两个"修正"就赋予了匈牙利人主要的"历史权利"。而后来，这两个说法的真实性都被否定了。塞克勒人那时也声明自己是匈奴人，古老而勇敢。然而今天我们认为，塞克勒人早期被匈牙利化，他们的本源是卡萨罗 - 卡巴雷人。作为日耳曼民族和外来者的撒克逊人，直至 12 至 13 世纪才在特兰西瓦尼亚定居下来。而在查理曼大帝（768—814）统治时期，为了增加其历史资历，把这一时间提早了几个世纪。因为此伎俩还不足够有力，他们的一些历史学家，从乔丹尼斯开始将哥特人与盖塔人混淆（似乎是故意的）起来。乔丹尼斯大笔一挥，就将撒克逊人（与哥特人一样都是日耳曼人）变为了盖塔人的后代。所有这些企图，绝大部分是臆想出来的、虚构的，它们有着一大通病：没有向人们展示经过核实的事实（已得到证明的），只是将自己笼罩在出身于高贵民族的光环和幻想之中。因为这些高贵的民族是文明与文化，是持久、稳定国家的创造者，是其他民族的典范。实际上，唯一能够以可信的方式，依据真凭实据证明他们在所生活的这片土地上具有高贵的出身和毋庸置疑（或难以提出异议）的历史的，只有罗马尼亚人。他们不需要杜撰，也不需要在 18 世纪声明什么值得商榷的内容。因为一切有关他们的历史证据，早在第一个千年的下半叶开始就都来自拜占庭和罗马教皇当局，都能够指明罗马尼亚人是罗马人的后裔。恰恰是这些有关罗马尼亚人罗马血统的确凿证据，任何一位严肃的学者都不会试图以直接的方式给予否认。于是，就有人捏造说罗马尼亚人是很晚从巴尔干半岛迁移到特兰西瓦尼亚的，他们曾经是一群贫穷的牧羊人，带着羊群，在 13 至 14 世纪偷偷地潜入这片土地。所以，罗马尼亚人，虽然"高贵"，却被一些人认定为外来户，也就是说，他们在这个国家中并不足够古老到可以有权利要求平等和"国家地位"。然后，就有了如下的说法（这里指匈牙利人、塞克勒人、撒克逊人、奥地利人和德国人的历史学家、语言学家及政客的观点）：罗马尼亚人与达契亚人没有任何关系，因为达契亚人已经被罗马人灭绝了；或者，即使达契亚人没有被灭绝，罗马化的进程不可能在如此短的时间内实现；又或者，即使罗马化的进程实现了，被罗马同化的达契亚居民也都被奥勒良皇帝迁移到了多瑙河南部。所有这些虚假的阐述都旨在剥夺罗马尼亚人在特兰西瓦尼亚国家共同体内部所应享受的合法权利，并继续保持其受压迫和剥削的地位。最终，这些宣传家得出了结论：罗马尼亚人是一个卑贱的民族，是巴尔干一些民族的融合体。这个民族没有稳定的家园，也就说是游牧民族。他们悄悄潜入多瑙河北部地区，然后在特兰西瓦尼亚丰富的牛奶和奶酪资源滋养下数量可观地繁衍生息。

在这些策略性、政治化的攻击面前，罗马尼亚人借助确凿证据的支持，形成了正确的民族意识。但是，如所有处于防御地位的思想体系一样，这种民族意识也在某些角度言过其实。以至于，当迪米特里耶·坎泰米尔以及紧随其后的特兰西瓦尼亚学派的学者们撰写其博学的著作之时，他们十分清楚：从民族角度来看，罗马尼亚人不再是名副其实的罗马人，他们的血统中也包含盖塔-达契亚人和其他民族的基因。但是，他们经常把后者隐藏在括号中，只是确认罗马尼亚人纯正的罗马属性，以避免不友好人士对其进行指责，将罗马尼亚的称呼与卑贱、野蛮的出身联系起来。罗马尼亚人如果想得到特兰西瓦尼亚当权者的承认，就必须是纯粹的罗马人。也就是说，他们必须是罗马人的纯正后裔，是典范文明的创造者。这一文明经久不息地植根于欧洲文化的传承过程。特兰西瓦尼亚学派之后大约一个世纪，学者博格丹·佩特里切依库·哈什德乌在一篇题为《达契亚人灭亡了吗？》的著名文章中着重指出了这个错误（是一种有意而为之、有用而为之的错误）。很显然，达契亚人并没有在与罗马人的大冲突中全部丧生，因为没有人会像狩猎动物一样追踪并捕获他们至最后一人。后来，越来越多的史料，尤其是考古发现，证明了无法磨灭的大规模盖塔－达契亚文明的存在。

与罗马尼亚人拉丁起源
相关的荒谬异论

历史发展至各种观点的制衡时期，在此背景下，由于没有哪个观点更为突出，主张色雷斯理论或者达契亚理论的人发起了攻势。早先是从哪里开始达契亚人就完全被排除在罗马尼亚人种起源因素之外的？这些人找到了极为夸张、难以置信且脱离现实的说法：罗马尼亚人根本就不是来自罗马人！于是，纯正色雷斯－达契亚血统思潮兴起了。这一思想从某种程度上来说有些自相矛盾。它并没有出现在以传说、童话、叙事诗和民间传统为价值观的浪漫主义历史编纂学时期，而是出现于1900年左右，在彻底的实证主义"批判学派"兴起之时。这其中的代表就是博格丹·佩特里切依库·哈什德乌。他以靠不住的语言学标准构建了一部分人和群体虚幻的"族谱"。这位伟大的学者迟钝地，直至生命最后一刻才终于使自己跨过了常识的误区。1913年，历史学家尼古拉·丹苏石亚努出版的名为《史前达契亚》的作品首次提到了罗马尼亚人的前罗马起源这一与众不同的理论。作者使用了大约1 200页的篇幅阐述了一个先进的史前文明理论，他称此种文明为贝拉斯哥文明（civilizaţia Pelasgă），其发源地为今天的罗马尼亚，而这一文明也催生了整个欧洲文明（丹苏石亚努的观点）。达契亚人是这种文明最先进的表现形式，而罗马尼亚人就来自达契亚人，他们是达契亚人延续几千年的非凡后裔。亚历山德鲁·D.科赛诺波尔是罗马尼亚有史以来最伟大的历史学家，他正确地指明："作者关于达契亚人造就了人类最早文明的理论表明：我们只不过制造了一个沙文主义的产物，而不是科学研究的成果。"瓦西里·波尔凡（罗马尼亚考古学的奠基人）也在他的不朽著作《盖塔人》中对丹苏石亚努进行了激烈抨击："他的奇幻小说《史前达契亚》充满神话色彩且语言荒唐。此书的出现引发了对考古学不求甚解的罗马尼亚人的无限追捧。"《史前达契亚》融合了浪漫主义博学派风格、天真的语言结构以及天马行空的想象力，十分荒谬。没有任何一位罗马尼亚或者国外真正的专家（我们将史学爱好者和不求甚解的人们排除在外），把这部作品当作一回事，因为《史前达契亚》被认为是一位历史学家在生命即将终结之际精神失常的作品。不管怎样，他早先的著作还是值得称道的。从丹苏石亚努起（毕竟他还是一位学者），两次世界大战期间，尤其是罗马尼亚共产党政权末期，事物的发展经历了退化阶段。共产党的民族主义时期（约在齐奥塞斯库独裁统治的最后十年），在扬·波贝斯库－布祖里领导的罗马尼亚共产党中央委员会下属的历史和社会政治研究所周围聚集了一批伪学者。扬·波贝斯库－布祖里是一位激进主义者，从某种程度上来说，这位活动家的阅读范围与我们提到的领域并不相干，且他在此领域的知识储备令人不敢恭维。扬·波贝斯库－布祖里的追随者包括奥古斯丁·德阿克、尼古拉·科波尤、米勒恰·穆沙特、扬·阿勒德勒亚努等。这些人对罗马尼亚专业历史和考古学家"美化罗马帝国主义"的行为感到愤慨。他们希望尽可能找到罗马尼亚人最纯正的起源，形成一种极端原始性的理论。他们中的一位（前面提到的尼古拉·科波尤）甚至提议将我们国家的名字从罗马尼亚改为达契亚。因为"罗马尼亚这个名字是在赞颂罗马侵略者和占领军"，这是不应该的。当时有人谈到罗马尼亚的"统一、永恒和持续性自新石器时代一直延续到当代"，这样的理论造成对罗马尼亚的政治孤立影响了当地的历史研究，使其越来越被忽视并饱受西方诟病。即使今天，情况也好不到哪里去。真实的研究常常会被有关色雷斯－达契亚的虚假理论所玷污。色雷斯人可以一夜之间成为世界的主人，最先进文明的创造者，他们使用的语言被认为是所有语言的原始通用形态。在对色雷斯人和达契亚人不断美化的过程中，这些浑水摸鱼的人也诋毁罗马文化和文明，以便更为有效地摧毁"过时的理论"。

德罗贝塔的"达契亚"桥

在一系列对"历史真实性"的揭示中，有一种异议针对的是由大马士革的阿波罗多尔（阿波罗多鲁斯）设计建造的德罗贝塔桥。这项异议的提出也是以专业研究的无限相对化来书写"历史"的具有说服力的一个例证，是将当今的逻辑应用于过去，而不是依据行业规则来研究信息源。总之，从小学到高中，所有罗马尼亚人都学过这个知识：德罗贝塔桥是在图拉真皇帝的命令下，由大马士革的建筑师阿波罗多尔在两年的时间内建造完成的。但是，据某些社交网络的随口之谈，并没有哪个文件能够证明多瑙河上这座桥的身份。原因是：第一，这座桥并没有出现在亚当克利西的纪念碑上，这就有可能证明罗马人并没有建造这座桥。第二，罗马人不可能在两年的时间内建造起这座桥，因为一侧的河岸还在达契亚人的控制之下。第三，对于德切巴尔国王来说，"人民的自由高于一切"，他不会双手交叉胸前站在多瑙河对岸，被动地看着这座桥在他眼皮底下建造起来。第四，即使是以今天的技术，建造同样一座桥也需要五年的时间。第五，在图拉真纪功柱上，罗马人是依靠浮桥过河的。这样的话，谁还会再去建造一座桥呢？然而，显而易见的事实是："布雷比斯塔和德切巴尔的达契亚人占据着多瑙河两岸。他们经常越过多瑙河，并且不只在河流结冰的时候过河。那么如果没有桥的话，从哪里过河呢？"

这是对历史事实的明显歪曲，同时也是在将我们今天的逻辑应用于以完全不同的原则为指导的历史问题。至于大马士革的阿波罗多尔，有关他的作品以及图拉真领导下建立的德罗贝塔桥的历史证据是足够多的（不仅仅是文件资料，那些持古怪论调的人并不懂得史料来源的概念，将文献资料与一般来源相混淆）。我们先来摘取塞尔维亚河岸一侧，写在桥脚的一段默西亚时期的铭文：IMP[erator]CÆSAR DIVI NERVÆ F[ilius]/NERVA TRAIANVS AVG[ustus]GERM[anicus]/PONTIF[ex]MAXIMVS TRIB[unicia] POT[estate]IIII/PATER PATRIÆ CO[n]S[ul]III/MONTIBVUS EXCISI [s]ANCO[ni]BVS/SVBLAT[i]S VIA[m]F[ecit]（恺撒大帝，神圣的涅尔瓦之子，涅尔瓦·图拉真，奥古斯都，日耳曼尼库斯，马克西姆斯祭司，护民官、祖国之父、第三次执政的执政官，四次注资，自山中挖掘石材，使用原木，建造此桥）。毫无疑问，这座桥是在图拉真皇帝的命令下建成的，这一点很清楚。德罗贝塔桥的画面没有出现在亚当克利西的纪念碑上是绝对可以理解的。图拉真纪功柱是罗马的胜利纪念碑，为了向106—109年间罗马皇帝图拉真的事迹表达敬意而建，同时也为纪念102年征服达契亚人所取得的胜利或第一次达契亚战争（101—102）所建。德罗贝塔桥没有被列入其中是因为其没有任何代表性。从另一方面来说，自102年起（罗马人在取得第一次达契亚战争的胜利之后），多瑙河两岸都已经不在达契亚人的控制之中了。102年所达成的和平协议迫使德切巴尔割让出所有在101—102年间被罗马人占领的土地，包括巴纳特、哈采格公国、奥尔特尼亚、蒙特尼亚、特兰西瓦尼亚东南部和摩尔多瓦，直至尼斯特鲁河口（那时被称为提拉斯）。因此，达契亚国王也就无法站在多瑙河的北岸观望，因为北岸自102年起就不再归他管辖，而是落到罗马人的手中了。"德切巴尔，对于他来说，人民的自由高于一切"，这句话是乔治·高什布克（还有他充满炽热情感的诗歌《德切巴尔致人民》，在这首诗歌中，达契亚国王说起话来的口吻如同尼古拉·伯尔切斯库或者米哈依尔·科格尔尼恰努）时期维护民族性的斗争武器，却被独辟蹊径的持异议者所利用，其实这句话与两千年前的思想和情感并无关系。德切巴尔的国家已然"竭尽所有男丁"，德切巴尔国王没有其他选择，只能任由获得胜利的罗马人摆布。所以，他只能被迫徒然地、远远地"支持"桥梁的建设。这座桥不是在仅仅两年内建成的，而是从103年持续到105年。如果我们今天的罗马尼亚人不能在两年左右的时间里完成类似的建设，并不代表罗马人也做不到。1到2世纪罗马帝国修建同样规模的纪念性建筑的实例有几十个，阅读维特鲁威的作品《建筑十书》就足以见得希腊－罗马文明建筑设计的天才之处。布雷比斯塔和德切巴尔的达契亚人无法建造出类似的桥，除非他们求助于罗马工匠，然而这并没有发生。根据罗马法律，布雷比斯塔甚至都不是一国之君，他只能称得上是足够异类的一位部族首领。很清楚的是，在103—105年前这座桥并不存在。事实上，盖塔－达契亚人渡过多瑙河向南而去的时候河流并没有结冰（这种情况很少发生！）。他们能否过河，也不一定就取决于一座石桥。其他过河技巧也是存在的，但在这里谈论这些技巧没有意义。重要的是，罗马的图拉真纪功柱上也出现过这座桥，以用来证明罗马的建筑水平。

德罗贝塔桥的真相早已为人所知，可以用几句话来概括。这座桥建于103—105年间，位于铁门以东的多瑙河下游，是大马士革阿波罗多尔的作品。建造这座跨江大桥所使用的技术曾经在大马士革工程师兼建筑师阿波罗多尔遗失的作品中有所提及。但是，我们今天也能间接地看到一些描述，包括狄奥·卡西乌斯、泽策斯、《千行诗集》和凯撒利亚的普罗科匹阿斯所转述的技术细节。建造一座跨江大桥就必须让河流改道。在古代世界里将河流引流至右岸新开辟出来的河道，在（今天的）克拉多瓦地区，是件十分值得称道的事。这样就能够从地基开始建设桥梁了。地基打好后，江水再被引回到主河道。可是，凯撒利亚的普罗科匹阿斯声称，罗马人有可能只是利用南部支流干涸的河床对河流进行了部分改道。资料表明，大桥最初的10～12根桥柱子架设在河岸之上，其他柱子在建筑的过程中使用了模具（由浇筑了水泥的橡树圆木制成）和水泵系统。105年春天，图拉真跨江大桥竣工。这一年，罗马元老院发行了一枚硬币，以纪念图拉真这位"最佳元首"（optimo principi）。硬币上刻有大桥的装饰图案，图案中一艘帆船正从桥下通过。历史学家狄奥·卡西乌斯对跨江大桥的精妙建设感到惊讶："图拉真在伊斯特鲁河上建造了一座石桥，对此我不知道如何赞美他。图拉真的其他建筑也很棒，但这座桥比其他任何一个建筑都要高出一筹。桥的支柱为四棱石柱，共有二十根。不算地基，柱高一百五十英尺，宽六十英尺。柱与柱之间相距一百七十英尺，由拱顶相连接。我们不能不为建造这些石柱所付出的努力而感到惊讶。难道我们不该惊诧于这精湛的技术吗？人们将每一根柱子立在漩涡翻滚的河水中央，立在稀软的泥里，而那时河水还无法改道。我所说的河水的宽度，并不代表整条河都是这个宽度，河水的宽度是不断改变的，宽的地方有可能是狭窄部分的两倍或者三倍。然而这处河段却是最狭窄的，最适合搭建桥梁。这里越狭窄（因为河水从较宽处奔流直下，再从狭窄的这里冲入另一段更宽的河道）河水就越湍急，水深也就越大。所以环境因素也加大了桥梁建筑的难度。图拉真的雄伟宏图也恰恰体现在这些建筑中。"罗马的图拉真纪功柱描绘了大桥竣工之时的隆重场面以及第二次达契亚战争的爆发（105年）：在德罗贝塔兵营附近可以看到图拉真大桥的桥门。桥体只有五根支柱，我们可以想象工程还在进行当中。桥腿由木制拱形结构相连，每个拱形结构由三根弓形木组成。拱形结构之上是桥面。桥面两侧建有栏杆。桥前是图拉真大帝，他站在祭坛前。图拉真大帝身后还有随从，也许随从中也有大马士革阿波罗多尔的身影吧。皇帝的面前是军队指挥官和举着旗子的古罗马军团代表。

因此，否认德罗贝塔桥是罗马人建立的历史无非是利用读者的无知来博取成功的一种操作吧。如果人们的受教育水平足够，这种信口雌黄在公众传播领域是无法获得信任的。当下主义蒙蔽了人们的思想。人们不知道我们的"逻辑"从第三个千年起就与之前时代的"逻辑"不同了。类似的作者总是说"这是合乎逻辑的"，却完全忘记了事物的本源，忘记了我们从历史中获得的真实数据。因为这些数据在多数情况下都是与我们的"逻辑"相矛盾的。我们需要用今天的智慧和我们现在所拥有的知识储备来思考过去，而不是相信那些当代的陈词滥调，因为这样会将我们置于犯严重错误的风险之中。

总之，在罗马尼亚人的民族起源问题上，真实、可靠的研究仍然是以古老的达契亚－罗马理论、罗马化和拉丁化理论为基础，这是坚不可摧的。历史研究不是赶时髦，不能因为出现了新的风尚就放弃了原有的风格。

盖塔－达契亚人

　　关于盖塔－达契亚文明，我们只能通过对文字资料和考古遗存的研究来进行真实的评价。而这样专业的评价也只能由具有系统研究资历的专家来完成，如此才能够成功破译这个已然不复存在的世界。总之，那些从科学的角度描绘盖塔－达契亚人的专家们（从瓦西里·波尔凡到哈德里安·达伊科维丘、扬·霍拉丘·科里山、扬·克罗达柳、康斯坦丁·贝托莱斯库、杰鲁·弗罗莱以及其他很多人）都为这个文明所感动，这包括：盖塔－达契亚文明的活力、奥勒斯迪耶山地区（或称苏雷亚努）的要塞、达契亚墙的嵌入技术、布雷比斯塔国王面对尤利乌斯·恺撒率领的罗马大军所展现出来的实力、德切巴尔在对抗罗马军团二十年的时间里表现出的伟大品质、大祭司德切内乌和维兹那斯，以及这个崇拜天地的民族的精神力量，他们相信灵魂不朽，他们（他们中的一些人）知道药用植物的奥秘、了解星座，他们会使用环钻术来治疗疾病，等等。但更重要的是，这些细节虽然有信息来源，可能值得信任，但却拿不出更多确凿的证据。一方面，色雷斯人和盖塔－达契亚人的亲缘关系尚不清楚；另一方面，也有历史学家和语言学家认为达契亚人和盖塔人并不是同一民族的两个分支，而是有亲缘关系的两个完全不同的民族。从盖塔－达契亚语来看——如果它曾经是一种语言而不是方言，这种语言只给我们留下了一些无关联的词语（普通名词、形容词、专有名词）。我们只能推测这些词语的含义，但又不十分确定。比如，"dava"可能是"要塞"，"tarabostes"可能是"闪耀的"，"Decebalus"可能是"战士"或"勇士"的意思。康斯坦丁·达伊科维丘认为达契亚语还是给我们留下了一个句子——"Decebalus per Scorilo"，即"德切巴尔是斯科里洛的儿子"。但是今天，越来越多的专家倾向于认为这句话是拉丁语，意思是"德切巴尔献给斯科里洛"。可能意思是，在即位之前，德切巴尔以这件器物作为祭品来纪念他的父亲斯科里洛[①]。达契亚字母肯定不存在，因为只发现了一些用希腊和拉丁字符所做的标记和记录。很多内行，包括克卢日学者卢素使用权威的方法对盖塔－达契亚语进行了系统研究[②]。即使是在几十年后的今天，我们也很难在这项研究上超越博学的卢素，因为他懂得好几种古典和现代的语言。换句话说，盖塔－达契亚人的物质文明水平可以与凯尔特文明进行比较（而后者在更高一些的水平上）[③]，这样的研究也已开展过，但是它绝不能与罗马或希腊－罗马社会同日而语[④]。

事实上，"达契亚人的石头会说话"（保罗·麦肯德里克的可爱

---

① PETOLESCU C C.Decebal: regele dacilor.2rd ed. Bucureşti:[s.n.] , 2016:45-49.

② RUSSU II. Limba traco-dacilor. Bucureşti:[s.n.], 1967.

③ CRISAN I H. Burebista şi epoca sa. Bucureşti:[s.n.], 1977.

④ 有关盖塔－达契亚文明优秀且成为经典的著作是哈德里安·达伊科维丘的《达契亚人》（布加勒斯特，作者生前分别在1965年，1968年和1972年出版了三册）以及《从布雷比斯塔到罗马占领时期的达契亚》（克卢日，1972年）。还有其他一些关于盖塔－达契亚人的著作，由杜米特鲁·普罗塔塞、希尔维乌·撒尼耶、尼古拉·高斯塔、埃乌简·亚罗斯拉维齐、扬·克罗达柳、杰鲁·弗罗莱等人撰写。

表述）：苏雷亚努山上——此山也被称为奥勒斯迪耶山（萨尔米泽杰图萨、高斯代什蒂、布利达鲁、红石、博尼扎），或者距离较远一些的，从阿布塞尼山至东喀尔巴阡山上，甚至更远的，从东到西、从北到南各地的城堡要塞，其建筑所使用的大块石材切割规整（石材均是就地取材），石材的结合方式、城门的精巧机关、蓄水池的设计等等都令人印象深刻；而关于一些达契亚牧师学识情况的史料也让人难以忘记；达契亚人面对罗马人进行了约二十年的顽强抵抗，甚至已经获得自由的达契亚人在达契亚行省建立后所组织的抗争和展现出来的顽强生命力等都让人难以忘怀。可以清楚地看到，战胜德切巴尔领导的达契亚人被罗马军队视为最伟大的成就之一。达契亚人的黄金比其他任何东西都令人垂涎。这些黄金填充了罗马帝国的预算，让平民百姓享受到了期待已久的 "panem et circenses"（"面包和马戏表演"）。然而，这一切都不能提供充分的理由说明盖塔－达契亚人在文化和文明方面高于罗马人或在罗马世界之上。

杰出的希腊－罗马文明是欧洲古代文明的巅峰，也是整个欧洲大陆发展的基础。在基督教时代之初，"蛮族"达契亚人"一无是处"，他们所能建立的生活模式与希腊－罗马的生活模式相差甚远。当然，这并不意味着我们应该在现代和当代的公共意识中鄙视盖塔－达契亚人，但我们也不能将他们奉若神明。达契亚人和罗马人形成了一个综合体，正如在满足民族融合条件的任何地方发生的一样，在这个综合体内，拉丁文化和罗曼特色取得了胜利。所以，瓦西里·波尔凡得出的结论直至今天仍然有效："我们赞颂达契亚人的勇敢，感恩占领者罗马人。我们，罗马尼亚的奇迹自此诞生。"

很多那个时代的人，受土著化和原始主义思潮的影响，凌驾于科学之上，错误地相信"最好的"是土生土长的、古老的、独一无二的达契亚人，好过罗马人的后裔或其他什么族群的后裔。今天我们毫不质疑自己是拉丁文化的分支，我们具有这一伟大地中海文明链所有的优秀品质和缺点。事实上，罗马尼亚人是达契亚－罗马人的继承者，他们说的是"多瑙河拉丁语"，后来被称为罗马尼亚语。迪米特里耶·坎泰米尔所说的"我们既没有杜撰，也没有夸张"，也就是纯粹对历史事实的再现。研究历史与研究所有科学一样，虽然我们的认知在发展，思想随着新的研究在更新、改变和与时俱进，但是，永恒的真理是存在的，这个真理就是罗马尼亚人的罗曼特性和他们语言的拉丁属性。对历史的研究经常要适应时代的发展，符合新思维；有关历史的讨论要符合大众口味，但这种探讨的硬核构成一定是不可动摇的真理。由此可见，历史不是故事，而是对前世生活的叙述，我们应该还以它们本来的面貌，而不是凭空想象出来的。显而易见，罗马尼亚人的民族和语言构成，以及文化和文明中，有达契亚的成分，而拉丁文化的出身铸就了他们的基础，这无可争辩，并且需要更深层次的渲染。

罗曼语民族的世界价值

奇怪的是，在日常生活和公众意识中，新拉丁世界并没有博得太多的好感。以往那些科学领域之外的陈词滥调和刻板印象认为日耳曼人人口更多、做事更认真、更有条理、更守纪律、更务实，也更值得信赖。相比之下，对罗曼语民族的偏见认为，他们人数很少、很轻浮、生产力低下、缺乏务实思想、做事不负责任、放荡不羁、多嘴饶舌，他们中诗人和歌者多于工程师和技术人员，他们热衷开派对、崇尚奢侈、好美酒，他们日日热爱的是"甜蜜的生活，却无所事事"。

幸运的是，对欧洲和对人类来说，情况并非如此！种族没有好坏之分，简言之，他们既然存在于这个世界，就必须要被同等对待。

规模最大、最早的陆路和海上远征都是新拉丁人实现的，也就是意大利人、西班牙人、葡萄牙人，甚至是法国人。马可·波罗在1300年左右抵达了中国，之后，巴尔托洛梅乌·迪亚士、瓦斯科·达·伽马、克里斯托弗·哥伦布、斐迪南德·麦哲伦、埃尔南·科尔特斯、佩德罗·阿尔瓦雷斯·卡布拉尔、阿美利哥·维斯普西以及其他很多人在 15 和 16 世纪期间统治了海洋。巴尔托洛梅乌·迪亚士发现了好望角；瓦斯科·达·伽马发现了绕过非洲从欧洲至印度的海上航线；哥伦布在西行前往印度的途中，于不经意间发现了新大陆；今日的美洲之名来自阿美利哥·维斯普西；麦哲伦完成了环球航行；科尔特斯征服了阿兹特克帝国；卡布拉尔拿下了巴西。1494 年《托尔德西里亚斯条约》的签订，使得世界不再只被英格兰和神圣罗马帝国（也就是两大日耳曼势力）瓜分，而是将接力棒转到了西班牙和葡萄牙（即两大罗曼语民族国家）手中。法国也在海外，在非洲、美洲等地打下了基础。在拿破仑一世"白白地"将路易斯安娜（新法兰西）贱卖给美国人之前（1803 年），法国占据着从加勒比海直至五大湖区的北美地区（其中心地带）。欧洲的罗曼语民族曾经一度统治了地球上一半的人类，直到今天也还在小范围控制着部分地区，比如美洲地区（从格兰德河到巴塔哥尼亚或火地岛）。法语是欧洲、非洲和美洲三十个国家的官方语言；西班牙语是二十个国家的官方语言，且在另外十个国家还拥有特殊的地位；从巴西（2 亿人口）算起，葡萄牙语是十个国家的官方语言；意大利语是三个欧洲国家的官方语言；而罗马尼亚语是两个国家的官方语言。

意大利人（意大利半岛的居民）不仅仅建立了一个帝国，确切地说，因为那些最伟大的设计师和建筑家，他们也建立起了一个世界。今日意大利的所有建筑物中，从最大的都市到散布山区的村庄，都可以寻觅到大师的杰作、古代和中世纪建筑，以及历史遗迹。而乔托、列奥纳多·达·芬奇、米开朗琪罗、拉斐尔、提香、丁托列托的作品随处可见。意大利人的古代遗产被直接传承下来。他们把城市文明带到了欧洲。因为意大利半岛的城市从未被废弃过，一直都有人类居住。只有在意大利，你才能看到中世纪的罗马教堂。这些教堂建造在古希腊－罗马寺庙或其结构基础之上，而后被改建为文艺复兴或巴洛克风格。城镇运动发起于意大利，即来自争取城镇自治权的解放斗争。而城市的兴起是封建制度的一个例外。城市的发展催化了世界自由和现代化思潮的发展。

几个世纪以来，法国人为文化和精致生活定下了基调。自从美男子腓力四世正式继位（1285—1314）之后，他开始与神圣罗马帝国斗法，并宣称"是自己国家的皇帝"。法国从此在历史长河中开始了其杰出的发展道路。自文艺复兴以来直至当前，法国文化，尤其是文学潮流为文明世界提供了样板。而法语在整个现代欧洲所起的作用可以等同于拉丁语在中世纪发挥的影响。欧洲的博学之士都会说法语，也会写法语；外交界无法想象不使用弗朗索瓦·维庸的语言会是什么样子。从文艺复兴到 20 世纪，法语已经成为外交会谈、国际条约、领导人及国家使节协议所使用的语言，是文学的语言，是高层次文化、艺术、优雅的语言，甚至是风流倜傥的语言。在巴黎学习的"我们的年轻人"被称为"bonjunrişti"*；而知识分子和贵族在沙龙交谈，只用法语，正如那些意大利、西班牙、德国、俄罗斯、波兰、塞尔维亚、保加利亚等精英一样。从托尔斯泰和陀思妥耶夫斯基的小说中，我们可以看到 19 世纪俄罗斯高级贵族如何流利地说法语。在塞万提斯的国家，在马基雅维利、歌德、肖邦、布拉尼斯拉夫·努希奇、赫里斯托·波特夫或里加斯·维列斯迪利斯的国家，知识分子圈都是同样的情况。

法语直至 14 世纪一直是英国宫廷的通用语言，这一事实可以追溯到 1066 年来自大陆的征服者威廉所率领的讲法语的诺曼底人的入侵。直到 1400 年左右，诗人杰弗里·乔叟（约 1343—1400）

* 来自法语的"Bonjour"一词。——译者

才让他的人民知道了英语的发音有多么美妙，而那时英语还被认为是乡村里牛倌和猪倌的语言。这就是为什么作为日耳曼语的英语直到今天仍然有 60% 的词语源自拉丁语，这些词语主要是通过法语传播而来的。因此，作为这个世界上传播最广泛的交流用语和近60 个国家所使用的官方语言，约有三分之二的单词源自或提取自拉丁语。我们的世界不能没有维吉尔、贺拉斯和奥维德，不能没有但丁和彼特拉克，不能没有伏尔泰和维克多·雨果，不能没有拉马丁和雅克·普雷维尔，不能没有塞万提斯和洛佩·德·维加，不能没有贾梅士和艾米内斯库。这里我们只提到了文化和文学领域，在伟大的科学贡献中也可以看到拉丁学者的身影，从伽利略到马可尼，从布莱士·帕斯卡到福柯。

由此看来，大约 3 000 年前源自地中海一个不起眼小岛的拉丁文化，统治着今天的世界，但它的实现不是靠野蛮侵入和政治力量，而是通过语言、交流、文化、审美和美食品位，通过随时间积淀起来的众多精神价值而逐步扎根的。遗憾的是，与其他文化一样，拉丁文化也面临着危机。但也许正因为如此，我们更应该赞颂它，不为别的，至少只为不去忘却。

今天，居住在欧洲以外的新拉丁语使用者多于欧洲，这是罗曼语族人从欧洲向外扩张的结果。这些人集中在世界上被称为拉丁美洲的地区。如果不是"拉丁的"这个形容词，似乎从表面上看不出来与古罗马的渊源。欧洲也是类似情况：意大利人的称谓来自地理概念；西班牙人也是因地理因素被命名（源自腓尼基语）；法国人的称谓来自法兰克人的日耳曼部落；普罗旺斯人的称呼源于一个普通名词（拉丁语：行省）；加泰罗尼亚的称谓来源于一些日耳曼和萨尔马特（哥特-阿拉尼亚）民族；等等。显而易见，从今天罗曼语各民族的称谓上，无论在欧洲还是欧洲以外，都很难看到罗马、罗马国或者罗马人民的痕迹。那么意义重大的（至少对我们来说）一个例外，就是罗马尼亚人①。

这是一个很不同寻常的例外，以至于大多数当代人都没有解释清楚或者解释得很糟糕。对于某些人来说，罗马尼亚人之所以被如此命名是因为我们 18 世纪的学术精英，特别是特兰西瓦尼亚学派，对拉丁文化十分痴迷。而对于其他人，那些了解历史的人来说，这个称谓有可能来自文艺复兴时期，尤其是后文艺复兴时期（16 至 17 世纪）的一代人，即来自那些曾在西方和波兰学校，在优秀的耶稣会教士学院学习过的人文主义者。他们学习了罗马时期的达契亚，了解了罗马大军从喀尔巴阡山横扫至黑海的历史。对于没有受过教育和愚昧无知的人来说，罗马尼亚人的称谓可能是罗姆人的同义词，特别是考虑到最近几十年我们人口向西方流动的情况。那么罗马尼亚人真的来自罗马吗？如果罗马尼亚人是罗马人的后裔，谁是罗马人？

---

① 欧洲还有一个非常小的罗曼语民族在称谓上保留有罗马的痕迹，那就是瑞士的列托 - 罗马人。列托 - 罗马人的称谓，同罗马尼亚人一样，自古以来就有书面记载。

堪称奇迹的罗马

　　拉丁文化是一个在今天几乎被遗忘的概念，尤其当拉丁语成为"稀有之物"的时候，在"大家族内"，也就是说，即使在声称知识性、学术性、学院性、文化性，以及对精神遗产敞开大门的领域中也很难见其身影。人们不再知道何为罗曼语民族，不知道新拉丁语，甚至不知道拉丁美洲名字的由来。据说，一位大国首脑最近访问了北里奥格兰德南部一个国家，（他的顾问）告诉他这个国家位于拉丁美洲，于是，他对东道主一脸严肃地说，很遗憾他不懂拉丁语。在当代罗马尼亚，拉丁文化和古罗马起源只代表一些概念，而相关史实几乎被一些人完全忽视掉。他们或者认为提及这个内容是非常羞耻的事，或者认为其过于陈旧而不值一提。所以，我们在这里对一些专业术语的阐述是完全有必要的。

　　通常（在这方面没有明确或强制性的规定），古罗马起源一词首先具有种族内涵，是指罗马人和罗曼语民族。而拉丁起源一词具有语言内涵，是指拉丁语和新拉丁语。然而在日常生活中，这两个术语是被混淆的，这倒并不值得谴责。总之，古罗马起源和拉丁起源并不是同义词，因为一个人的种族起源并不一定总是与其所使用的语言或者与其母语相匹配。例如，已知某人可能具有希腊血统，姑且这么说，但他说罗马尼亚语，那么这个人就会让人感觉是罗马尼亚人。再比如，可能一个人的父母是罗马尼亚人，但他生活在法国，接受法国的教育，说法语，那么他就让人感觉是法国人。多数情况下，人种特性的核心是母语，因此，一位自出生起就开始说新拉丁语的人就可以感觉到自己是罗曼语民族的一分子。不幸的是，当今世界，在价值观危机和因无知无识导致的判断力缺失的情况下，这些对专家来说非常清晰的内容，在面对公众时却变得模糊不清。真理偏向了谎言，且在政治背景下，通过兴趣化和扭曲的宣传，真理越发偏向谎言，尤其当涉及某些民族的起源和某种语言的特性之时。

由此，我想到了在布拉索夫上中学时的一段经历：那是1971—1980 年间的头几年，当时对真正的文化价值观、民族和普遍价值观非常开放。我的拉丁语老师（一位曾翻译了奥维德、卡图卢斯、泰伦提乌斯、马提亚尔作品的伟大知识分子）让我们了解了罗马国及其后时代——罗马帝国。准确地说，老师并不是在给我们讲课，而是在表达对拉丁文化及其价值的赞美。我们所说的这位斯皮鲁·霍伊答斯教授，还回忆了那段"头脑中挥之不去的十年"（1948—1960）：当时一位苏联文化专员要求罗马尼亚的罗马尼亚语和拉丁语教师不再提及罗马化和罗马帝国。在这些苏联政治指导员的头脑中，罗马人，作为帝国的创造者，除了"帝国主义者"，还能是什么呢？正如布拉索夫中学大礼堂主席台上方的匾额书写着"Litteris et Virtuti"，匾额的意思是指这里崇尚"文字和美德"（也就是知识和教育），却被那时的审查员下令用一块红布遮盖了起来。状况就这样持续了几年，就是为了不让人们相信罗马尼亚语起源于拉丁语。如果这不是个悲剧的话，那只能说太可笑了！而今天，在不同的境况下，那些亵渎拉丁文化的专员、审查员式的思想又重现了。

什么是拉丁文化？它是如何诞生的？要尽可能全面地回答这个问题并不容易。但对一位教师来说，这个问题是可以且必须回答的。拉丁人是一个默默无闻的部落，生活在意大利靴子形半岛中心一个多沼泽且炎热的小平原上。他们是一群充满活力而勇猛不懈的人。拉丁人在前753年依照他们的风俗习惯建立了令人惊叹的罗马城。大约三千年后，拉丁文化和罗曼语民族的称谓从这些拉丁人以及罗马城，以最接近原貌的状态传给了我们。

传说——据李维文字记载（见其著作 Urbe Condita，即《建城以来史》），当救世主耶稣诞生之时，战神玛尔斯和女祭司雷亚·西尔维亚生下了一对双胞胎兄弟，一位叫罗慕路斯，一位叫雷慕斯。两兄弟被母狼养大（母狼后来成了罗马城市的象征，被称为 Lupa Capitolina，即"朱庇特的母狼"），而他们中的老大要建立用自己名字命名的城市。雷慕斯与哥哥争夺权力，被罗慕路斯打败。罗慕路斯杀死了自己的弟弟，他用犁耕出犁沟划定了"Roma Quadrata"（"方形罗马"）城。之后，沼泽的水被排干，堤坝竖立起来，排水系统、石板路、城墙、建筑物一一建立；军队、宗教、法律、政治机构等也都逐步被组织起来。当我们的老师讲述这一切的时候，也没有忘记补充说，罗马人首先构建了排水系统，然后铺设道路，再后来才建造了房屋，而不是像两千年后我们建立默西亚和达契亚省那样逆其道而行之。根据传统，罗马国的初期（也是国家政权组建之时）经历了7位国王，历时约250年（前753—前509），首位国王就是罗慕路斯。后来，由于对最后的几个国王不满（伊特鲁里亚人血统），罗马人在布鲁特斯的带领下，于前509年发动政变。最后一位国王，塔克文·苏佩布被推翻，共和国取代了君主制度。国家由两名执政官共同治理。执政官只能担任一届任期，每届任期一年。罗马共和国的建立是艰难的。因为布鲁特斯的两个儿子参与了复辟旧政权的阴谋，而被他们的亲生父亲判处死刑。当被问及怎么能够牺牲掉自己的儿子时，布鲁特斯痛苦地回答："Dura lex，sed lex！"（"法律是无情的，但这就是法律！"）这件事情成了法律面前人人平等的象征。任何人，无论其在社会中的地位如何，只要共存的规则存在一天，就都有义务遵守。共和国时期持续了5个世纪（前509—前27），是罗马国发展的顶峰，是其最繁荣的时期。共和国时期奉行了古代民主原则，国家权力由贵族和平民，即被称为公民的自由人共同掌握。作为集体机构，人民议会和元老院在对罗马国的领导过程中发挥了根本作用。重要的行政官员（独立的公共职务）依次有独裁官、执政官、大法官、市政官、警察署长，他们合议行使权力。也就是说，高级行政长官也是一年选举一次，每个职位至少有两个人同时担任，这样可以不给职务腐败提供机会，两人之间的互相监督也避免犯错和违法行为的发生。只有独裁官是在战时任命，任期六个月。他独立行使权力，也没有承担责任的义务。共和国末期，前44年，伟大的政治家尤利乌斯·恺撒于3月15日在元老院被杀害。理由是他要恢复君主制，想成为国王或者皇帝。据说，尤利乌斯·恺撒在生命的最后时刻看到了将匕首刺入他身体的那些人，其中还有布鲁特斯——恺撒的儿子（私生子或者过继子）。最后一刻，恺撒说出了那句著名的话："Et tu, mi fili, Brute！"（"还有你，我的儿子，布鲁特斯！"）他想表达的是："就连你，我的儿子布鲁特斯，也参与了针对我的阴谋！"对此，布鲁特斯庄严地回答："Salus reipublicae suprema lex esto！"（"拯救共和必须代表至高无上的法律！"）因此，即使威胁共和秩序的人是自己的父亲，你，作为一个负责任的公民，也有义务做出反应。尤利乌斯·恺撒给我们留下的不仅仅是完美的军事艺术和典范的文学作品（《贝洛·加利科评论》（*Comentarii De Bello Glico*）和《民俗评论》（*Comentarii De Bello Civile*）），还有著名的儒略历法。该历法规定，每年365天，在每持续三年之后，是366天的一年（闰年）。这一历法是当今格里历（16世纪末开始被西方采用）的基础，直到20世纪，它一直被很多欧洲国家广泛使用（包括罗马尼亚）。大多数欧洲当代语言中（甚至英语、德语或匈牙利语），对年份中月份（有的甚至是一周中的几天）的称谓均来自拉丁语。

所有这些，无论是真实事件还是传说，都是罗马秩序和纪律，创造性、严谨性与严肃性，道德规则严苛甚至严酷的例证。年轻人必须懂得这些才能够成为服务社会的公民。前44年的事件之后，罗马帝国建立。在持续了大约500年后（前27—公元476），其表面的繁荣也无法掩盖帝国走向衰落的趋势。

罗马城建立在台伯河岸边的七座小山丘上。小山丘的名字几乎被遗忘了，所以，我们有必要来回忆一下：朱庇特山，位于台伯河东岸，那里建立了第一座堡垒，有玛尔斯战场、罗马议事广场以及万神殿；帕拉蒂诺山丘，是中央山丘，母狼在那里找到了双胞胎兄弟，那里有高等级官员的官邸、皇帝的宫殿，还有马克西姆斯竞技场和著名的斗兽场；阿文庭山，位于最南端，是诗人聚集之地；梵蒂冈，是圣彼得入葬之地，基督教时期在这里建立了罗马主教（教皇）教廷；维米纳山，山丘中最小的一个，这里有戴克里先浴场；奎里尔诺山，是萨宾部落的巢穴，也是撒路斯提乌斯的著名花园所在地；埃斯奎里山有罗马贫民的古老墓地，也是恶人受刑的地方，后来，这里先后建造了梅塞纳斯花园、尼禄的黄金屋（Domus Aurea）和图拉真浴场。还要提一下西莲山，这是第八座山丘，克劳迪亚之路从这里穿过，这是古罗马富人的专属住宅区。

我们特兰西瓦尼亚的祖先们，在特兰西瓦尼亚学派的影响下，从教会开办的罗马尼亚学校（罗马尼亚的公立学校不允许）学习了罗马尼亚人的历史，这段历史从"罗马的建立"，罗慕路斯和雷慕斯，以及永恒之城逐渐展开。对于这些特兰西瓦尼亚的学者来说，包括迪米特里耶·坎泰米尔在内，罗马尼亚人就是真正的罗马人，他们必须从源头开始了解自己民族过去的生活。

罗马国

随着时间的推移，永恒的罗马城内逐步建立起一座宏伟的政治大厦。只有才华横溢的人民才能够建立起他们自己的国家，也就是建立起能够为他们提供保护、组织他们，使他们避免受到侵犯，并为他们的社区生活提供相应保障措施的机构。如果我们不考虑东罗马帝国（476—1453），罗马国本身存在了大约 1 250 年（前 753—公元 476）。东罗马帝国以相同的官称（罗马帝国）存在了大约 1 000 年（330—1453），这个国家的公民也还是被称作罗马人（Romei＊），虽然他们中的大多数人已不再使用拉丁语，而是希腊语。也就是说，罗马国或者罗马模式不间断地存在了大约 2 250 年，从前 753 年直至公元 1453 年。

据说（无论是真是假吧），罗马帝国如此长寿的秘诀来自节制和牺牲精神，其基础就是，罗马人相信世界上一切长久之事都来自劳作和牺牲精神。劳作是世俗且人性化的，而牺牲精神则来自内心，是天赐神授的。举例来说，王政时期的罗马于前 753 年建立在

罗慕路斯的兄弟雷慕斯的鲜血之上；共和时期的罗马在前 509 年建立在布鲁特斯儿子的鲜血之上；而前 44 年罗马帝国建立之时，恺撒血洒帝位。罗马尼亚人民保留了这一信仰，在建造阿尔杰什修道院的故事中，从工匠玛诺莱的传说可见一斑。婀娜的身体被浇筑在修道院院墙之中正是要说明没有牺牲就无法获得持久。罗马国从一个小小的城市开始，发展到统治整个意大利半岛，然后征服了全部地中海盆地，又在不到一千年的时间称霸三个大洲。最初，罗马人展开了面对伊特鲁里亚人、高卢人、希腊人和布尼人（即迦太基的腓尼基人，他们的殖民地曾覆盖地中海地区）的防御战。同伊特鲁里亚人（他们生活在今天的托斯卡纳地区，当时被称作伊特鲁里亚）的战争与罗马英雄贺雷修斯·科客勒斯的名字有关——他面对由波塞纳国王领导的伊特鲁里亚人守住了台伯河上的大桥。与波塞纳国王一起领导伊特鲁里亚人的还有穆基乌斯·斯凯沃拉，他曾经用火烧掉了自己的右手，却没有表现出一点痛苦的样子，以此在波塞纳国王面前证明他的勇气和尊严。与罗马的掠夺者高卢人的冲突中一定要提到的是布伦努斯。罗马人当时用支付黄金的方式来解除困境，当他们在称量黄金重量的过程中掺假时，据说布伦努斯把自己的剑扔到秤盘上喊道："Vae victis！"（罗马人必被征服！）这句冒犯性的话立刻招来了马库斯·福利乌斯·卡米卢斯的报复，卡米卢斯四次打败了傲慢的高卢人，被认为是罗马的第二位奠基者。他的名言"罗马人用铁而不是金子来解救他们的祖国"（Non auro, sed ferro recuperanda est patria），其言外之意就是，黄金的付出只能是徒劳，只有利剑才能赢得胜利。布匿（腓尼基人）战争也是罗马人一场大规模的防御战，产生了巨大的影响。迦太基将领汉尼拔（骑着他的大象打到欧洲），征服了意大利的大部分地区并威胁到了罗 马 的 安 全（Hannibal ante portas！ 即"汉尼拔已经闯到门前！"）。

罗马人进行的经典征服战争包括与伊特鲁里亚人、萨宾人、萨莫奈人和拉丁人的战争，其目的是获得对半岛中心地区的统治权。随后罗马人又征服了希腊人，以便占领意大利南部地区，那时被称为"大希腊"。在战胜了高卢人后获得半岛北部地区的控制权，该地区被称为"内阿尔卑斯的高卢"或者"山这边的高卢"（为了与"阿尔卑斯山那边的高卢"或"山那边的高卢"相区分，在那里的土地上随后建立了法国）。最后，共和制时期，在两个半世纪（前270—前30）的时间里，地中海盆地被并入罗马，罗马国的发展到达了顶峰。当然，罗马帝国时期直到2世纪还在持续发展中，然而这之后也就进入了衰落阶段。图拉真时代（98—117）是罗马帝国对外扩张的鼎盛时期。当时的罗马势力横跨三大洲，范围从西边的大西洋延伸到东边的底格里斯河和幼发拉底河，从南部炎热的非洲海滩直到北部冷雾笼罩的不列颠岛。而地中海成了罗马势力范围内的一个"湖泊"，被称为"内海"或"我们的海"。

当然，今日这些势力范围的轮廓已经完全改变，但拉丁文化在两千年后依然保留着它的活力，或者从某种角度来说主导着地球。以什么方式呢？目前尚不清楚罗马灭亡时罗曼语民族的影响究竟有多广泛，但今天欧洲三大族群的其中之一就是形成于罗曼语民族，其中包括意大利人、法国人、西班牙人、罗马尼亚人、葡萄牙人、加泰罗尼亚人、普罗旺斯人、列托－罗马人、弗留兰人、撒丁人等等。此外，中世纪末期的地理大发现使得拉丁文化传播到欧洲以外，并开始主宰拉丁美洲（这就是为什么被称为"拉丁"美洲！）以及非洲和亚洲的广大地区。

现在人们常说中文是世界上使用最广泛的语言，这种说法需要具体分析。中国的各种方言（语言）有：汉语普通话——现代文学语言的基础，8 亿多人使用；上海话（吴方言），7 500 万人以上使用；广东话，7 500 万以上的使用者；闽方言，6 000 万人使用；晋方言，4 500 万使用者；湘方言，3 600 万人使用；客家方言，3 400 万使用者；赣方言，3 100 万使用者；徽方言，3 200 万使用者；平话，200 万使用者 *。这些方言之间的差别是非常大的，以至于一些专家毫不犹豫地将它们归类为一个独立的语言。汉语普通话可以说是世界上使用最广泛的母语。

如此说来，就目前而言，世界上使用最广泛的母语并不是英语（一般人都会这么认为），而是中文，其次是西班牙语。英语，是大多数人都能够听懂并使用的语言，但并不是这些人的母语，它只是一种交流语言。还有一件事情很有趣，我们在这里提一下：大约 60% 的英语单词（这种在地球上应用最广泛的交流语言）起源于拉丁语（以法语为途径，被大量运用在乔叟和莎士比亚的语言中，因为在三个多世纪的时间里法语一直是英国宫廷用语）。

从艺术角度来看，在文化遗产中，世界上受联合国教科文组织保护的古迹意大利分布最多（51 处），然后是中国（48 处）、西班牙（44 处）以及法国（41 处）。这四个国家中，三个国家都是罗曼语民族，一共拥有近 150 处古迹（世界上受联合国教科文组织保护的古迹超过 1 000 处）**。在欧盟内部，主要的旅游目的地依次为西班牙、意大利、法国，即最重要的拉丁国家。旅游纯收入最多的国家是西班牙（2014 年为 354 亿欧元）。

换句话说，拉丁文化塑造了这个世界上的文化和文明，建立起了榜样模式，树立了衡量事物的标准。通常，受表面现象的驱使，人们首先会从实用主义的角度来简单地、肤浅地评价事物成功与

---

* 　统计时间为作者写作时间。——译者
** 　统计时间为作者写作时间。——译者

否。我们为什么不接受从表象到本质、从形式到基础、从现象到内容的转变呢？罗马人为后人留下了永恒的文明，受到了很多人的赞赏，他们的敌人更是对此进行了复制，因此，他们的文明才得以幸存下来。这种事情的发生很难解释，因为历史学家和所有人一样，也会被自己的学识所局限。但我们还是可以做出一个解释，虽然这个解释还需要进一步的证实：罗马人是伟大的征服者，但比征服者更伟大的是，他们还是组织者，而比组织者更伟大的是，罗马人还是立法者。所以，无论走到哪里，他们都留下了法律和秩序，并坚定不移地加以执行。这也正是拉丁文化至今存在的最好解释。

罗马与"蛮夷",以及被放逐黑海的奥维德

"蛮夷"在今天是个贬义词,我们曾经被倡议(直到最近)用"外国人""移民""敌人"这些词取代"蛮夷"一词。从政治上看,这样做是正确的,但从历史角度来说,这样做就是错误的了。可能这个词自古以来就有蔑视的含义,尽管最初它仅仅表示"不理解""说话困难""哑巴"。在拉丁文化的黄金时代(也就是古罗马三大诗人维吉尔、贺拉斯及奥维德辉煌之时),罗马帝国正接近鼎盛时代,罗马人正逐步安定下来,缪斯女神们正准备与世界展开对话,包括"蛮夷"们。很明显,罗马人欣赏希腊人的伟大文化,欣赏苏格拉底、柏拉图和亚里士多德的古希腊哲学,欣赏赫西俄德的诗歌,欣赏埃斯库罗斯、索福克勒斯和欧里庇得斯的悲剧,欣赏阿里斯托芬的喜剧,欣赏希罗多德和修昔底德撰写的历史,欣赏菲迪亚斯和普拉克西特列斯的雕塑。他们也对埃及着迷,当两位伟大的罗马政治家(马尔库斯·安东尼和尤利乌斯·恺撒)被引诱且着迷于克利奥帕特拉皇后之时,世界对于他们来说只是被划分为罗马和

其他地区，被划分为帝国和"蛮夷"两个部分。只有希腊人因为他们优越的文明而能够享受特权。希腊人没有被划作"蛮夷"，因为罗马受过教育的精英们能够听懂他们的语言。这是那个时代有教养的语言，是文化的、文学的和哲学的语言，是罗马学校中作为知识分子对话工具的，被纳入教学的语言。并不意外的是贺拉斯的著名诗句"Grecia ferum victorem cepit"（"失败的希腊人征服了他们野蛮的征服者"）。这句话是指当伯里克利的国家成为罗马的行省之后，他们却从来没有被罗马人同化。希腊在军事上被罗马所征服，罗马人来到希腊并与希腊人一起生活，却没能把他们罗马化。如何能让希腊人学会对他们来说是"蛮夷"人使用的语言，也就是拉丁语？事实恰恰相反，因为，在征服希腊后，罗马权贵们带着希腊的教育家、哲学家、教师和文学人士回到了罗马。权贵们让这些能人将另一个世界的精致内容传授给他们的孩子。随着时间的流逝，罗马人在不时地吸收希腊文化的同时，也在创造着自己的文化。他们克服了自身文化的劣势，骄傲地成为文化和文明的产出者。因此，罗马之外的世界对罗马人来说也就成了"蛮夷"之地。而罗马最伟大的诗人之一，奥维德①（前43—公元17）正是被流放到了这些"蛮夷"生活的地方。很幸运，与同时代的人相比他的寿命很长，但生活却充满了不幸。奥维德曾经是屋大维·奥古斯都皇室的心腹，是年轻人的宠儿，也是阿文庭山诗人社团的倡导者，他在8年被流放到了黑海沿岸地区，在这里生活了十年或者近十年后，怀揣着对家乡无尽的思念和对亲爱的罗马的热爱而驾鹤西去。2017—2018年，距离伟大文学家的去世已经过去了两千年，当然，我们掌握的时间并不十分准确。遗憾的是，因为年份过久，他的墓地已经无处可寻，但奥维德的精神仍然影响着托米斯——今天的康斯坦

---

① LASCU N. Ovidiu: Omul şi poetul. Cluj:[s.n.], 1971.

察，因为自前 1 世纪以来，罗马就已经在这片土地上留下了永恒的印记。从达契亚人与罗马人混居的角度来说，多布罗加是罗马尼亚最古老的土地，因为两个民族元素（盖塔人和罗马人）第一次在这里，在多瑙河和大海交汇的地方相遇。或者说，这种色雷斯－盖塔人和罗马人（拉丁语的使用者）的融合，在更早以前的巴尔干地区，当罗马军团征服希腊、马其顿和默西亚之后就已经开始了。

奥维德如何熬过了被迫在北方完全陌生人群中生活的流放岁月？艰难，这个词用来形容高知、文弱和优雅的诗人所经历的悲剧着实是太温和了。当奥维德抵达托米斯时，他看到那里有早先来自米利都的希腊"定居者"，这些人"在盖塔人中建起了希腊式住宅"（《哀怨集》第三卷第九章 3～4 节）。奥维德在写给朋友和皇帝的信中这样描述当地人：

> 虽然在这个地方希腊人与盖塔人混居在一起，
> 难以驯服的盖塔人还是控制着大部分地区。
> 萨尔马特人和盖塔人更多一些。（《哀怨集》第五卷第七章

11～13 节）

也就是说，从人口角度来看，盖塔人在这片地区占据着主导地位。诗人因完全无法与当地人进行沟通而被困扰着，尤其是生活毫无安全感，各种冲突随时威胁他的生命：

> 寒冷的气候和白霜笼罩的枯黄土地，
> 还可以忍受；
> 蛮夷们不懂拉丁语，盖塔语征服了希腊语，
> 这也不算什么；
> 让我恐惧的是来自四面八方的威胁，
> 战神玛尔斯，离我如此之近，
> 小小的城墙很难在敌人的进攻中保护我们。（《哀怨集》第

五卷第二章 65～71 节）

当然，奥维德懂希腊语。但一方面，那里的希腊人也操着盖塔语或者已经变化了的希腊语；另一方面，没有人能跟诗人说拉丁语，这种他挚爱的语言。

他们的语言中很少还能看到希腊语的影子，

这里的希腊语因其浓重的盖塔语口音也成了蛮族语言。

在这群人中从没有谁能懂拉丁语，

连最起码的一个单词也不会说。（《哀怨集》第五卷第七章51～54 节）

由此可以看出，这片地区种族混杂。但诗句中反复提及的盖塔人表明，这些北方色雷斯人的分支部族占据绝对的优势。面对一个词也听不懂的盖塔语，诗人始终感到沮丧、悲伤，他忧虑而自我封闭起来，期待着始终没有到来的宽恕。

奥维德在诗句中对其悲惨境况有些夸大其词。他想借此引发必要的同情，以最终获得皇帝的宽恕。但他的诗句中所释放出的一些信息貌似是绝对真实的：自前 28 年小斯基提亚（多布罗加地区）被并入罗马的默西亚行省以后，罗马在这一地区缺乏真正的影响力和势力；罗马化进程停滞不前，这倒并不就是罗马化的倒退，因为那时即便是在殖民地生活的希腊人也在逐步地盖塔化；这个地区缺少罗马或者拉丁语的殖民者，而这些人本可以成为罗马化的载体。然而，奥维德死后，情况逐步有所变化，尤其是 1 至 3 世纪间，罗马加强了对这片地区一体化和文明传播的进程。其对象不仅仅是少数滞留的希腊人（仅生活在旧殖民区的多瑙河流域），也包括盖塔人。通过在多布罗加部分加强推行罗马模式，拉丁文学黄金三大诗人之一奥维德的苦痛得以偿付，而他的黑海史诗也绝没有简单地归于平庸。

奥维德与盖塔人的语言

 诗人在他的灵魂深处从未屈服于被放逐、驱赶、排斥在文明世界怀抱之外的命运。他始终被难以承受的对家乡的思念之情所折磨，以至于时间对他来说已然失去了其自然的维度：

  De când mă aflu în Pont, de trei ori înghețul a țintuit pe loc

Istrul,

  De trei ori valurile Mării Euxine au încremenit.

  Dar mie mi se pare că sunt departe de patrie de atâția ani

  Câți a stat Troia dardanică sub amenințarea dușmanului grec.

     ——《哀怨集》第五卷第十章 1～4 节

 （大意：自从来到黑海边，寒冰三次封冻了伊斯特鲁*，黑海的海涛三度冻结。我却觉得已远离祖国数载有余，正如特洛伊城面对希腊敌人威胁的坚守。）

这些诗句，被翻译为带有韵律的罗马尼亚语：

  De când mă aflu-în Pont, însingurat,

---

 * 盖塔 - 希腊人对多瑙河的称呼。——译者

De trei ori Istrul a-înlemnit de ger

Și undele de mare-au înghețat.

Dar mie mi se pare că-s stingher,

De patrie departe mă petrec

De-atâția ani câți Troia s-a ținut,

Amenințată de dușmanul grec,

Călcată de teribilul său cnut.

　　换句话说，奥维德身处"蛮夷"和已"蛮夷"化的希腊人中只有三年时间，但生活过得如此艰难，以至于他感觉自己身处异乡已经十年，就好像特洛伊城被希腊人围困的漫长岁月。无法沟通的困境，使他面临的危险与日俱增。这也成了他作品的主题，一次又一次地被提及。

　　　他们使用自己的语言相互交流，

　　　而我用手势让他们理解。

　　　这里，我是蛮夷，没人懂得我的话语：

　　　听到拉丁语时，盖塔人愚蠢地嘲笑；

　　　毫无疑问，他们经常当面说我坏话；

　　　也许是在嘲弄我的流放之身；

　　　如果碰巧，我做出了肯定或者否定的手势，

　　　在他们谈论某事之时，曲解的语义会让我陷入不利之境。

　　（《哀怨集》第五卷第十章35～42节）

　　诗人那句"这里，我是蛮夷"，证明了"蛮夷"概念的原始解释，即陌生人，不可理解的人，操着对话者听不懂语言的人。流放生活使得奥维德无法从事脑力劳动，他没有书本可读，不能应用优美的拉丁语，无法与人交流，因此，他开始学习当地人的语言：

　　　这里没有一本书，

没人俯身倾听

试图理解我的语言。

到处都是蛮夷，嗓音粗野，

无处不充斥着敌人的恐惧之声。

我似乎要把拉丁语忘掉了，

因为我已经学会了盖塔语和萨尔马特语。(《哀怨集》第五卷第十二章 53～58 节)

生活在"蛮夷"中三年之后（奥维德的感觉是十年！），奥维德承认他也艰难地开始说盖塔语了。

诗人的处境并没有因为沟通能力的获得而改变太多。在被流放的第四年，伟大的诗人说，他"正在与寒冷、箭矢和命运搏斗"。(《黑海书简》第一卷第二章 27～28 节) 无论如何，从此以后，他与当地人的沟通变成了现实。

现在，这里的萨尔马特人和盖塔人认识了你们，

蛮夷的乌合之众也赞同我的态度。

我不时向他们讲述至上的你们，

因为我已经学会了盖塔语和萨尔马特语。(《黑海书简》第三卷第二章 37～40 节)

诗人致信给罗马和皇帝说，他已经让"蛮夷"们认识了他们，他向这些人讲述了罗马人和大公。他说，尽管他很痛苦，他向"蛮夷"们讲述的只有罗马的好处。然而，六年后，诗人仍然身陷绝望：

在即将过去的第六个冬天，我依然留在黑海边，

西米里亚人，混杂在身穿兽皮的盖塔人中。(《黑海书简》第四卷第十章 1～2 节)

时间过得飞快，且一去不复返（Fugit irreparabile tempus），艺

术家奥维德也变成了"盖塔诗人"。

> 如果我的诗句有些糟糕，你千万别惊讶，
>
> 写诗句的我，几乎已是盖塔诗人。
>
> 哦！很惭愧，我用盖塔语创作了一本小册子，
>
> 蛮夷的词句依据我们的诗律排列而成。(《黑海书简》第四卷第十三章 17～20 节)

至此，拉丁文学黄金时代的伟大诗人奥维德，在两千年前的基督教时代之初，于黑海边的盖塔人之间，怀着对罗马永恒的思念，结束了他的尘世生活。他并不知道，从此以后罗马永远地被多瑙河和喀尔巴阡山所接纳，而他也成了新罗马尼亚（Românie）拉丁文化的象征。诗人被迫在"蛮夷"中生活了近十年。希腊人几乎不复存在，因为他们已经被盖塔化。所以奥维德所面对的是多布罗加的盖塔人。盖塔人，粗糙而不开化，冬天，他们的胡须上挂着冰霜，夏天，他们弓箭上弦，盖塔人对诗人来说并不是舒适的陪伴者。恐惧来自持续不断的冲突、随时可现的危险、刺骨的寒冷、鞭打般凛冽的东风，尤其是沟通的困难和精神生活的贫乏都在折磨着奥维德。而在黑海边生活了三年之后，诗人也坦言，自己开始学习盖塔语了。六年的苦痛折磨之后，奥维德说自己用盖塔人的"蛮夷"语言写成了一本小册子。很自然，因为徒劳地思念罗马、罗马的生活和朋友们，诗人夸张地创作诗句，总是满含着宽容。他赞颂无情的皇帝，为高官唱颂歌，满怀希望能够重返祖国。抛开情感、希望、梦想、艺术想象及奥维德在诗歌中对事实的再创作不谈，有一件事情是不容置疑的：盖塔－达契亚语与拉丁语相去甚远，以至于罗马作家与"蛮夷"之间完全互不理解。这倒也正常，后来历尽艰辛的语言学研究也证实了这一差异：虽然拉丁语和盖塔－达契亚语都是印欧语系，但分别属于不同的语族。拉丁语是颚音类语言，而盖

塔－达契亚语是咝音类语言（约定俗成的命名，其依据是数字"百"的发音方式）。若要对此有所了解，来自罗马尼亚克鲁日的伟大历史学家、考古学家和古典主义语文学家卢素（1911—1985）的著作仍然具有重要作用。

这就可以理解为什么诗人在漫长的时间里学习盖塔语困难重重，为什么在长达六年的流放生活之后，他才得以用这种语言写出一小本诗集。遗憾的是，伟大的罗马艺术家在"背叛"了本民族语言的前提下所做出的不同寻常的诗歌尝试并没有流传下来。尽管如此，奥维德的语言还是在罗马行省默西亚和达契亚传播开来，永久地留在了多瑙河以北地区，并通过这个"位于东大门的拉丁飞地"给罗马尼亚人民留下了罗马的印记。奥维德需要三到四年的时间来学习盖塔语，再用两到三年的时间用这种语言来撰写诗歌，而盖塔－达契亚人经历了五代人，用了大约 175 年的时间来学习拉丁语并因此实现了罗马化。

何为罗马化?

　　各个民族之间总是在相互转化和融合，只有恒定不变的特性才得以传承，留给历史学家们认识和研究。对于民族来说，这个世界上没有"纯正"或"不纯正"、"高贵"或"蛮夷"之说，存在的只是具有不同特性的种族群体。大学一年级时，我读过的必修书目中有一本叫《始于苏美尔的历史》，作者是塞缪尔·诺亚·克莱默。书中阐述了几千年前，最具意义的变革如何从美索不达米亚（底格里斯河和幼发拉底河流域地区）发源并改变了人们的生活。历史长河中，众多人类群体与民族在这片土地上留下了生活的痕迹，而在今天的美索不达米亚（现在被称作伊拉克），生活的却是与苏美尔人、迦勒底人和古巴比伦人没有任何联系的伊斯兰主义者。同样，古埃及也曾奠定了持久文明的基础，建造了狮身人面像和金字塔。今日这个国家还是被称为埃及，定居者却是阿拉伯人的一个分支，而古埃及人的后裔（科普特基督徒）只占埃及总人口的约 10%。6世纪，伦巴第人的日耳曼部落占领了意大利北部（阿尔卑斯山和波河之间的地区），并定居在帕维亚。从那时起，时间过去了一千五百年，伦巴第人只留下了伦巴第的称谓（以前的 Longobardia）和一个同名省份，而居住在这里的是意大利人却不是日耳曼人。在今天的罗马尼亚领土上，曾经居住着或大或小的族群，有哥特人、匈奴人、格皮德人、阿瓦尔人、斯拉夫人、保加利亚人、佩切涅格人、库曼人等，他们甚至短暂地建立了政治组织，直接自我命名为"帝国"。那么，这些人口、民族和他们的领地又在哪里呢？他们不会凭空消失，而是迁移到了其他地方，或者转化，又或者与其他族群混居在一起。今天的保加利亚人称谓具有误导性，因为他们是具有土兰语系称谓的一个斯拉夫民族。原始的保加利亚人（土兰人）曾被斯拉夫人同化，而今日这个民族实体已不复存在。从生物学的角度来说，民族不是永存的，但他们在文化上得以永生。这就是说征服时间的不是血脉，而是语言、文学、精神、艺术和创造模式。

当罗马把国境线扩展到整个意大利，然后继续延伸至遥远的三大洲时，也发生了同样的情况。罗马建国（前 753 年）后，在意大利曾经有过关于伊特鲁里亚人、高卢人、希腊人、萨宾人、萨莫奈人等的记载；而跨过阿尔卑斯山，在今日的法国境内，出现了高卢人；在伊比利亚半岛有凯尔特伊比利亚人；在非洲北部地区有柏柏尔部落；等等。随着罗马在这些地区的扩张，罗马的生活方式、新的制度、宗教信仰、服饰、饮食等种种模式，尤其是拉丁语开始盛行于各地。不同时代的征服者都有自己的风俗习惯、生活方式和约定俗成的价值观，于是罗马化形成了。这是一个漫长的历史过程，在这个过程中，被罗马人征服的当地人开始以罗马人的方式行事，展现自己，开始模仿并复制他们的生活。历史学家通常所说的罗马化分为两种形式，一种是表面的、可见的，而另一种是深层次的、难以觉察的、很难第一眼就看出来的。罗马化作为一种现象（表象）主要是指物质生活，使用的物品、服饰、房屋形式等等。罗马人经过几个世纪的积累，生活条件优越。他们住在像样的房子里，房子里建有中庭、廊柱，使用优质的陶瓷，有的陶瓷还有压花图案；罗马人衣着讲究，使用脂粉、香水、镜子等等。他们的经济生活井井有条，经济交往活动如血管系统，保证了城市命脉的畅通。前面所述民族中的绝大部分精英阶层用钦佩的眼光观察着罗马，欣赏他们社会的便利、高标准的生活甚至是中产阶级炫耀出来的奢华。因此，富有的"蛮夷"们要做的第一件事就是先搞到罗马人使用的物品，模仿罗马人的生活方式，适应罗马便利的生活，从舒适的家居到开凿排水系统，从服饰时尚再到食物和饮料。如此的罗马化其实早在罗马实际占领前就已通过其影响力、贸易和日常接触，渗透到了某些民族的实际生活中。然而，另一种罗马化更难以实现，甚至难以解释。我们所指的就是深层次、精神层面的罗马化。这种罗马化会改变人们交流、感知世界、信仰、表达和思考的方式。真正的罗马化并不是把房子盖成罗马人的样式，不是穿戴如罗马人，也不是在餐桌上享用罗马美食。1989 年以前，面对大洋彼岸美国的生活方式、房子、汽车和美元的购买力，罗马尼亚人羡慕得目瞪口呆。他们中某些人确实可以穿上李维斯的蓝色牛仔裤，看美国电影，吸肯特烟，喝美国品牌的威士忌，并且拥有美元。但他们并没有成为内在的美国人，也就是说他们的内心深处并不是美国人。诚然，美利坚合众国并没有占领罗马尼亚，所以美国的生活方式也没有强加到罗马尼亚人身上。但我们亲眼看到，在大洋彼岸美国化是如何实现的。我们看到，父母一代在移民几十年后，他们的孩子无论是说话、举止、思维方式和梦想都和美国人一样了。在永恒之城的军队攻占的新行省中，罗马化也在以同样的形式发生着。

在占领一些地区之后，罗马人便将这些领土转化为罗马的行省，并成功实现了这个复杂过程，也就是及时地让行省居民成为罗马人，让他们归顺罗马人的宗教信仰并使用罗马人的语言——拉丁语。据说，曾有一位伟大的罗马史学家被问到如此大规模的民族和人口的转化是如何发生的，历史学家这样回答："罗马人是伟大的征服者，但比征服者更伟大的是，他们还是组织者，而比组织者更伟大的是，罗马人还是立法者。"也就是说，罗马人占领了一片领土，然后他们会对社会进行组织，更重要的是他们会建立起法律秩序，即引入用以维持社会秩序和社区共同生活的行为规范。不仅如此，他们还知道如何去执行这些规则。所以，通过罗马化进程，几乎所有罗马势力触及的地区，都创造了罗曼语民族。然而，这个结论过于笼统和敷衍，因为罗马人还攻占了希腊、不列颠、埃及和潘诺尼亚，而今天在这些地区却并不存在罗曼语民族。有的地方曾经有过罗曼语民族，有的地方尽管罗马统治了很长时间，却从来没有形成过罗曼语民族。我们将在后文尝试搞明白这一复杂过程的机制。

罗马化的条件

　　要想产生实质性且深入的罗马化，正如我前面所述，有必要在同一个地方同时满足一些条件。实质性的罗马化意味着扎实掌握拉丁语并且放弃自己的语言，意味着接受罗马的信仰和人生观，放弃自己的神灵，放弃自己的人生哲学。或者说，如此根本性的转变不可能通过远程模仿来实现，只能通过鲜活、日常、强烈的接触来实现。因此，罗马化的条件之一就是利用拉丁人口或者说拉丁语的人来殖民被占领地区。所有罗马化实现的地方，"蛮夷"人口密度都远低于罗马国内的人口密度。殖民地与罗马世界最紧密的交流都是由殖民者来实现，而殖民者的数量远远大于原住民。对达契亚的殖民分为两种形式：一种是直接、大规模、有组织的殖民，是罗马国的行为。另一种是自发而无序的个体行为，由个人实现。有组织的殖民旨在更有效地开发土地、盐矿、金属矿藏，即最好地保障经济运转。因此，成批有经验的农民、矿工、手工艺者被从其他省份带到达契亚集体定居下来。除此之外，达契亚在罗马帝国公众舆论眼中就是一个"希望之乡"，是真正的"黄金之国"。德切巴尔战败之后，罗马人带着真正的"宝藏"（当然，史料中记载的黄金数量是夸张的）回到了罗马，这激发了穷人们，且不仅仅是他们的想象。于是，"infinitae copiae ex toto orbe Romano"（罗马全国各地数不尽的人群——据欧特罗皮乌斯的描述）或被罗马当局带领或自发地前往达契亚，希望过上富足的生活甚至是暴富起来。这些人血统不同，背景不同，他们中有工匠、会计、矿工、商人、职员、官僚、军人、退伍军人、退休的人等等①。即便他们中只有少部分是意大利人，但为了交流，他们都或多或少地使用拉丁语。

罗马化的第二个必要条件是当地人和殖民者的共居生活。大量的考古成果和文学证据表明，在达契亚，这种共居体现得更为紧密。除了首都萨米泽杰图萨，城市（高等级的殖民地和二级自治市）都是建立在达契亚人原有聚居地基础之上的，其居民为附近达契亚原住民和已与殖民者融合的达契亚人。最初，达契亚村庄比较分散，而且排斥新的管理方式，但逐渐适应之后，它们也整合起来。考古成果不仅发现了混居点，还有混葬墓地，从而可以看出罗马人（拉丁语使用者）与原住民一起生活、一起工作，甚至去世后也埋葬在一起。达契亚人的原有聚居地纳波卡（纳布卡）、德罗贝塔、波塔伊萨、阿布鲁姆等，从哈德良统治时期（117—138）开始，很快成了自治市（municipia），随后又成了高等级城市（coloniae），即罗马人生活的中心。再举个北非地区的例子。在那里，拉丁殖民者生活在沿海地区以及繁荣的港口。而当地人居住在内陆的绿洲中。其结果就是两个群体之间的接触是零星的、表面化的，同时也就导致了罗马化的表面性和暂时性。

第三个条件，没有它，罗马化就不可能发生，那就是罗马文化

---

① RUSSU I I. Fondul autohton traco-dacic și componenta latino-romanică. București:[s. n.], 1981:187.

和文明较于当地实际情况的优越性①。至少一个世纪以来，考古学家和历史学家使用已知最先进的手段对这两个世界进行了比较。结果证明，盖塔－达契亚文明的发展水平远远低于罗马和罗马世界。首先，达契亚人还没有城市，只有石筑要塞和被罗马人称为"oppida"（小镇）的较大村庄。大多数达契亚人（超过95%）都生活在村庄里。另外，除了数量微不足道的牧师，盖塔－达契亚人中缺少有代表性的文化阶层、读书人和精神价值的创造者。还要提到的是，除了已经失传的奥维德撰写的拉丁文小册子外，盖塔－达契亚人没有给我们留下任何书面作品，我们也没有任何证据表明他们曾经有过类似的创作。与达契亚的艰苦生活相比，罗马帝国日常生活的便利和精致长久诱惑着达契亚人，吸引着他们去效仿。不过，两种生活方式之间的差异并不是很大，两种文明也并不是毫不兼容，也就是说，达契亚人能够感知、接受并理解罗马的价值观。

人们发现，在达契亚（和默西亚），所有这些条件，即罗马的殖民者、两个民族的共生和罗马的优越性，都鲜活地存在且同时发生，因此，当地人的罗马化进程才得以不受打扰地发展起来。也有些被罗马人征服的地区融入了帝国，但史料证明这些地区只满足了其中的两个条件。而在遥远的异域国家，由于气候条件严酷，处于沙漠地带或者冬季漫长，令习惯于宜人气候的人们无法适应，比如埃及、北非其他地区、德国、诺里库姆、拉埃提亚等，殖民的进程就会大大削弱，只是零散发生，无法形成规模。其他异域地区，比如在迦太基布匿人曾经统治的古老地区，曾经有过大规模的殖民化，但殖民者们都居住在海滨，与当地生活在沙漠绿洲中的柏柏尔人完全隔绝。柏柏尔人很少与罗马人交流，除非在进行所谓的贸易之时。结果就是，两个族群之间的接触是分散的和形式化的，从而

---

① LASCU N. Cum trăiau romanii. Bucureşti:[s.n.], 1965.

也就导致了罗马化的表面性和不稳定性。还有一些地方，由于罗马文明对土著居民的原始生活来说过于先进，以至于后者无法接受来自罗马的任何东西。也有的地方曾经被殖民，当地人与罗马人也有过紧密的共生关系，但却没有发生罗马化。希腊就是这种情况，因为当地人的思想文化水平十分先进，罗马人用钦佩的眼光审视希腊的创造力并主动学习希腊的先进文化。而在意大利、高卢（今天的法国和比利时南部）、伊比利亚（西班牙和葡萄牙）、达契亚、默西亚（保加利亚和塞尔维亚）、达尔马提亚（克罗地亚）、不列颠（英国）、潘诺尼亚（匈牙利）、拉埃提亚（瑞士）的一些小地方和其他地区，罗马化进程得以展开并且形成了（至少是早期的）罗曼语民族。

达契亚的罗马化满足了所有必要前提（条件）并受益于一切有利其发展的条件，其中最重要的因素被认为是日常生活中的拉丁语使用者、殖民者（说拉丁语的），其次是行政管理、军队、文明（城市）的生活、宗教、经济生活、司法制度和学校（教育）。

大多数达契亚人很轻松地从众多被带来的或者自己来到达契亚行省的拉丁语人士（说拉丁语的人）那里学会了拉丁语。罗马当局在达契亚进行了"来自罗马全社会的"大规模、有组织的殖民，以便兴建城市，耕种田地或开采矿石。罗马人之所以占领达契亚，主要因为它的财富也就是金、银、其他矿藏、盐等等，他们打算充分开发利用这些资源。从这个意义上来说，要归功于在帝国当局的刺激和鼓励下来到达契亚的意大利中坚力量，包括官员、商人、雇主、业主、矿工和手工业者等。此外，其他很多省份的人，在发财梦，尤其是寻找黄金欲望的驱使下，也毫无组织地蜂拥而至。达契亚是那个时代的"理想之国"，古时的加利福尼亚（这种现象让人联想到了 19 世纪时，成群的殖民者从美国东部来到西部的加利福尼亚挖掘黄金的历史）。结果，那些在战争中失败的达契亚人的土地很快被殖民者占领。在这些土地上，殖民者的比例不断增加。因此可以说，达契亚的罗马化在一定程度上，正是由简单的殖民来实现的，这得益于大量的拉丁语使用者，他们或被当局带来，或是自发地来自罗马帝国各地。

罗马人依据自己的模式从各个层面来组织达契亚，大到行省的领导层，小到最小的居民点。从政府机构到经济—税务调控体系，到处都安排有罗马官员，他们职责明确，肩负着将当地人纳入帝国管理机制的使命。他们确保通过贯彻秩序、服从精神和纪律，让社会保持在最理想水平上运转、进行生产活动、创造繁荣。随着时间的推移，少数在战争后遗留下来的达契亚人被迫向新当局求助以解决各种各样的问题，为此，他们不得不学习拉丁语。有些人甚至开始为政府机构服务，以维持和提高物质生活水平及社会地位，实现自己的发展。毕竟，生活还在继续。

罗马的强大得益于它组织有序的军队，这也是构成罗马人日常生活的一部分。在达契亚，罗马军队是强大而长期的存在。罗马军队由罗马军团（正规军、精锐军）和辅助部队（协助性的）构成。军团中只有罗马公民，而辅助部队（步兵、骑兵和混合部队）中都是招募来的非公民，他们通常都来自当地。根据当时的法律，（罗马人的权利）并非所有人都能享受。只有出生在罗马帝国境内的人可以自动成为罗马公民。奴隶不是公民，他们一般被认为是"会说话的工具"。在被占领省份的原住民中，没有谁能直接成为罗马公民。罗马公民的身份是一种荣誉，只有在你竭尽全力为祖国效忠的前提下才能够获得。在达契亚曾经驻扎过很多军团，但只有两个永久地留在了这里，并最终融入了当地的生活：第十三双子星军团和第五马其顿军团，其驻地分别为阿布鲁姆（今天的阿尔巴尤利亚）

和波达伊萨（今天的图尔达）。一个军团大约由6 000名士兵组成。起初，达契亚人只是辅助部队的一部分（他们通常会被派遣到其他省份），但数量相当多。即使在罗马帝国的鼎盛时期，已拥有三十多个行省，达契亚军队的士兵总数最多时也曾达到了约四万人，也就是占到了帝国总兵力的十分之一。军队内部的所有活动，从士兵的识字学校到一个队长（由十名士兵组成的单位的指挥官）发出的最简短命令，当然都是使用拉丁语。一个成为辅助部队士兵的达契亚人（或异族人）在服役25年后（罗马国的军队就是这么辛苦）可以流利地使用拉丁语，而他的举止和思维都已经与罗马人无异。服兵役期间，士兵们会在营地附近非正式地建立起家庭，这些小的居所被称为卡纳巴。退伍军人是指服役期满退出军队系统的老兵。辅助部队中的老兵解甲归田后立即就能获得罗马公民的身份，被允许正式结婚，可以得到一笔金钱奖励以及在他服役过的省份得到一块土地。获得罗马公民身份的人可以赢得很高的尊重并且担任各种公职。达契亚有很多的退伍老兵，以至于老年男性的概念已经与老兵相混淆。而在罗马尼亚语中，老年男性（上岁数的人）一词就承袭自拉丁语的"veteranus"（老兵）。那时，所有这些退役军人都使用拉丁语，并将拉丁语在他们周围传播开来。达契亚是唯一一个几乎将老年男性的概念与退役军人相混淆的罗马行省。所以，罗马尼亚语也是唯一使用拉丁语词语"veteranus"称呼老人的罗曼语族语言。

很多殖民者来到达契亚后定居在村庄里，成为农民或农场主，而更多的人留在了城市。在农村，尤其是丘陵和山区地带，达契亚人的数量更多一些。罗马人到来之前，希腊罗马式的城市在达契亚并不存在，那时起到类似作用的只有一些小镇或者要塞。是罗马人给达契亚人带来了真正的城市生活。城市分为两种类型：最重要的被称为高等级城市，可以说是罗马的微缩版，依据"永恒之城"的样式建造，居民只有罗马公民（例如：萨米泽杰图萨、阿布鲁姆这两个城市，另外还有那波卡、德罗贝塔、波达伊萨、罗姆拉等）。级别略低的是自治市，也就是行政和法律自治地区。这里的一些地方居住着还没有成为罗马公民的外省人。有一些自治市后来也成了高等级城市，而另一些却没有（例如：蒂耶勒那，今天梅赫丁茨的奥尔绍瓦、波罗利苏姆，今天瑟拉日的姆伊格拉德、蒂庇斯库姆，今天巴纳特的如巴、阿姆拜卢姆，今天阿布塞尼山区的兹拉特纳，等等）。达契亚和默西亚几乎所有城市和营地的名称都源自色雷斯-达契亚语，也就是说罗马人直接使用了原住民对这些城市的称呼。只有黑海边的希腊古城在罗马人的统治下保留了自己的种族特性，虽然，按照奥维德的说法，这些人已经被很大程度地"野蛮化"了。起初，只有达契亚的首都具有高等级城市的地位。逐渐地，城市生活日益普及，更多的行省居民获得了公民身份，更多的二级自治城市升级为最高等级。在城市中，无论其级别如何，一切公共生活都离不开拉丁语。

一个民族很难与自己的宗教分离，因为这是他们的身份特征之一，是他们存在于世界、理解世界的一种形式。罗马占领者，出于政治和军事考虑，不仅大规模地摧毁了自由达契亚的首都，还毁掉了当地达契亚人的宗教中心——海拔 1 200 米的圣地。罗马人把自己的信条、神灵带到了各处，带到了城市、乡村、农场、兵营。他们建造自己的神殿并由自己的神甫来侍奉。达契亚人抗拒了一段时间，还是继续崇拜札尔莫西斯和其他自己的神灵。但他们也慢慢适应过来，逐渐开始参加官方的仪式。尤其是那些想讨好新主人的人，也开始叩拜罗马诸神或其他神灵，因为帝国的教派种类繁多，比如新神有朱庇特、朱诺、密涅瓦、维纳斯、阿波罗、利柏尔、利柏拉、狄安娜等。罗马的神还包括在位的皇帝和从奥古斯都开始的前帝王。尊皇帝为神是公民责任之一。所有这些仪式都公开举行，并使用拉丁语。一些罗马的象征物，比如母狼和双胞胎（罗慕路斯和雷慕斯），很快，也很容易就被达契亚人接受了，因为狼在达契亚的传统中也占有十分重要的地位，达契亚人的旗帜（国旗）就是以狼头为主要元素。同时，可以确定的是，一些达契亚的神灵（札尔莫西斯、本狄斯）也被保留下来，只是以罗马方式对其命名。这种现象在其他省份也有发生，被称为"罗马释义"。

罗马人占领达契亚后，所有经济活动都由新主人组织进行。达契亚领土也被纳入奴隶制度管理，而经济活动遵循帝国在其他地区建立的模式。农业生活、矿业、采盐业、铁冶炼、贵金属冶炼、大理石加工、高档制陶业等都在罗马当局的控制之下。达契亚原住民和新来的罗马人或者拉丁语使用者一起工作，同是一个行业团体（具有相同职业、出身甚至宗教的一群人）的一分子，负责他们的官员也只说拉丁语。

正如我们上面所示，罗马人是杰出的立法者（法律制定者）。古典罗马法遵循的原则先进而切合实际，保证了国家的长治久安。因为无论是民事案件（涉及家庭关系的诉讼），还是刑事案件（恶性事件的诉讼，涉及刑罚），罗马法都能够保证在诚信和公平的基础上予以解决。212年的《安敦尼努斯敕令》（*Constitutio Antoniniana*）是卡拉卡拉皇帝颁布的一项法令（法律），这项法令切实授予帝国境内所有自由居民罗马公民权。由此，在法律层面，达契亚和默西亚的所有异邦人都成了真正的罗马人，拥有充分的权利。这些地区的任何居民处理纠纷都必须通过法庭，但如果他们不会说拉丁语，不了解罗马的法律价值观，也就没有法律保障了。

罗马为其征服的土地也带来了自己的文化，而文化的基础是教育。目前已经发现了很多罗马帝国为孩子和年轻人开办的初级学校的遗迹，甚至发现在营地（军营）中也有为士兵开设的学校。被占领的短时间内，尤其是在城市，孩子们就开始有组织地学习拉丁语。通过学习文字和语言，他们毫不费力就掌握了罗马的精神价值观。在达契亚和多布罗加（默西亚的一部分）的土地上，考古学家发现了大约四千份拉丁语铭文——从丧事石碑（墓碑）到蜡板（带有文字的矩形木板，上覆一层薄蜡），其中大部分都是在约两个世纪的时间段内完成的。事实证明，与其他省份相比，罗马人用铭文纪事的习俗在达契亚已经十分普及，科学类书籍、写作和阅读受到重视。总之，罗马化已然十分深入。在达契亚和默西亚的城市中，还有被称为论坛的公共广场。与罗马一样，公众可以在那里聆听演说家、诗人和政治家的演讲。公众（普通居民），尤其是底层民众，被时刻提醒着了解罗马的价值观并懂得欣赏。

可以得出的结论是，在罗马统治了几代人之后，色雷斯－盖塔－达契亚人已经完全彻底地被罗马化。他们也愿意成为真正的罗马人，因为他们生活在先进的文明中，享受着高雅文化的优越性。德切巴尔死后，随着罗马对多瑙河和喀尔巴阡山的统治逐步稳定下来，被征服的达契亚人明白，他们的机会就是适应，像罗马人一样行事，尤其是学习罗马人的语言，对他们来说最为有利。我们说这就好比在两次世界大战期间从罗马尼亚去到美国的移民，刚刚来到新世界时他可能一点儿不懂英语。但几年后，他学会了，无论是好是坏，反正说话带着口音。有时他会思念家乡的价值观，想念亲人，朋友，家乡的森林、丘陵和田野。他从来也没有成为一个真正的美国人，也很容易被认出是外来户，是移民。他的孩子说英语已经没有口音，完全适应了这里的生活，行事和思维都像"纯正的"美国人。其实，所有的美国人从本质上来说都是移民，都来自其他地方（美洲印第安人除外）。同样，很明显（资料也充分证明了这一点），所有能够在罗马帝国生活的达契亚人，在其两三代之后，都具备了罗马化的条件。另外，需要再次补充的是，那时的人口学结构与今天的大不相同，我们将在后面详细论述。

然而，罗马化并不足以解释和证明罗曼语民族后来在欧洲的存在。在默西亚、潘诺尼亚、不列颠、达尔马提亚等地，虽然罗马化也发生过，今天在这些地区却没有罗曼语民族。由此可见，拉丁化的延续和身份确立需要有利的历史条件，而这些条件只有某些地方能够具备，达契亚就是这类地方之一。罗马尼亚人在这里的形成，被一些历史学家称为"奇迹"或"不可思议的事"。这不仅仅因为她的形成方式及其所具备的一切罗曼语民族的典型特征，更是因为她能够在一个非罗曼语民族的世界中保持至今。

达契亚人与罗马人

今天有许多历史爱好者（他们缺乏专业的研究，这与所有职业一样，很难做到）用当代的思想、我们的价值观和现在的尺度来判断两千年前或者一千五百年前的古代世界。于是，善良、正值、勤劳、勇敢的盖塔－达契亚人直接成了傲慢而野心勃勃的罗马人的受害者。盖塔－达契亚人被认为是要被同情、保护和歌颂的，具有如此优秀的品质（在大众的想象中），他们不可能被罗马大军消灭殆尽。这是同情受害者的一种现代倾向，始终有人为其辩护。在现代流行心态中，我们罗马尼亚人就是达契亚人，是受害者。感人的浪漫派诗歌《德切巴尔致人民》就说明了这一点。乔治·高什布克把达契亚人塑造为早先的罗马尼亚人，在有远见的爱国大公德切巴尔的带领下，与高傲而残忍的占领者——罗马敌人进行抗争。

同样，在我们今天的思维中，罗马化进程让很多人难以理解和接受。一个庞大的民族在罗马统治仅一百七十年后为何就消失了？而事实上，这个庞大民族的大部分人甚至都还没有被罗马人征服。在我们的尘世生活中，在我们每一个人几十年的生命过程中，谁也没有亲眼见过一个民族的消失。我们很难理解和接受一个民族几乎像人类一样经历出生、成长、发展、衰老直至死亡的过程。

首先，没有一定的历史、人口学知识，我们不可能看清人种起源现象的真实维度。公元纪年初期，罗马帝国的平均人口密度为每平方公里 15～20 人。而在巴巴利库（罗马世界之外），平原地区为 5 人，山区和森林地带为 1～2 人。西欧地区的人口密度同样高于东欧。罗马占领之前的达契亚人的生活环境就是后一种情况，也就是生活在森林覆盖的东部山区。

其次，在毁灭性的达契亚－罗马战争和近二十年无休止的战斗之后，"Dacia viris exhausta"（"达契亚的男人已所剩无几"，据图拉真的医生克里顿证实）[1]。尽管男丁匮乏，据史料记载，仍有数以万计的盖塔－达契亚俘虏被编入罗马军队的辅助部队，然后被带到遥远的帝国境内，前往其他省份[2]。即使这些年轻的盖塔－达契亚人最初只有几千人（大概 6 000～7 000 人）[3]，事实证明，被占领的这片地区还是有一定的征兵潜力的。因为除了这几千人之外，当按照罗马习惯组建其他人种（民族）辅助部队时[4]，针对罗马达契亚行省的盖塔－达契亚原住民的士兵招募在 2 世纪一直没有间断。

再次，德切巴尔王国的大部分地区，其面积与今天罗马尼亚的国土面积相当，都处于罗马人的占领之下或者被其控制（包括多布罗加和蒙特尼亚），这意味着将近 20 万平方公里的土地被占领。达契亚人"多如牛毛"且只有一小部分处于罗马人的控制之下，这一说法是完全错误的，这也与外行人士及业余爱好者们所做的带有偏见的历史"分析"有关。当然，一些达契亚部落的零散部分来到了

① RUSSU I I. Etnogeneza românilor. Bucureşti:[s.n.], 1981: 173.
② RUSSU I I. Daco-geţii în Imperiul Roman. Bucureşti:[s.n.], 1980.
③ RUSSU I I. Daco-geţii în Imperiul Roman. Bucureşti:[s.n.], 1980: 23.
④ RUSSU I I. Etnogeneza românilor. Bucureşti:[s.n.], 1981: 173.

多瑙河中游地区（斯洛伐克），更多的人抵达了东部地区、黑海以北（一些考古发现证实）。然而，在这一片广大的土地上，到处散落着其他不同的人群和部落。即便是在今天罗马尼亚的国土范围内，除了盖塔－达契亚人之外，还生活着阿伽杜尔索伊斯基泰人、希腊人、多布罗加斯基泰人、凯尔特人、巴斯塔奈人、伊利里亚人、雅济吉斯萨尔马特人和罗克索拉尼人、辛梅里安人等等。那段时期还没有集中生活的民族，只有"网格化分布的人群"，一片飞地接着又一片飞地，中间穿插着大片无人区、人烟稀少地区和暂住地区。考虑到这些客观因素，在罗马人占领和控制的达契亚领土上，可能有 15 万～20 万的盖塔－达契亚人，且更多的是妇女、儿童和老人（战争中幸存的少数年轻男人都被征募进辅助部队并被带到遥远的帝国领土去服役）。我们应该考虑到的事实是，只是被调遣到达契亚的四个罗马军团和辅助部队的士兵数量最初就达到了 4 万人。后来由于保卫该地区困难较大，士兵的人数曾经一度高涨，大概占到了帝国军队总兵力的十分之一。在攻占达契亚的第一个十年里，有组织和自发的殖民活动为多瑙河南部直至西部地区带来了许多罗马人（公民），以至于哈德良被敦促不要放弃该省，"以免大量的罗马公民被蛮夷控制——鉴于图拉真在征服达契亚后，从罗马各地带来了大量人口，用于扩充城市居民和耕种土地。因为与德切巴尔的长期战争后，达契亚的男人已经所剩无几"（欧特罗皮乌斯）。所以，可以设想罗马人和拉丁语使用者（从当局文职人员、军队到众多殖民者）的人数早在罗马统治的头几十年，即使没有超过，也已经很容易地与达契亚居民人数持平。在满足一定条件的前提下，改变一片土地上民族的种族特征可以在两到三代的时间内完成，如果我们按照 25～30 年计算一代人的话，罗马人在达契亚统治了 5～6 代人（约 170 年），而在默西亚（当地人绝大部分仍然是色雷斯－盖塔人）的时间更久。改变一个家庭的民族属性只需要一代人就足够了。所以，一个罗马尼亚家庭带着年幼的孩子前往意大利或者西班牙，父母会看着孩子几乎完全成长为意大利人或者西班牙人，而祖父母一辈只能跟孙辈用意大利语或西班牙语交流。留在罗马行省的达契亚人也非常希望成为罗马人，希望像罗马人那样行事和学习拉丁语。这首先是为了生活和生存，其次是为了创造优越的条件以保证他们孩子的未来。奥勒良大撤退（军队、政府当局、富人等）之后，罗马化的影响悄无声息地向东、北、西方向辐射，人们的生活范围以成群迁徙的方式逐步扩大到未来的摩尔多瓦、马拉穆列什、克里沙纳，甚至更远的地区。这主要因为，首先，罗马达契亚行省的人口密度现在远远大于其他省份。其次，羊群需要食物，需要寻找夏季和冬季牧场。另外，由于可用耕地已经不能满足需要，人们总要寻找新的、未开垦的土地以便耕作。结果就是，达契亚－罗马人和早期的罗马尼亚人不停地"迁徙"，最初是在离家几公里的地方建立新的村庄，后来慢慢发展到更远的地方。

这就是为什么我们最好回到经典，仔细阅读著作，而不是去相信那些粗略、缺乏文化修养、带有攻击性的嘲讽和粗糙的判断。几个世纪以来，几代历史学家都在诚实地工作以得出这些结论。而专家们所做的最新研究更详细地说明了问题，证实了这些结论。通过这些著作我们就能够看到（从编年史学家的作品，到坎泰米尔和特兰西瓦尼亚学派），为什么最伟大的罗马尼亚考古学家这样断言："我们赞美达契亚人的勇敢并祝福罗马占领者，是他们孕育了我们——罗马尼亚的奇迹。"（瓦西里·波尔凡）

"罗马尼亚的奇迹"

　　有人谈到罗马尼亚人的时候会说我们是一个"奇迹"或者"不可思议的存在"，但也并不总是以钦佩的口吻或者真诚的态度来表达。有些人甚至以此为由头来挑战罗马尼亚人在罗马尼亚某些地区的政治权利。"奇迹"或者"不可思议的存在"并不是指罗马尼亚人的民族形成方式，也不是指罗马尼亚人在这片土地上沿着所谓"侵略者安排的道路"而发展延续。罗马尼亚人的形成与所有罗曼语族人民一样取决于很多民族因素，其中最重要的有着决定性意义的就是罗马或拉丁语元素。正是这个因素成就了罗马化进程，从而也诞生了后罗马的拉丁文化。但要解释罗马尼亚民族如何成为东方唯一在斯拉夫人以及匈牙利人夹缝中保留的罗曼语民族的继承者，确实是一件非常困难的事。意大利人与法国人相邻，法国人挨着普罗旺斯人，普罗旺斯人与加泰罗尼亚人相邻，加泰罗尼亚人挨着西班牙人（卡斯蒂利亚人），西班牙人又紧邻葡萄牙人，等等，他们互相依存，形成了拉丁语文化的聚合体。而中世纪拉丁语是他们的宗教、文化和行政办公语言，这些都使得罗曼语文化的地位日益加强。面对这"伟大的荣耀",我们与西方民族的拉丁文化是完全隔绝的,但却在逆境中将这份文化保存下来。即便难以解释,也说不清过程,我们今天的罗马尼亚人却形成了一个来自达契亚、默西亚和潘诺尼亚的拉丁文化聚合体,这三个省份曾经是罗马帝国人口最为稠密的地区。我们的起点基础最为雄厚(来自广大的东方古罗马世界),我们曾经是古代东南欧人口最为众多的民族,直到今天我们的地位仍未改变,所以,我们拥有一定的种族和生物实力来完成我们的繁衍生息。

"罗马尼亚的奇迹"在困难中诞生,但以可理解的完美方式,依据所有罗曼语民族形成的"配方"而产生:在本土盖塔 - 达契亚元素的基础上先是融入了罗马占领者的因素,罗马化之后,当盖塔 - 达契亚人即将成为罗马尼亚人之时,移民元素即斯拉夫人又加入进来。罗马化取得了胜利,但在罗马尼亚人的结构中不仅仅只有从达契亚人那里继承来的元素,还有斯拉夫人的。奥勒良撤退之后,达契亚 - 罗马人民首先要面对的就是生存问题。罗马化曾经也在不列颠、平原地区(威尔士、康沃尔等地相对较少)、潘诺尼亚和默西亚等地产生影响。但在不列颠,盎格鲁 - 萨克逊移民部落人口众多且极具破坏力,以至于他们几乎清洗了当地所有罗马民族的文化影响。在潘诺尼亚,一波又一波的移民,尤其是匈奴人、格皮德人、阿瓦尔人,将他们的领地中心直接建立在原罗马行省的心脏地带,迫使说拉丁语的人逃向南部和东部更安全的地区,也就是原罗马达契亚和默西亚地区。在默西亚,罗马文化甚至早期的罗马尼亚文化都相对完整地幸存下来,直到 7 世纪初期,多瑙河以北的斯拉夫人大量向南流动,完全阻碍了罗马文化的发展,并迫使色雷斯 - 盖塔 - 罗马人的后代逃难到希腊、马其顿、阿尔巴尼亚、克罗地亚,可能还有多瑙河以北的地区。因此,罗马文化和随后的南多瑙河罗马尼亚文化被隔绝在两个互不相连的飞地上，还不断受到新生民族，尤其是希腊和斯拉夫国家的削弱和干扰。

为了理解罗马尼亚民族的形成（以便能够正确回答罗马尼亚人何地、何时以及如何诞生的问题），我们必须从一定的前提条件，一些无可争辩的、难以回避或不能推翻的事实出发：罗马尼亚人是一个罗曼语民族，他们使用的语言与意大利人、法国人、西班牙人、葡萄牙人、普罗旺斯人、加泰罗尼亚人、撒丁人、弗留兰人等一样，是新拉丁语；罗马尼亚人是今天唯一完全与拉丁文化群体，即欧洲其他罗曼语族群隔绝开来的罗曼语民族；罗马尼亚人是东南部欧洲人口最多的民族，而且没有迹象表明中世纪时其他民族的人口曾经多于罗马尼亚人（东南欧所有较大民族，包括希腊人、保加利亚人、塞尔维亚人、克罗地亚人、阿尔巴尼亚人，他们的人口数量甚至连罗马尼亚人口的一半都没有达到）；构成罗马尼亚人的古老民族元素（色雷斯－盖塔－达契亚人、罗马人和斯拉夫人）在多瑙河的南部和北部连续存在了几个世纪。可见，要想搞清楚罗马尼亚人凝聚成为一个民族的过程，就必须仔细研究历史资料，并清楚其他罗曼语民族的形成时间。所以，这个问题的答案也就比较简单：罗马尼亚人的形成始于基督教时代的第一个千年，这个过程源自罗马人强占默西亚，随后统治达契亚（1 至 2 世纪），结束于 8 至 9 世纪（当书面资料中首次提及罗马尼亚人的民族名称之时）。关于罗马尼亚人如何形成的问题也同样容易回答：与所有罗曼语民族一样，罗马尼亚人是由三个重要的种族元素（原住民、占领者和移民）形成，这之中起决定性作用的是罗马人或拉丁语使用者（占领者因素），这个是罗曼语民族的共性，是形成罗曼语未来民族特点的本质。这些问题确定后，再回答关于形成地点的问题也就不难了：罗马尼亚民族形成于上述三个因素在自然发展过程中发生碰撞的地方。这个地方，先有土生土长的色雷斯－盖塔－达契亚人，随后，罗马占领者融合进来，而后又来了斯拉夫移民——这里是多瑙河下游地区，位于河岸的南北两侧，从南部的巴尔干山脉直到北部的喀尔巴阡山脉，从黑海和德涅斯特河边延伸到西部的蒂萨平原。无数史料证明，罗马的多个行省在这片广大的土地上发展，罗马化进程在这里影响深远。让我们务必再澄清一些问题：第一，即使是今天，从人种角度来说，拥有同一种族人口的国家也并没有十分密集地存在。而两千年前或者即使是一千年前，虽然人口密度要小得多，但种族的多样性甚至更为复杂。也就是说，在这片广袤的土地上，除了色雷斯人和盖塔－达契亚人之外，还有很多的种族和民族，起源和组织形式大不相同。第二，即使是罗马帝国也没有完全实现征服和统治这片方圆 40 万平方公里的土地。有些地区在帝国时期只是受到罗马人的影响。这些地区的罗马化或者后来的罗马尼亚化是通过人口的流动、畜牧业的迁徙和村庄人口的迁移来实现的。第三，斯拉夫移民也并非到处都是，也没有对上述广大地区实现完整统治。于是，602 年以后，当大批达契亚－斯拉夫人（也就是生活在古达契亚的斯拉夫人）看到罗马帝国（拜占庭）在多瑙河边境地区的力量有所衰弱之时，又都回迁到多瑙河以南至巴尔干山区地带，随之，就以压倒性的人口数量改变了多瑙河和巴尔干两个默西亚和多瑙河南岸达契亚地区的民族结构。7 世纪，罗马尼亚人还有可能在多瑙河两岸、默西亚、原罗马帝国达契亚行省和南部达契亚地区形成大致统一的民族。只是当大多数斯拉夫人来到南部后，罗马尼亚民族（最终）形成的重心就固定在了多瑙河北部地区。当然，在 1 至 9 世纪的漫长历史过程中，色雷斯－达契亚人、罗曼语族人（拉丁语使用者）、色雷斯－达契亚－罗马人的人口流动始终都在东西、南北方向进行着：当罗马占领者从多瑙河以北地区退出时，部分居民随政府当局迁往多瑙河以南地区；而当斯拉夫人向南部地区入侵时，一部分罗曼语族人又回到了多瑙河北部地区。换句话说，人口的流动从来不是单向的。最终，喀尔巴阡山-多瑙河地区被证明是罗马尼亚人完成民族发源和得以延续的最佳地区。哥特人、匈奴人、格皮德人、阿瓦尔人、斯拉夫人、早期保加利亚人、佩切涅格人等的入侵，迫使达契亚-罗马人、早期罗马尼亚人躲避到森林、山区和盆地等入侵者无法踏足的地区。当然，北岸的一些人会迁移到多瑙河的南岸，就像南岸的一些人也会渡河迁到北岸一样，人们都是为了自保或者继续生存下去。有外部观点支持说所有罗马尼亚人都仅仅形成于多瑙河北岸或者只是形成于多瑙河南岸，这是没有任何现实依据的。这些观点的目的是为一些"历史权利"辩解，但当今世界再没有谁在乎这些"权利"。罗马尼亚人直到今天还在多瑙河的北岸和南岸继续存在，他们的人口大部分集中在北岸。因为喀尔巴阡山的特兰西瓦尼亚要塞，蒙泰尼亚、奥尔泰尼亚、巴纳特和摩尔多瓦的喀尔巴阡山区丘陵地带是这个民族生存和繁衍生息的理想地区。

语言是古罗马尼亚先人
存在的证据

毫无疑问，我们拉丁渊源的鲜活例证就是罗马尼亚语。关于这种语言，尽管世间流传着一定的偏见，但我们掌握着自古以来足够丰富的资料。有很多知识分子并不相信这些，每当提到罗马尼亚人，他们就说这个民族是"黑暗千年"或者"千年寂静之泉"。这个所谓的"黑暗千年"大致是指 4 至 13 世纪。不得不说为了数字的对称和圆整这有些夸张。事实上，从 900 年起我们就可以查到关于罗马尼亚人的可靠资料。这些资料当然不是罗马尼亚语的，都来自国外，来自那些拥有知识分子、办事处和手抄本抄写处的机构、帝国和王国。换句话说，"千年"大概是指 300—900 年，也就是半个千年的时间。的确，在这 6 个世纪期间没人提到罗马尼亚人，确实也没有什么值得提及的，原因很简单：罗马尼亚人那时还不存在，罗马尼亚民族还没有形成或者说还没有最终完成其民族形态！面对一个不存在的事实，相关例证也无从谈起。法国人、意大利人和葡萄牙人也是同样情况。那个时间段，所有罗曼语民族都正在凝结、孕育和形成当中。我们依照惯例，将那时生活在喀尔巴阡山－多瑙河区域的居民称为达契亚－罗马人、罗曼语族人、拉丁语使用者、早期罗马尼亚人等。但这些术语只是找寻细节的学者们为罗马尼亚民族没有产生的阶段所做的近期创造。那个时代，这些民族还都没有明确的称呼，虽然"他们必须得有个名字"。不管怎样，所有民族都处在永恒的变化之中，即使按照惯例，我们认为其在一段时期内处于稳定期。

在上述历史时期中，即便当地人的语言还没有固定名称，却不时地被提及。比如，希腊人普利斯库斯（448 年拜占庭派驻匈奴阿提拉王朝（在潘诺尼亚）大使），曾经三次提到过奥索尼亚语。第一次提及时，他说在匈奴人中生活着异类民族，每一个民族都操着自己的蛮族语言。这些语言或者是匈奴语，或者是哥特语，或者是奥索尼亚语。奥索尼亚语的使用者是一些跟罗马人（拉丁语使用者）打交道的人[①]。这之后，普利斯库斯描述了一场阿提拉宫廷宴会。这位拜占庭使节说，现场表演的小丑采尔康在奥索尼亚语中混合了匈奴语和哥特语[②]。普利斯库斯最后一次提及奥索尼亚语时讲到，一位"蛮夷"大臣为了不让别人（那些说匈奴语和哥特语或日耳曼语的人）听懂，用奥索尼亚语悄悄给普利斯库斯讲述了国王更爱他最小儿子的原因[③]。奥索尼亚是一个古老部落，罗马建立之前，这个部落分布在意大利的主要地区，使用一种古老的拉丁语。后来，一些推崇古典式命名的拜占庭作家，将那些说拉丁语或者拉丁

---

① LISSEANU G P. Limba română în izvoarele istorice medievale, Bucureşti:[s.n.], 1940: 6-7.

② LISSEANU G P. Limba română în izvoarele istorice medievale, Bucureşti:[s.n.], 1940: 7.

③ LISSEANU G P. Limba română în izvoarele istorice medievale, Bucureşti:[s.n.], 1940: 7.

语变体语言的人——奥索尼亚人，称为拉丁语使用者。因此，那些与罗马人混居的人和说奥索尼亚语的人，在匈牙利人暂时统治的土地上，只能是达契亚－罗马人。普利斯库斯说，在途经巴纳特时，村庄中的人为他们提供了食物，是小米和一种当地人称之为蜂蜜水（medos）的饮料[①]。另外，乔丹尼斯（出身默西亚且被罗马化的哥特作家）使用6世纪的当地拉丁语写作，他的语言相对古典拉丁语来说已经发生了很大的变化。这就是在达契亚行省土地上发生演变的拉丁语，而在这片土地上逐渐形成了罗马尼亚民族。在凯撒利亚的普罗科匹阿斯（6世纪上半叶）这里也发生了同样的现象，那就是在其著作《论查士丁尼时代的建筑》一书中，一些地方的拉丁语称谓已经明显地在发音上发生了改变。正如乔治·波帕－利瑟亚努所说，"Lutzulo"（雷梅西亚纳土地上的城堡）是"Lutzul"的冠词形式，来自"Lucius"一词[②]。让我们回到那句著名的"Retorna /Torna，torna，fratre！"。这句话出现在泰奥菲拉克塔斯（7世纪）和提奥芬尼（8世纪）的编年史中，意为"回来吧，回来吧，兄弟！"。或者，用古老地方的罗马尼亚语表达为"Întoarnă-te/Toarnă-te，toarnă-te，frate！"[③]。这句话的出处是：587年，与阿瓦尔人作战的罗马军队在多瑙河下游地区一度迷失了方向（在多瑙河和巴尔干之间的某处）。因为担负运输任务的牲口（可能是骡子）背上的货物倾斜了，马上就要掉下来，一个路人操着当地语言朝着牲口主人大喊"Torna，torna，fratre！"提醒他把货物扶正。骡子的主人没有听到喊话，但旁边的人听到

① LISSEANU G P. Dacia în autorii clasici: vol. II. Bucureşti:[s.n.], 1943: 79.

② LISSEANU G P. Limba română în izvoarele istorice medievale, Bucureşti:[s.n.], 1940: 10.

③ LISSEANU G P. Dacia în autorii clasici: vol. II. Bucureşti:[s.n.], 1943: 111.

了，都吓了一跳，他们理解为该回去了，也就是说要撤退了。准确地说，这三个词可能是古罗马尼亚语或早期罗马尼亚语第一个有实证的句子（一些人认为这属于晚期拉丁语）。"fratre"一词的形式并不是拉丁语，因为拉丁语的呼格应该是"frater"，但是它与罗马尼亚语"frate"的呼格相近。历史学家康斯坦丁·约瑟夫·伊尔查科夫在 1900 年左右写道："torna"只是一个简单的拉丁语军事命令 ①，而不是古罗马尼亚语的例证。古斯塔夫·威甘德也支持这一观点，他说在罗马尼亚语中"a turna"是"倾倒"的意思 ②。古斯塔夫·威甘德的说法最容易反驳，正如乔治·波帕－利瑟业努所示，因为"a turna"具有"返回"的含义在 16 世纪的早期罗马尼亚文献中就已经出现："主何时回到，被劫的锡安山"（《舍恩诗篇》），以及 "你何时回到你被带走的那片土地"（《创世记》）③。另外，《各地区罗马尼亚语言学图册》也记录了在多瑙河以北和以南的很多地方，"a turna"或者"a înturna"都有"回来"的意思。至于说"torna"一词作为军事命令的意义，没有任何地方可以证明。从一方面来说那只不过是个假说；从另一方面来说，一个在军队中受雇负责运输的人（这里所说的并不是士兵），当想告诉同是来自当地的同伴的牲口背上的货物就要掉下来时，不会使用军事命令。所以，所述事实无法证实军事命令的假说，那么这句话就应该是一句该地区已经罗马化的色雷斯语言。亚历山德鲁·菲利皮德的权威最终确立了正

---

① LISSEANU G P. Limba română în izvoarele istorice medievale, București:[s.n.], 1940: 31-37.

② LISSEANU G P. Limba română în izvoarele istorice medievale, București:[s.n.], 1940: 32-33.

③ LISSEANU G P. Limba română în izvoarele istorice medievale, București:[s.n.], 1940: 34.

确的解释，这位伟大的语言学家确信"torna"（retorna）和"fratre"是早期的罗马尼亚语词语，代表了从拉丁语演变为我们罗马尼亚语的一个阶段。

事实证明，罗马尼亚语是罗马尼亚人历史、古老价值最显著的根源，是我们在这片"富庶和兵家必争之地"千年发展的鲜活证据。

作为历史佐证的罗马尼亚语

在多瑙河以北所有被罗马人征服过的土地上和所有在未来将构成现代罗马尼亚的地区中，奥尔特尼亚的罗马化进行得最为激烈，经历的时间最漫长。奥尔特尼亚早在 102 年第一次达契亚战争结束时，就已并入了罗马帝国。一方面，271—275 年的奥勒良大撤退并没有对其造成太大影响；另一方面，东罗马帝国时期，罗马对多瑙河北部，以及多瑙河平原南部一半左右的地区持续统治了几个世纪。这样一来，罗马人对奥尔特尼亚的统治不仅时间更长，而且相较其他地区更为激烈。关于奥尔特尼亚拉丁文化的活跃程度有很多证据可以证明，但我这里仅举语言学方面的示例：比如简单过去时在奥尔特尼亚方言中的表现形式被保存得更为接近拉丁语（fui、fuisti、fuit、fuimus、fuistis、fuerunt 或者 fuere），而且几个世纪以来比在罗马尼亚其他土地上保存得更为完整。众所周知，口语体系是所有活的语言的支柱，而罗马尼亚语的口语体系直接继承自拉丁语，尤其是民间拉丁语，是所有殖民者，不管他们来自帝国的哪个地方，所使用的语言。奥尔特尼亚口语中，使用从拉丁语中提取的动词、动词形式和时态的频率明显高于我们国家其他很多地区。例如奥尔特尼亚语中动词"a fi"的过去未完成时是：eram、erai、era、eram、erați、erau。在拉丁语中，这个动词（sum，esse，fui）的过去未完成时是：eram、eras、erat、eramus、eratis、erant。这种相似性令人激动，且并不是在其他罗曼语族语言中都存在的。

同样令人惊讶的是保存在特兰西瓦尼亚地区的拉丁语特有的表达方式，此种表达方式在我国其他地区已经消失或者完全没有出现过。有这样一个古老词语"arină"（意为沙子或者砾石），源自拉丁语"arena"。但凡有组织良好和持续发展的罗马行省，就有"arene"，也就是位于圆形阶梯剧场，即圆形露天竞技场（我们今天称之为体育场）的中间覆盖着沙子的圆形场所。在圆形场所的沙子之上，人们（和动物）进行竞技或表演戏剧以供观众消遣，当流血之时（这经常发生）就会在上面再撒一层沙子来盖住红色的血渍。在特兰西瓦尼亚，当用黏土粘合碎纹石地面后，将沙子撒在门廊和房子里以方便撤换，这也是一种清洁卫生的标志。直到20世纪晚些时候屋内铺设木地板的风尚盛行之后，当地人仍然保持着在农舍门廊和前厅（穿堂）撒沙子的习俗。

"A la"是另一个源自拉丁语的罗马尼亚语动词（lavo，lavare），它也有"a laua"或者"a lăia"的形式。现在陈述式中，这个词的第一人称形式是"eu（mă）lau"。在不同地区，其含义有洗头、湿润、用油脂物为头发涂上油脂以使头发具有光泽、洗头之后梳理头发、处理头发以清除寄生虫、用舌头清理毛皮、责备、洗内衣等。其实，这个动词表"梳头"意也发源于拉丁语。名词"梳子"也是这种情况。与这个动词相关的名词、形容词或者副词"lăut"，就是清洗、清洁的意思。比如周日或者其他节日孩子要"lăut"，就是要清洗全身换上干净衣服的意思。这个词的拉丁语文学形式是"lavatum"，民间及晚期拉丁语形式是"lautum"。

副词"anțărț"也来自遥远的过去，常常伴随另一个副词"mai"一起使用（"mai anțărț"）。这两个词都来自拉丁语。"mai"来自"magis"，而"anțărț"来自"anno tertio"，其拉丁语义为"第三年"。但"anțărț"在罗马尼亚语中意为"两年前"或者"两年之前"，为什么不是"三年前"呢？因为罗马人时代以及后来的拉丁中世纪时期，在计数年份（计数日子也一样）时，都包含第一个被提及的年份。所以，拉丁语所述"此前的第三年"实际上意味着我们所说的"两年前"，因为它是从当前年份开始计算的。"Octavele"意为"八天前"，其实刚好指一星期前，因为它计算了倒计时开始的第一天。"anțărț"被一些人认为是方言，还有些人认为这个词属于古语，因为它只在零星的地方被使用，而且出现的频率越来越低。其实，这个词是拉丁文化最直接的体现，是罗马尼亚民间口头语言对古罗马形式的延续。

同样古老的词语还有对一种古已有之的植物的命名，那就是大蒜（usturoi）。在特兰西瓦尼亚很多地方，这种植物被称为"ai"（来自拉丁语的"ai（1）ium"），与法语发音相同。从"ai"派生出的"aiturile"，在其他地区被称为"răciturile"、"piftia"或者"cotonoagele"。"usturoi"从动词"a ustura"变形而来，其根源是拉丁语"ustulare"。拉丁语来源的词语还有卷心菜，"curechiul"或者"varza"。前一个词来自"coliculus"或者"cauliculus"（细枝、嫩芽、小卷心菜），而后一个词来自"viridia"（新鲜蔬菜），从"viridium"（绿色）派生而来。

在巴纳特、克里沙纳和特兰西瓦尼亚北部的零散地区，"雪"一词的表述还使用"nea"，这个词从拉丁语"nivem"（nix 和 nivis的单数宾格形式）派生而来。乔治·高什布克在被改编为歌曲的诗歌《小雪橇》(*Săniuţa*) 中这样写道："白雪 (neaua) 遍地，可爱的冬天来了。"

"amăgire" 也是拉丁语词语，但来自一个古老的熟语，它的词根是拉丁名词 "magus"（异教神甫），来自希腊语词 "magos"。在古代末期和中世纪初期（400—600），这个词应该是 "admagire"。从如下的形式更容易推断出其根源，即熟语中所说的 "ad magos ire"，也就是"去找占星家"。我们相信在 4 至 6 世纪期间，还有足够多的色雷斯（达契亚）- 罗马人不接受由罗马指派来的神甫所传授的宗教，他们继续寻求古老"巫师"(magi) 的帮助。这些"迷失的"人受社会排斥，偶尔会博得人们的理解和怜悯。他们就是一些被古老宗教信徒带入错误道路的"被欺骗之人"(amăgiţi)。

还有一些拉丁语词语没有被其他罗曼语族语言所继承，只是被保留在罗马尼亚语中（总量超过 100 个），其中包括皇帝 (împărat)、绵羊 (oaie)、抓住 (a apuca)、大的 (mare)、基督徒 (creştin)、勺子 (lingură)、馅饼 (plăcintă) 等。我们来说说前两个词。皇帝 (împărat) 来自拉丁语 "imperator"，在其他罗曼语族语言中是晚期借入的外来语。而对于我们来说，这个词是随多瑙河畔拉丁语的发展自然传承而来的。这个词最初的意思是领导、首领、元首、军事领袖、主人、人们生活的领导者。直到 1 世纪，"împărat" 才有了"国家元首"的意思。小普林尼时期出现了 "Nerva imperator"（涅尔瓦皇帝）的说法。第一个"皇帝"世人认为是奥古斯都（前 27—前 14），实际上他只是大公 (princeps)。有趣的是，罗马尼亚人对 "împărat" 一词的理解从来没有与地方首领、罗马尼亚公国的领袖挂钩，而是指异域的、来自遥远地方的甚至是传说中的首领。对于当地首领，罗马尼亚人有不同的称谓，通常这些字眼都有两种说法，其来源分别为拉丁语和斯拉夫语。罗马尼亚首领的一系列拉丁称谓有"jude""ducă""domn"，而斯拉夫称谓有"cnez"、"voievod"、"gospodar"（gospodin）。"jude"这个词一般是指村（社区）范围内担任初级司法职务的地方长官，负责主持"人民代表和元老"协商会。随着时间的推移，"jude"一词也开始指在共同体中拥有财富和权利的社会—经济领导者。在弗格拉什公国以及其他一些地方，早在中世纪时这个词就以"Jude"或者"Judele"的形式作为姓氏而为人所知。当色雷斯－达契亚－罗马拉丁语使用者与斯拉夫人开始融合之时（最早在 5 至 6 世纪，500 年左右），"cnez"（cneaz）一词出现在多瑙河拉丁语中，与"jude"同指一个身份，意为首领。对俄罗斯人来说，"cnez"是大公、伟大领袖甚至国家元首的同义词，而在我们国家，它仍然是小头领、地方首领的意思。所以，在罗马尼亚古语中，我们更喜欢"cnez-cnezi"（复数）的形式，而不是"cneaz-cneji"的形式，因为后者更适用于东斯拉夫世界。值得注意的是，"cneaz"（cneag、cnig）原本并不是斯拉夫语，它由古斯拉夫人借鉴自古德意志人，其古代形式为"cuning"（cunig），后来发展为"König"（德语）或者"king"（英语）。《匈牙利人的事迹》（*Gesta Hungarorum*）一书中有这样一段话：约在 900 年，罗马尼亚语中可能存在一个词"ducă"，指一个土筑要塞的司令员，一个地方的军事指挥官（他们的语言中是这样称呼的）。如果是这样的话，那么古罗马尼亚语中会有一个来自拉丁语的词用来称呼军事首领，这个词就是"dux"（复数），从字面上看，这个词的词根是"ducem"的单数宾格形式。另外，这部编年史中所有政治、军事领导人（阿尔帕德、梅努莫如特、格莱德、杰鲁等）都被用拉丁语称为"duci"（duces）（君主）。但这些领导人的手下怎么称呼他们就很难说了。依照当地人的说法，只有我们之前提到的一个土筑要塞的司令员、一个地方的军事指挥官被称为

"ducă"，相对于拉丁语的首领一词。后来又出现了一个斯拉夫语同义词"voievod"，意为战争指挥官或者军事首领。我们的早期首领"duci/voievozi"就是更富才能的"juzi/cnezi"，他们都具有军事素养和领导的威望。"Juzi/cnezi"一级的首领大会定期从他们中选举出最有才能的人成为"voievod"（统领），尤其是当外部危险出现之时。这种用来选举统领的首领大会在1349年的马拉穆列什被提到过。这个地区的等级制度似乎更为复杂：一个山谷中（15～20个村庄）所有村庄的首领（cnezi）共同选举出本山谷的首领（cnez），而山谷首领们会服从统领（voievod）的领导。同样，在1250年的奥尔特尼亚（那时被称为塞维林国，也就是"Terra de Zeurino"）也有类似情况，史料中记载为"Terra kenezatus Lituoi vaivode"，即利托沃伊首领国统领。换句话说，利托沃伊是这个领地上承袭的首领，但同时又是多个领地的统领。1300年左右，当需要进一步集中权力之时，由地方统领推选出来的大公（marele voievod）出现了。在特兰西瓦尼亚，这个进程因为匈牙利的占领而被打断，但在喀尔巴阡山脉以南和以东地区几乎未受影响，并最终促成了"两个自由罗马尼亚领土"的诞生，也就是尼古拉·约尔加所说的罗马尼亚公国和摩尔多瓦。然而在特兰西瓦尼亚，匈牙利人也使用了统领（voievod）的概念和职责，只不过他们的统领并不是至高无上的领袖，只是国王任命的高官之一。整个中世纪时期，匈牙利王国境内那些被任命为统领（waywoda、vayvoda）的高级官员们，与地处喀尔巴阡山区以外的罗马尼亚公国的领袖们一样，都是特兰西瓦尼亚的领导者。"大公"（mare voievod）是指一个高级军事职位，并不是指至高无上的权力，也不是指国家的政治权利。从至高无上的君主这个角度来讲，罗马尼亚人有一个从拉丁语继承来的词语，那就是"domn"，来自拉丁语的"dominus"（复数）。这个词在斯拉夫文献中出现的形式是"gospodin"或者"gospodar"。然而，斯拉夫的形式在罗马尼亚语口语中并没有以国家元首的意思被使用。具有国家元首含义的词语，涉及权利、加冕和天赋神授，在罗马尼亚语中只有"domn"一词（"rege"是拉丁语中的外来词，而"crai"是斯拉夫古语），这个词在主要的罗曼语族语言中并没有其在罗马尼亚语中的含义。"Domn"一词在意大利语、法语、西班牙语和葡萄牙语中具有近似意思的同义词是"senior"，这个词也是来自拉丁语，意为伟大的、年老的、有名望的。为什么我们从拉丁语中继承了"domn"这个词作为国家元首的含义，实在很难解释。确实，从罗马帝国历史上看，曾经有一段时期被称为"dominat"（主统治时期，284—476），那时的皇帝在最初被称为"Dominus et Deus"（主与圣人）。但284年北多瑙河一带的达契亚人已经不再直接受帝国管辖，而属于主统治时期的罗马各行省的不同国家的罗曼语民族都没有继承这个词。对于我们，至少从语言学角度来看，这个继承是有意义的。因为"dominus"以"统治者"的意义在拉丁语中已经存在了很久，这在达契亚被征服之前的几个世纪就已得到证明。另外，有资料显示，275年后，罗马尼亚的土地上总有小的领土统治者被拉丁语民族称为"domni"。后来，在特兰西瓦尼亚，"土地的领主"（domni）这种表达方式被证实，也就是一地之主的意思。所以，在罗马尼亚语中，"domn"成为普天之下的伟大主宰，这就很容易理解了。

皇帝（împărat）这个拉丁语词又是为什么只保留了在了罗马尼亚语中呢？应该注意的是，这个词也有一个相对应的非拉丁语的外来词，即很晚才出现的斯拉夫语词"țar"（沙皇）。这个词其实最初也是拉丁语，来自古罗马时代的拉丁语称号恺撒（caesar），但我们却是从斯拉夫语中借鉴过来的。在历史长河中，相较于"împărat"， "țar"很少被罗马尼亚人使用。这两个词有个奇特的共同点：除了极少数例外，它们不指当地统帅，而是指国外的或者虚构的首领。被称为"țar"的人都在察里津（"沙皇之城"），而"împărat"更多出现在故事、童话、颂歌或传说中。耶稣是"大皇帝"（marele împărat），罗马尼亚人的童话中还有"绿皇帝""红皇帝"。所以，我们要说的是，对于罗马尼亚人，世上最大的首领就是"domn"，在其之上只有上帝。后来，罗马尼亚百姓意识到世界上还有比"domn"地位更高（不一定权力更大）的领导者，不过这种意识只出现在当西方人将"domn"的意思翻译出来，并将其职位与亲王（prinț）或君主（duce）的职位（从属地位）同化处理之后。最初，西方亲王们也拥有至上的权力（屋大维·奥古斯都还只是亲王，甚至中世纪的国王在文献中也被称为亲王）。但后来，在"封建社会金字塔"确立之后，事情发生了变化。整个中世纪和近现代的大部分时间里（直到 19 世纪），罗马尼亚人都认为地球上的最高职位是领主（domn），或"大统领和大领主（mare voievod si domn），这些人受上帝保佑，而只有上帝是唯一的万物之主"。

然而，拉丁词语"皇帝"被保留在罗马尼亚语中的原因仍然不是很明确。类似的现象还发生在罗马尼亚人的民族称谓上。因为，罗马人的民族称谓仅仅被罗马尼亚人保留下来（列托-罗马人例外），这实在有趣且更值得探讨。我们被罗马人有效统治的时间非常短暂（大概六代人，约 175 年），但我们是近两千年来唯一以罗马人为称谓的民族！为什么？因为我们是该地区仅有的罗马人，仅有的能够引发对罗马回忆的民族，是仅有的被斯拉夫人、芬兰-乌戈尔人、日耳曼人及其他民族识别为罗马人的民族。从"皇帝"一词留存于罗马尼亚语的事实就可见一斑。因为，唯有我们这片土地曾经真正成为帝国领土的一部分——这个帝国是货真价实的帝国。

而我们是唯一接受帝国皇帝直接管辖的民族——这位皇帝是一位真正的皇帝，是普世皇帝的典范。虽然，西方很多罗曼语民族的祖先都曾经是罗马帝国的一分子，类似的事实既不独特，也不罕见，但是，同所有邻居相比，唯独罗马尼亚人怀有帝国意识。从另一个角度来看，罗马帝国统治的性质也可能是因素之一。换言之，罗马帝国对罗马尼亚人聚居区的统治曾经表现为各种形式，但却从未在多瑙河下游，尤其是河流以北地区缺失过。奥勒良撤退后，君士坦丁大帝（306—337）、查士丁尼大帝（527—565）和其他拜占庭皇帝都曾回到过多瑙河。我们称之为拜占庭是因为后来的一纸协定，但他们仍是罗马人的皇帝，因为直到1453年覆灭，帝国一直都是罗马人的。类似的皇帝还有苏丹（不太合常理），是我们自16世纪以来的靠山。然后，17世纪维也纳的皇帝成了特兰西瓦尼亚的主人，他们也是罗马皇帝，或者说罗马 - 德意志皇帝。换句话说，虽然难以置信，但我们一直是帝国的一部分，且意识中始终有位皇帝存在于我们之上，遥远却又真实。这种真实和遥远的感觉就像"皇权天授"。同样奇特的是，像"皇帝"这样的词语被保留在语言中，只是因为我们没有这些词所指代的事物，但我们总是梦想去拥有并能触摸到它，正如阿尔盖兹所说，"这是存在的"历史长河中，我们也有几个首领想成为或者自认为是皇帝，不过这个问题与我们现在的研究无关。

"oaie"（绵羊）这个词继承自拉丁语的"ovis"（复数），也同样令人兴奋。法国人的羊是"mouton"，来自凯尔特人的底层语言，西班牙人有"oveja"，来自拉丁语的"ovicula"，意大利人有"pecora"，与"pecorarius"（牧羊人）有关。今天我们知道，1至3世纪的罗马帝国时期，用于给羊命名的使用最广泛的词语是"oves"（复数形式）。达契亚 - 罗马人养羊的规模很大，并生产各种相关衍生品，如奶制品、肉制品及羊毛制品。他们还向周边省份供应类似产品。从达契亚－罗马人到今天的罗马尼亚人，养羊业从来没有在任何历史时期中断过。与周边民族相比，罗马尼亚人是最大的羊类饲养者。有时，一个民族的称谓会被赋予原始含义之上的其他含义，有时这个称谓完全改变，被一些常见的名词来替代。因此，在历史的发展过程中，"Vlah"（弗拉赫）一词在一些地区成了养羊人或者牧羊人的同义词。罗马尼亚人用来上缴给匈牙利国王最重要的赋税产品被称为羊供或"第五十头羊"，这也是山区和丘陵地区罗马尼亚人最重要的营生。这种赋税上缴方式还被称为"quinquagesima Valachorum"（拉丁语），罗马尼亚语义为"罗马尼亚人的五十分之一"（每五十只羊中要缴纳一只羔羊或者小母绵羊）。巴尔干地区的弗拉赫奶酪在很长一段时间里都供向君士坦丁堡市场，而且这里的奶酪质量是最上乘的。奶酪（brânză）和羊圈（stână）是达契亚人的语言，而母绵羊（oaie）、公绵羊（berbec）、公羊羔（miel）、母羊羔（mia）、小母绵羊（mioară）、小公山羊（ied）、母山羊（capră）、奶（lapte）、羊乳酪（caş）、羊奶酪（urdă）、羊毛（lână）、羊圈（staul）、羊群（turmă）、牧场（păşune）、放牧（a paşte）、牧草（iarbă）等词都是拉丁语。矛盾的是，能制作出优质奶酪的往往是定居民族，尽管在羊群的饲养过程中还要不断地寻找夏季和冬季牧场。所以说，是牧羊人的执着使得"oaie"一词在这片土地上流传了两千多年。在这里，我们的史诗被称为 *Miorița*（小羊羔）。在特兰西瓦尼亚版本的 *Miorița* 中，三个小羊倌（ciobănei）变成了三个小牧童（păcurărei）。因为"cioban"（牧羊人）这个词（源自突厥语或者库曼语）很晚才被特兰西瓦尼亚罗马尼亚人使用。尤其是特尔纳夫和穆列什以北地区的人们，直到今天还在继续使用来自拉丁语"pecorarius"的"păcurar"（牧羊人）一词。

语言学家们，且不仅仅是他们，都想搞明白，为什么我们没有在罗马尼亚语中继承拉丁语词语"merda"，这个词意为"肮脏"（在一定语境下），而且存在于所有新拉丁语语言中。但在我们的语言中有动词"a dezmierda"（抚摸）或者"a dizmierda"，源自晚期拉丁语"dismerdare"。这个词的初始含义可能很多人都已经忘记了：给小孩洗澡，为他换上漂亮衣服并用襁褓包裹起来，清除污垢。当然，当母亲和祖母做这些事情的时候，她们表达出疼爱之情，会抚摸和爱抚孩子，让宝贝感觉舒适。我们的"dezmierdare"一词，具有物理清洁的含义，但又包含了心灵的清洁，有爱抚和宠爱之意。

　　还有一些拉丁语词语留存在古代罗马尼亚语中，今天的人们也几乎忘记了。"bucin"（布丘木）是一种牧羊人在牧场使用的大型吹奏乐器，一种喇叭。拉丁语中的"bucina"是指号角、小号、军号、喇叭，而动词"bucino"意为"奏响"号角、小号或喇叭。当卡车和汽车开始出现在马拉穆列什和特兰西瓦尼亚北部地区时，老人们不说汽车在鸣笛，而是说汽车在"按喇叭"（au bucinat）。在冷杉谷瑟利什泰和瑟切莱交界处南边有一处裸露的高地，那里视野开阔，能够看到山谷很远的地方，可以随时设立一处条件优越的观察哨所。这块高地被称为布丘木山丘（Gruiul Bucinilor）。可能当外族入侵这片区域的危难时刻，在这里会吹响号角或图尔尼克*从而拉响警报。构成马拉穆列什"布丘木山丘"词组里的"grui"也是拉丁文，源自"grunium"，意为小丘陵、山岗、小山丘、小山岗、丘陵顶部、山坡。方言中，"grui"还有脖子、用来固定四轮兽力车车辕杠的前端木轴、山峰、连接雪橇前端翘起部分或撬舵部分两根支柱的木杠等意思。

---

　　* 一种民间吹奏乐器。——译者

再举一个例子，"Iasca"（层孔菌）是一种寄生菌类，一般长在树干上，也被称为"vǎcǎlie"。古时候它被用作食物和药材。干燥的层孔菌也被用来生火，钢制火镰敲击燧石产生的火星可以将层孔菌点燃。而拉丁语中"esca"意为食物、鱼和鸟的诱饵。在主人家过夜称为"mas"，这个词与动词"a mâne"（投宿）有关，意思是在家里以外的其他地方过夜。"masalǎul"（拉丁语词源，匈牙利语词词尾）是牛短时间睡觉的地方。这个词的同义词是"staul"（羊圈），来自拉丁语"stabulum"，意为地方、住所、庇护所、避难处、牲口棚、羊圈、巢穴、围栏、蜂巢。动词"a mâne"与其复合词"a rǎmâne"一样来自拉丁语"maneo""manere"，以及"remaneo""remanere"，意为中止、停止、歇脚。这个拉丁词的名词形式为"mansio"，意为停留处、庇护所、歇息处。

同样令人惊讶的还有保留下来的"mur"一词，意为石墙，来自拉丁语"murus"。过去房屋的地基由河里的石块构建，称为"mur"，而用来固定石块的灰浆被称为"muruialǎ"。动词"a murui"就有了粉刷、粉刷墙壁或者用混合了水的黏土层平整地覆盖房屋墙壁的意思。"a murui"引申出来的其他的含义也非常接近：用黏土材料填塞地下工程墙壁上的裂纹或者小缝隙；在放入烤箱前，用水弄湿或者用鸡蛋、油脂等涂抹面团的表面；用污浊的东西涂抹，乱写乱画。一些语言学家认为罗马尼亚语的动词"a murui"（不仅仅出现在特兰西瓦尼亚和马拉穆列什地区）源自乌克兰语的动词"murovati"。这个观点我不能苟同。因为罗马尼亚语中还保存着名词"mur"，其含义与拉丁语"murus"的含义相同，即石墙。而乌克兰语的这个动词有可能来自罗马尼亚语、中世纪拉丁语或者早期现代拉丁语。理由是，早在16至17世纪，乌克兰人就已经与罗马教会联合，乌克兰的知识分子精英也曾接受了拉丁语教育。

"teglă"这个词在特兰西瓦尼亚的意思是烧过的砖,来自拉丁语"tegula",其意思也就是砖。罗马尼亚文学语言中,拉丁语词"tegula"书写为"țiglă",意思是屋顶上用烧过的黏土制成的覆盖物。但在马拉穆列什和特兰西瓦尼亚北部的古老方言中,恰恰与民间拉丁语一样,"teglă"意为一种墙壁的建筑元素——砖。一些词典作者错误地认为"teglă"可能来自匈牙利语,原因很简单,匈牙利语中也有这个词。然而更合乎逻辑的解释是,匈牙利语中的这个词来自罗马尼亚语或中世纪拉丁语,被匈牙利精英作为宗教语言使用。

"uștioară"(另一种形式为"ușcioară")是"ușă"(门)的指小词,意思是一扇较小的门,院子(庭院)或者羊圈的小入口。这个词来自拉丁语"ostium",意为房子的入口、入口的门。这个词的来历是,意大利的古老城堡"Ostia"(奥斯蒂亚)是朝向大海的门户,从这里沿着台伯河可以通向罗马。

"varga"是细长、柔软的树木枝条,有时被用来体罚儿童。罗马尼亚语的这个词来自拉丁语的"virga"(或者"virgula"),意思也是小枝条。

"vintre"的意思是腹、腹部、肚子。拉丁语中的这个词是"venter"和"ventriculus",意思是胃。"vintre"直接来自"venter"的单数宾格形式,即"ventrem"。

我以两个词来结束这个简短的题外话。这两个词是斯拉夫语词语,并且像大多数斯拉夫语词语一样,晚些时候才渗透到我们的语言中。一个是名词"nemernic",意思是无能的人、没有力气的人。而在过去,这个词的意思是外乡人、流浪者、投奔过来的人。"nemernic"本意所涉及的是封闭的农村公社(村社)解体时期,那时不再严格遵守族内婚,也就是在同一村庄内部通婚的风俗。那时，有女孩选择了外村人做丈夫，但并不随丈夫一起住，而是把这个外乡人带到村里生活。也就是说一个人未经安排来到了村里，但他并不是为了做什么而来的。作为"入赘"到村里来生活的人，通常都会被村里人用挑剔的眼光看待，他的到来会扰乱村里既有的秩序，并从公共财富中分得一杯羹。这样的事情发生在中世纪，始于8至9世纪期间。另一个类似的词是"stânjenire"（搅乱），它的动词形式是"a stânjeni"。早先，这个词的名词和动词都是指测量。"Stânjen"（斯登尹）曾经是长度测量单位，数值相当于两米左右。今天这个词的含义仍然来自古老的乡村生活，但并不是测量的意思。古代的罗马尼亚人不会测量土地，也没有田埂，且土地是所有人的，根据土地的自然边界（水域、山谷、沟壑、山顶等）年复一年地随机分给老人和夫妇，从耕地（犁地）到收获果实和过冬准备，所有田间工作都是村民共同进行的。随着时间的推移，测量土地的需求出现了（不知是否由斯拉夫人带来），这扰乱了旧有的生活秩序和规则。所以，测量成了搅乱、打扰公共生活的同义词。

我们从中世纪拉丁语和在中世纪拉丁语文献中发现的最早期的罗马尼亚语中开始了这项激动人心的找寻。我的结论是：最美妙、最多且最出人意料的拉丁语，恰恰出现在罗马统治最为激烈、最为活跃、城市化程度最高、殖民化程度最广泛的罗马尼亚地区。同时，马拉穆列什也不是一个反例，那里的罗马起源更为古老，可以追溯到罗马行省达契亚时代。奥勒良撤退后，从原行省向北方大规模迁移的罗马化村庄越来越密集。

那么为什么诸如"smântână"（斯拉夫语，奶油）、"cioban"（土耳其语，牧羊人）、"zăpadă"（斯拉夫语，雪）、"boire/boială"（土耳其语，涂抹）等词语在特兰西瓦尼亚并不为人所知，取而代之的是"groșcior"（奶油）、"păcurar"（牧羊人）、"nea"（雪）、

"muruire/muruialǎ"（涂抹）这些源自拉丁语的词呢？为什么简单过去时被频繁地使用，完好地保留在奥尔特尼亚和特兰西瓦尼亚日乌河河谷并继续向西方发展呢？为什么20世纪70年代在阿尔巴县有关于"carulmamii"（妈妈的兽力车）意为"母爱"的说法？

当谈到拉丁起源、我们和其他民族的融合以及对我们身份的保护等话题时，各种激动人心的证据历历在目。

"罗马人"的称谓仅存于
罗马尼亚人

如今，生活在欧洲以外的新拉丁语使用者比欧洲本土还要多，这是罗曼语民族进行欧洲对外扩张的结果。他们聚居在那个被称为拉丁美洲的地区，如果没有"拉丁"这个形容词的话，从表面上完全看不出这个地区与古罗马的渊源以及当地居民语言的起源。那里的人民被称为墨西哥人、巴拿马人、哥伦比亚人、委内瑞拉人、秘鲁人、厄瓜多尔人、巴西人、乌拉圭人、玻利维亚人、阿根廷人、智利人等等。也就是说他们使用的都是具有异国情调的称谓，与拉丁属性没有或者几乎没有任何关系。欧洲的情况也是如此：意大利人的称谓来自地理概念，西班牙人的称谓由地理名称而来（源自腓尼基语），法国人的名称来自法兰克人的日耳曼部落，普罗旺斯人的称谓源于一个普通名词（拉丁语 provincia），加泰罗尼亚人的名称来自日耳曼和萨尔马特（哥特－阿拉尼亚）民族，等等。显而易见，今天罗曼语各民族的名称，无论是欧洲的还是欧洲以外的，都完全不会令我们联想到罗马、罗马国或罗马人。而罗马尼亚人是一个例外。至少，对于我们而言意义重大！这个例外非同一般，以至于大多数当代人都没有对它做出解释，或解释得很糟糕，或把它忽略了。某些人认为，罗马尼亚人之所以被如此命名，是因为在 18 世纪时，我们以特兰西瓦尼亚学派为代表的学术精英们痴迷于拉丁文化。而那些更了解历史的人则认为，这个称谓有可能源自文艺复兴时期，尤其是后文艺复兴时期（16 至 17 世纪）的一代人，即那些在西方和波兰的学校以及优秀的耶稣会学院学习的人文主义者。他们在那里了解到有关罗马达契亚的情况和罗马雄鹰直抵喀尔巴阡山与黑海的历史。在某些人看来，罗马尼亚人的称谓可能和罗姆人同义，尤其是鉴于数十年来我们的人口不断向西方流动的情况。

　　然而罗马尼亚人是从何时起如此自称的？他们又为何如此自称？关于这些问题，严肃的学者们很早以前就已经知晓正确的或几近正确的答案，但是他们的声音被一些更嘈杂、尖锐的声音掩盖了。如今更为清晰的事实是，罗马尼亚人从作为一个独立的民族存在，即从民族伊始就一直自称 "Români/Rumâni"（罗马尼亚人）。但是，弗拉赫人的称谓及其各种变体又从何而来？弗拉赫人是外国人给罗马尼亚人的命名。这种一内一外两个称谓同时存在的情况并非绝无仅有。例如，希腊人（Greci）自称 "Eleni"，德国人（Germani）自称 "Deutschen"，芬兰人（Finlandezi）自称 "Suomi"，阿尔巴尼亚人（Albanezi）自称 "Schipetari"，匈牙利人（Unguri）自称 "Magyarok"，等等。有趣的是，罗马尼亚人的这两个称谓都指向罗马和拉丁渊源：罗马尼亚人一词来自永恒之城，来自罗马人的称谓；而弗拉赫一词则似乎来自第一个罗马化的凯尔特人部落——沃尔卡人（Volcae），它使我们联想到拉丁语和那些讲拉丁语的人。第一个罗马化的凯尔特人部落——沃尔卡人给世界留下了一个先例：一些非罗曼语族的人变成了拉丁语和新拉丁语的使用者。最初，特别是对于某些文化圈而言，弗拉赫人指的是所有讲拉丁语的人。例如中世纪时，罗马尼亚人周边的很多民族称呼意大利人为"Vlasi/Olaszok"，即与对罗马尼亚人的称呼（Vlahi/Oláhok）几乎相同。令人费解的是罗马尼亚人为何保留了罗马人的名称作为自己的内部命名？众所周知，除了某些相当古老的地方称呼以外，罗马尼亚人从最初就自称"Români / Rumâni"。这一点是毋庸置疑的。他们坚持使用拉丁语的民族名称"Romanus"肯定有他们自己的理由。第一个原因可能是为了不与其他罗曼语民族混为一谈。那些民族在彼此间做出区分是有实际意义的，而罗马尼亚人可以一直自称罗马人且不会与其他民族混淆，因为没有其他罗曼语民族与之相邻。换言之，意大利的罗曼语族人与高卢和伊比利亚半岛等地的罗曼语族人相邻，他们很早就感觉到需要把彼此区分开，而不是使用同一个民族名称。第二个原因是多瑙河下游地区罗马化了的民族需要通过他们的称谓与周边的蛮夷划清界限。只要有可能，他们就会骄傲地与这些蛮夷保持距离。对于移民而言，罗马人的称谓是一种荣耀，代表很高的威望。因此，罗马人的名称在多瑙河以北一直延续下来，它代表威望、权威和权力。第三个原因是罗曼语族的人民和早期罗马尼亚人都曾以这样或那样的方式属于（东或拜占庭）罗马帝国。罗马帝国是那个定都君士坦丁堡直至 1453 年覆灭的国家的官方名称，它的国民称为罗马人，罗曼语族的人民和罗马尼亚人都模糊而传奇地保有这种荣耀的归属意识和传统。"拜占庭帝国"的名称并没有古老的历史渊源，它是人造的，是在拜占庭帝国灭亡一个多世纪之后由一些学者创造出来的。总之，罗马在东方的政治遗产的真正名称是"罗马帝国"，而真正的统治者则是君士坦丁堡的主人，希腊人称之为"basileus"，而罗曼语族的人称之为"imperator"。另外，正如之前所说，罗马尼亚语是唯一一种始终保留了"皇帝"（承自拉丁语的 imperator）一词的罗曼语言。对于古代和现代罗马尼亚人而言，他们经常谈及的世间最高领袖是指君士坦丁堡的基督教皇帝，他是被"天帝"派到人间来的。在西方的罗曼语言中，皇帝（imperatore、empereur、emperador 等）一词很晚才在拉丁语的影响下，在中世纪的宗教、行政和文化语言里出现。第四个原因是罗马尼亚人与"罗马帝国"之间始终存在联系——从东方基督教和宗教的等级关系到君主权的起源。正如尼古拉·约尔加所说的，我们接过了拜占庭的使命（"拜占庭接着拜占庭"）。只是在意识和感情上，此事的实现比尼古拉·约尔加预计的要快得多。在"拜占庭接着拜占庭"之前，我们已经经历了"罗马接着罗马"和"罗马人接着罗马人"。这种自然而深刻的延续，不仅表现在文化和文明的传承，甚至也与我们民族和语言的延续相关。罗马尼亚人周边的斯拉夫民族继承了东方基督教，后称为拜占庭基督教的罗马文化精神，而罗马尼亚人则继承了罗马文化本身，它的实质，甚至是它原本的名字。第五个原因是罗马尼亚人一直沿用罗马人的民族名称与移民有关。在以前的达契亚土地上，没有长期存在的野蛮国家，它们创造不出新的民族名称，如同被西方罗马化了的土著民族所接受的民族名称（像法国人、勃艮第人、加泰罗尼亚人和伦巴第人等）。在东南欧，那些蛮夷的王国流于表面，它们的统治中心通常位于喀尔巴阡山地区以外，它们没有建立由固定精英阶层组成的王朝，没有能力推行新的名称。换言之，哥特、匈奴、吉卜赛、阿瓦尔等名称在我们这里并未普及，它们仅仅停留在书面上，只有在西方的反响才更大一些。在这些短暂政权单薄的外壳之下，罗马化的人民和早期的罗马尼亚人过着建立在罗马基础上的制度化生活。通过语言，通过后来被称为"lingua Romana"（罗马语）的民间拉丁语，罗马特性在民族称谓等方面一直延续下来。与西方不同，在我们这里，这种口中说的"罗马语"不能与被称为"lingua Latina"（拉丁语）的宗教与文学语言相提并论。显然，在这个大主题上仍然存在许多不明之处，包括在中世纪的罗马尼亚公国，"罗马尼亚人"这个名称的社会含义是什么。换言之，罗马尼亚人过去不仅是指罗马尼亚民族的人，也是指"与土地相关的人"，与这片土地相关。这实际上解释了罗马元素在多瑙河以北的古老历史和世代延续，如果臣服者或"这片土地上的人"被称为"罗马尼亚人"，就意味着那些外来的短暂征服者承认他们的优先地位和拉丁起源。因此，"罗马尼亚人"是指生活在这片土地上的人，他们曾经被外来者征服，之后又与之完全同化。"罗马尼亚人"一词的社会含义随着现代化很快消失了。后来，命运反转，在罗马尼亚人占据了喀尔巴阡山以南和以东的整个统治阶层之后，古代的统治者——罗马人沦为了臣民，而罗马尼亚人则变成了统治者。

总之，罗马尼亚人是东方罗马特性的继承者，而最权威的证明就是他们的语言，包括他们的民族名称，这名称本身就带着罗马印记。罗马尼亚人是多瑙河流域和喀尔巴阡山地区的罗马人，就像法国人是阿尔卑斯山、大西洋和比利牛斯山之间的罗马人，只是罗马尼亚人不仅保留了拉丁语（当然，是已经改变了的），还保留了罗马人的称谓。

罗马尼亚人民和语言，关于罗马尼亚语名称的中世纪例证

尽管有充分的资料，并花费很大的力量进行研究，对于很多知识分子，甚至是一些历史学家而言，中世纪至19世纪罗马尼亚人的各种民族名称的含义仍然是一团乱麻。研究的难点在于罗马尼亚人使用的两个民族名称——弗拉赫人（包括其各种变体）和罗马尼亚人（Român/Rumân）。随着时间的推移，它们（尤其是第一个）曾获得了其他含义。想要重新弄明白这个问题，只有借助各种信息源。得益于档案和图书馆研究的推进，相关资料不断丰富，成倍增多。而在这项工作中，我们只会借鉴那些明确指出异族人如何称呼罗马尼亚人以及罗马尼亚人如何自称的文献。有时，文献中也会提到或仅仅提到语言（而不是民族），但其意义也是相同的。

史料中记载的第一个罗马尼亚人的称谓自然是外来名弗拉赫人（瓦拉赫人），它最早见于9至11世纪，即罗马尼亚人开始被当作独立民族看待，民族业已形成时。也就是说，临近的外族人听到罗马尼亚人如何讲话，于是就像称呼其他讲拉丁语的民族一样，把他

们称为弗拉赫人。而有关罗马尼亚人这个源于拉丁语"Romanus"的内部命名，最早的证据可以追溯到 13 至 14 世纪，这一称谓首先出现于匈牙利人和意大利人的圈子里。作为民间称谓，古代词语"Romanus"被保留在所有罗马尼亚语的方言中。这些方言如今相距较远，有的在多瑙河以北，有的在塞萨利亚、马其顿、品都斯山脉和阿尔巴尼亚，还有的保留在伊斯特里亚半岛的罗马尼亚人那里。此外，中世纪的史料也使用弗拉赫人来称呼图拉真统治下的达契亚核心以及达契亚或近或远的分支。这种命名的一致性证明了罗马尼亚人形成于达契亚和默西亚的一个相对统一和连续的空间，后来随着时间和历史条件的改变，罗马尼亚各族群（罗马尼亚人、阿罗马尼亚人、梅格林罗马尼亚人和伊斯特里亚罗马尼亚人）逐渐分开，并且聚居地相距遥远。

有关罗马尼亚人和达契亚－罗马人的早期证言有很多令人信服的记载，也并未再出现新的观点或解释。与后世的证据不同，那些早期的证据都很简短且缺乏相关的阐述。而后来的证据则详解了那两个民族名称（弗拉赫人／瓦拉赫人和罗马尼亚人），并清晰阐述了它们的起源和演变。

在把罗马尼亚人的宗教语言（斯拉夫语）和口语区分开之后，教皇庇护二世派往匈牙利的使节莫德卢萨（达尔马提亚）的主教尼古劳斯·马基内恩西斯（约 1427—1480）指出，罗马尼亚人称他们自己的语言为"罗马语"，弗拉赫人是对所有罗曼语民族的称呼。在特兰西瓦尼亚斯塔提里乌斯主教治下的特劳（今克罗地亚的特罗吉尔），有个名叫特兰奎罗·安德罗尼科（或安德罗尼库斯，1490—1571）的达尔马提亚人，是威尼斯冒险家阿尔维斯·格里蒂的拥趸。他在一封（1534）写给波兰王国军队最高指挥官扬·塔诺夫斯基的书信中，提到罗马尼亚人"现在仍自称罗马人"，"但是除了语言，他们已经没有保留任何罗马的特征了"。同在阿尔维斯·格里蒂身边任职的帕多瓦人弗朗西斯科·德拉·瓦莱（？—1545?）说，罗马尼亚公国的居民"在他们的语言里自称罗马人"，并把他们的语言称为罗马尼亚语。他说罗马尼亚人"破坏"了他们语言的名字，虽然依旧可以看出它是源于罗马语的名称。撒克逊人约翰尼斯·莱贝尔（约1490—1566）于1542年创作了史诗《特尔马丘镇》（*De oppido Thalmus*），并于1559年把它重新编辑（1779年由约翰·席维特在锡比乌出版）。在他看来，罗马尼亚人是意大利殖民者的子孙，"Valachus"是外国人给罗马尼亚人的命名，而这些人自称"Rumuini"。

安东·韦兰契奇（1504—1573）声称，当弗拉赫人问某人会不会讲弗拉赫语时，他们会问"你懂罗马尼亚语吗？"，或者当他们问某人是不是弗拉赫人时，他们会问"你是罗马尼亚人吗？"。他和其他众多作者共同证明了罗马尼亚人在16世纪时是如何自称的："弗拉赫人，自称罗马人。"显然，罗马尼亚人并非自称罗马人，而是罗马尼亚人，只是他们民族的内部命名在拉丁语中只能用最为接近的形式写作"Romanus"。

在一部著于亚历山德鲁·勒普什内亚努第二次统治期间（1564—1568）的德斯伯特大公的匿名传记中，亚历山德罗·瓜尼尼（1538—1614）写道："这个弗拉赫人的民族自称罗马（罗马尼亚）民族，他们说他们的祖先是被意大利的罗马人赶出来的流亡者。"当然，作者想说的并非弗拉赫人的民族自称罗马（Romană）民族，而是罗马尼亚（Română）民族，但是他无法用拉丁语把这个罗马尼亚语名称的特点表现出来。并且这两个名称如此相似，以至于看起来几乎是一样的。

关于罗马尼亚人，乔万·安德烈亚·格罗莫（1518—1567?）

写道："他们的语言称为'Română'或'Românească'，差不多是一种混合拉丁语；他们自认为是罗马殖民者的后裔。"格罗莫在此处用罗马尼亚语写出了罗马尼亚语言的名称，它来自晚期拉丁语形容词"Romaneschus/Romanescus"。该词在被罗马尼亚语吸收之后几乎没有改变。朱利奥·鲁杰罗（？—1573）正确地指出异族人称罗马尼亚人为弗拉赫人，这个名称并非源自那位想象出来的弗拉库斯将军，而是给拉丁语使用者的统一命名（这源于朱利奥·鲁杰罗的观察，在波兰，人们对意大利人和罗马尼亚人的称谓是一样的）。

费兰特·卡佩奇（1549—1587）写到罗马尼亚人的语言与意大利语相似，很容易学，它被称为"罗马尼亚语"。一位匿名的意大利耶稣会士在1587年说："罗马尼亚人喜欢罗马人这个名称，这一点从他们那源自拉丁语的破损语言，从他们自认为是罗马人的后代以及他们自称罗马人都可以看出来。"

来自奇斯讷迪耶并在克卢日定居的撒克逊人加斯帕·海尔斯说，弗拉赫人自称罗马尼亚人（Románusok）。斯特凡·巴托里的总理大臣沃尔夫冈·科瓦乔奇在1584年撰写了一部时政作品，其中指出，经常自称罗马人的弗拉赫人是罗马人的后裔。1595年，波兰总理大臣扎莫伊斯基对摩尔多瓦的贵族们发表讲话，称蒙特尼亚人为"罗马人"（按照波兰的习惯，摩尔多瓦人被称为弗拉赫人，与对意大利人的称呼几乎相同）。波兰的领导人向摩尔多瓦的贵族们提议由一位罗马尼亚公国的"弗拉赫人"，而不是"罗马人"做摩尔多瓦的大公："……他并非冒牌货，不是来自生活在摩尔多瓦的罗马尼亚公国亲王们的某支血脉（虽然不少人至今仍然声称自己是继承人），也并非来自某个（蒙特尼亚）罗马尼亚人家族，而是来自摩尔多瓦的一个罗马尼亚公国家族。我们让血统纯正、高贵诚实的绅士，卓越出色的耶雷米亚·莫维勒大公来做你们的首领。"

换言之，耶雷米亚·莫维勒是一位真正的"弗拉赫"大公，也就是说他生于摩尔多瓦的罗马尼亚家庭，而不是像之前那些人或是外国人或是"罗马人"。尽管出于政治原因，蒙特尼亚人和摩尔多瓦人被人为分开了，波兰总理大臣在这里使用罗马尼亚公国人民的内部命名——罗马尼亚人（罗马人）来称呼他们。他称摩尔多瓦人为"弗拉赫人"，蒙特尼亚人为"罗马人"，在同一个文本里同时使用了罗马尼亚人的两个命名，这两个称谓都揭示了这个民族具有罗马渊源。

同样是在 16 世纪末，一份根据波兰人的信息为教皇匿名撰写的摩尔多瓦介绍指出，摩尔多瓦人"在他们的语言里自称是罗马人的后裔罗马尼亚人"。

弗留兰人奇维达莱的马尔坎托尼奥·尼科莱蒂（1536—1596）提到罗马尼亚人自己声称是罗马贵族的后裔。乔瓦尼·安东尼奥·马吉尼（1555—1617）阐述了罗马尼亚人在其内部保留着罗马人的名字。乔治·托马西（？—1621？）曾于 1596—1599 年间逗留在特兰西瓦尼亚，他声称罗马尼亚人把弗拉赫人的称呼视为耻辱，他们只愿意被称为罗马尼亚人。

在对尼古劳斯·奥拉胡斯的作品评论里，1763 年版《匈牙利》的编辑亚当·弗朗西斯·科拉留斯写道："所有弗拉赫人都以'Rumunyi'，即罗马人自居，而且认为他们讲的是'Rumunyeschte'，即罗马人的语言。"

在 1574 年的罗马尼亚公国之行后，皮埃尔·勒斯卡皮耶说，罗马尼亚人自认为是纯正的罗马人后裔。此后他又写到这些人称他们的语言为"罗马尼亚语，即罗马语"。

特兰西瓦尼亚的匈牙利人文主义者萨摩什科基·伊斯特万指出罗马尼亚人自称罗马人，而斯坦尼斯瓦夫·奥尔泽霍夫斯基

（1513—1566）则写道，（被称为达契亚人的）罗马尼亚人在"他们的语言里自称罗马尼亚人，源自罗马人"。

虽然在 16 世纪以来保留下来的文献里，哪些罗马尼亚作者明确宣称罗马尼亚人自称罗马人而不是弗拉赫人尚不可知，但是在布拉索夫的科雷斯版出版物里，执事科雷斯（谢尔班）的儿子和同事们（文书马林）以及图达什的主教米哈伊尔等人发行的出版物中，都只使用"罗马尼亚人"或"罗马人"作为那些被外族人称为"弗拉赫人"的民族名称。确切地说，在罗马尼亚语作品里，罗马人和弗拉赫人都被称为罗马尼亚人，而在拉丁语作品里，罗马尼亚人是以罗马人的形式出现的。因此，对于罗马尼亚作者而言，罗马人和罗马尼亚人是一样的，因为罗马尼亚人实际就是古代罗马人，他们是在罗马帝国的辉煌时代之后的一千五百年里演变而来的。罗马尼亚的知识分子们开始知晓外族人给他们的民族命名弗拉赫人，甚至间或在一些拉丁语作品中使用它，但是从那时起，他们也开始频繁使用"Romanus"这个称谓。若干年后，迪米特里耶·坎泰米尔也是如此，在 1700 年左右，坎泰米尔除了明确坚称罗马尼亚人具有拉丁属性以外，他还认为罗马尼亚人和古代罗马人没有任何区别。

上述证据确认了几点。第一，它们表明外族人认为罗马尼亚人属于罗曼语族，是讲拉丁语的人。第二，可以看出罗马尼亚人（其中的一部分）在中世纪就已经意识到他们具有罗马渊源（即他们知道自己的祖先是罗马人，并且时常以他们的出身为傲）。第三，指出了罗马尼亚人给自己命名为"Român"，来自拉丁语"Romanus"。研究这些史料有助于我们理解在罗马尼亚和国外的公众间流传的某些观点是毫无依据的。其中最大的质疑是关于罗马尼亚人的罗马起源的。罗马尼亚人被看作色雷斯－达契亚人，或是巴尔干人、斯拉夫人，或是没有身份和明确起源的民族。有关罗马尼亚人具有罗马渊源的观点并非如一些非专业人士所想，是产生于人文主义时期的一种时尚，旨在复兴古代希腊－罗马或掩盖罗马尼亚人民真正的古老起源。所有接触过罗马尼亚人的外族人都认为罗马尼亚人是罗曼语族的人，事实本就如此，他们把罗马尼亚人和其他罗曼语族的人进行了比较，有现实为证，也有充足的历史论据能够证实这一点。有一种偏见在学者间流传甚广，特别是实证主义产生以来，认为在经过那么多个世纪之后，已经无从知晓罗马尼亚人从何而来了，有关罗马起源的观点是由国外的人文主义者植入到一些博学的罗马尼亚人脑海里，之后这些罗马尼亚人再将这种观点逐渐传播到平民百姓之中的。但是上述史料是不容置疑的，它们指出某些罗马尼亚人保留了自古代传承而来的有关罗马起源的意识，这种意识传承到中世纪和文艺复兴时期并非由外部因素决定，而是自然而然的。当然，后来国外和罗马尼亚的人文主义者和学者们的著作大大加强和科学论证了罗马尼亚人具有罗马渊源以及罗马尼亚语具有拉丁属性的观点。最后，在某些欧洲人的圈子里还流传着另一个版本，即罗马尼亚人的名称是我们的精英在人文主义或启蒙运动之后新创造出来的，最初只存在弗拉赫人，并且也是自称弗拉赫人的，可能是现代民族主义促使原来的名称弗拉赫人被新名称罗马尼亚人所取代，等等。另外，还流传着一种类似的曲解，认为弗拉赫人一词除了民族名称以外，还有其他含义，有时泛指罗曼语族的人，并不总是与罗马尼亚人相关。的确，正如我之前所讲，弗拉赫一词可以泛指罗曼语族的（讲拉丁语的），或指其社会含义（被征服的罗马尼亚人），或专业含义（牧人）。但是，当中世纪的、人文主义的和后文艺复兴时期的外国人使用这个概念来指古达契亚和古默西亚的居民时，毫无疑问，在这些情况下，弗拉赫人这一名称的潜在含义始终是罗马尼亚人。所有那些在现代民族形成和民族国家建立的时期频繁出现的别出新裁的解释，不仅源于对罗马尼亚人的民族主义的忽视和轻视，也是出于想要贬低这些罗马尼亚人的目的，想让他们看清自己在历史上卑微的地位，让他们明白自己未来的命运是动荡不明的。在此类观点中，很多具有政治含义，它们之所以持续存在，不仅仅是出于某些外国人的利益，也是因为某些短视的罗马尼亚知识分子毫无理由地顽固批判我们的罗马渊源——对于这样的内部声音而言，我们的罗马出身并不足以确定我们在欧洲的地位，而追溯到史前和前罗马的民族却让我们停留在神话传说之中。即便这样一些内部倡导者的意图是爱国的，是出于对罗马尼亚民族的善意，但爱国主义不能代替真理，不能以爱国为名编造光荣的出身，善意不能代替科学和博学，对于过去的热爱也不能与专家的鉴定对立。实际上，在希腊人和罗马人之前，没有任何一个民族创造了更高、更具活力、更深刻和更现实的文明，并一直延续、传承至今。并非偶然，当代欧洲文明的根源之一是希腊－罗马古典主义，罗马尼亚人也从中汲取了营养。正如我们所见，自然也存在构成罗马尼亚文明的其他次要的历史元素（色雷斯－达契亚元素、斯拉夫元素、某些图兰元素的影响等等），但是其主要脉络仍然是罗曼语族的，任何人都可以从罗马尼亚语的拉丁属性中看出这一点。

很久以前外国人如何看待
罗马尼亚人的拉丁属性

中世纪时，途经我们这里的外国人对于我们的拉丁属性以及在多瑙河和喀尔巴阡山留存的罗马印记深感惊讶。生于 14 世纪的作家佛罗伦萨人文主义者波焦·布拉乔利尼（1380—1459）说，在他生活的那个年代，拉丁语流行于罗马尼亚人之中："在（北部的）萨尔马特人那里有一个据说是图拉真时代的殖民地。直到现在，在那个蛮荒之地依然保留着意大利人带去的拉丁语。他们说'oculum'（眼）、'digitum'（手指）、'manum'（手）、'panem'（面包）和其他许多拉丁词语。由此可以得出结论，所有留在那里的殖民者都是拉丁人的后裔，在那个殖民地讲拉丁语。"关于图拉真皇帝留在遥远北方的罗马殖民地的拉丁起源，布拉乔利尼可能是第一位在作品中谈及此问题的人文学者。在他的著作《宴后谈史》（*Historia Tripartita Disceptativa Convivalis*，1451 年著）中，包含了很多关于罗马尼亚人的重要参考资料。阿道夫·阿姆布鲁斯特发现在 15 世纪中叶时，（据今所知）曾首次以词汇为证，就罗马尼亚语的拉丁渊源展开争论。我们不要忘记，从 15 世纪上半叶至今，已经过去了大约 600 年，那时的罗马尼亚语与拉丁语更为相近。

在波焦·布拉乔利尼之前，外交官、佛罗伦萨驻匈牙利王廷大使里纳尔多·德格利·阿尔比奇（1370—1442）在 1426 年写到"斯拉沃尼亚"（也就是整个欧洲东部）拥有自己领地的民族时指出："斯拉沃尼亚的语言源自不同的国家和城市，首先是匈牙利人、德国人、斯拉夫人和罗马尼亚人，他们的语言与罗马的语言相似。"那时，"语言"一词就像在《圣经》里一样，有人民、民族、种族的含义。我们可以假设，这位佛罗伦萨的外交官如果不是在旅途中与罗马尼亚人打交道时，就是在匈牙利宫廷里发现了罗马尼亚语具有拉丁属性，那里一定有人了解此事。正如阿道夫·阿姆布鲁斯特所猜测的那样，里纳尔多·德格利·阿尔比奇这里所指的罗马尼亚人是特兰西瓦尼亚的罗马尼亚人，或者，更有可能指的是多瑙河以北那些拥有自己的国家和机构的罗马尼亚人。

著名的人文主义者弗拉维奥·比昂多（1392—1463）曾任教皇的秘书。他在 1452—1453 年间著文呼吁欧洲的皇室共同采取一次基督教行动，以便把罗马尼亚人介绍给整个欧洲："达契亚里彭斯人（滨河达契亚人）或与之为邻的多瑙河流域的弗拉赫人，用自己的语言证明了他们的罗马起源，他们强调它（起源），并引以为荣。他们每年以天主教徒的身份来到罗马朝圣。我们很高兴听到他们按照本民族传统所讲的语言，虽然语法粗糙，却散发着拉丁特性的芬芳。"在另一次讲话中，弗拉维奥·比昂多列举了可能会和西方人一起跟土耳其人战斗的民族，在此他提到了"拥有罗马血统的罗马尼亚人"。在他对欧洲君主们的讲话中可以看出，这个意大利人以语言为论据，坚持认为罗马尼亚人具有罗马渊源，因为似乎他本人就曾在罗马亲耳听到过罗马尼亚的朝圣者讲罗马尼亚语。另外，正如谢尔班·帕帕科斯泰亚在 20 世纪 60 年代所观察到的，一些罗马尼亚人早在中世纪就已意识到他们的罗马起源，并以此为傲。

　　比其所有前任都更为著名的是埃尼亚·希尔维奥·皮科罗米尼（1405—1463），运用其身为教皇（庇护二世）的权威，他为罗马尼亚人具有罗马渊源这一观点在西方的传播起到至关重要的作用。在谈到瓦拉几亚时，他说这是一个幅员辽阔的国家，它的领土从特兰西瓦尼亚直至黑海。关于这里的居民，他说他们被称为弗拉赫人，这是根据弗拉库斯将军的名字命名的。他还补充道："此民族的语言是源于罗马语 / 拉丁语的，虽然改变了很多，但对于一个意大利人来讲，还是很容易听懂的。"这位杰出的人文学者在另一处用意大利语也谈到了相同的观点："这一民族把罗马语 / 拉丁语保留至今，虽然很大部分已经改变了，但意大利人仍然是可以明白的。"他的一部鸿篇巨制就是《宇宙志》（Cosmographia），著于 1458—1463 年他在位期间（该著作首次发表于 1501 年）。在这部著作的第二章"关于特兰西瓦尼亚地区和生活在那里的撒克逊人、塞克勒人和罗马尼亚人"，他还写道："之前，盖塔人曾居住在这片土地上，他们赶走了希斯塔斯帕的儿子大流士……罗马人在那里建立了一个殖民地以控制盖塔人。因为它曾在某个叫弗拉库斯的人统治之下，所以这个殖民地被称为弗拉基亚（Flacchia）。此后，岁月流转，此地被称为瓦拉几亚（Valahia），而弗拉基人（Flacci）也改称为弗拉赫人（Valahi）。"关于弗拉赫人名称的来源，即外国人称呼罗马尼亚人为弗拉赫人是由弗拉库斯将军的名字而来，这种解释是臆想出来的（奥维德是最先提到这一说法的人），但是这一说法具有划时代的意义，在很长时间里被众多西方作者所采用。

　　15 世纪时，另一位出生于萨莱诺的意大利人，拉丁名为庞波尼乌斯·雷图斯（1425—1498），似乎是受教皇西克斯图斯四世的指派到欧洲东部游历，留下了有关罗马尼亚人的记载："达契亚，曾是横跨伊斯特鲁河两岸的行省，现在名为沃罗希亚（Volohia），此地的居民被称为沃罗赫人（Volohi）。沃罗希亚的意思是意大利，因为那里的人讲意大利语。……有些人认为这就是今天名为沃罗希亚的地区，位于伊斯特鲁河沿岸：它被称为意大利，因为人们使用意大利语。"

可见，罗马尼亚人就是东欧的罗马人。历经千年，那些罗马人仍然保留了关于罗马的鲜明记忆。外国人把罗马尼亚人看作罗马人，丝毫不会质疑他们的起源、他们的语言，甚至他们糟糕的境遇。意大利人首先指出了罗马尼亚人具有拉丁渊源，他们是最有资格发觉罗马尼亚语和拉丁语以及意大利语相似一事的，并且可以轻松、准确地做到这一点。罗马尼亚人的双重名称，一个是他们的自称，另一个是外族人的命名，出现的次数多了，也就在欧洲广为人知了。这发生在十字军东征晚期，也就是那场和西方的欧洲人共同抗击威胁要瓦解基督教文明的奥斯曼土耳其人的战争。罗马尼亚人参与了捍卫我们这片大陆精神的战斗，并且就像他们的邻居一样，拥有了成为"基督教大门"的意识，但他们也声称这意识是源自伟大的罗马传承。

罗马尼亚人问外国人会不会讲罗马语

教皇庇护二世派往匈牙利的使节、伟大的人文主义者、教皇的合作者、莫德卢萨（在达尔马提亚，今波黑境内）的主教尼古劳斯·马基内恩西斯（约1427—1480），在他的著作里也描述了罗马尼亚人。教皇特使在布达与那些亲眼见过罗马尼亚人的人，包括奥拉迪亚主教、人文主义者伊昂·维特兹交流过，甚或是与一些有名望的罗马尼亚人，例如被马蒂亚·科尔温监禁在匈牙利首都的弗拉德·德勒古莱亚（采佩什）也探讨过。尼古劳斯在《哥特人的战争》（*De bellis Gothorum*）一书中写道："关于他们的起源，弗拉赫人引以为据的是，虽然他们都使用莫埃斯克语———一种伊利里亚语，但是他们从最初就说的一种语言是拉丁语，而且他们从未停止使用这种拉丁语言；当遇到想和他们搭讪的外国人时，他们就会问这些外国人会不会讲罗马语（Romana）。"首次把罗马尼亚语和斯拉夫语的功能进行了区分，前者是人们的口头语言（loquuntur = 他们说），而后者则用于书面表达（utantur = 他们用）。另外，当他说到罗马尼亚人询问外国人是否会说罗马语时，实际上他所指的是罗马尼亚语，只是罗马尼亚语的名称在拉丁语中只能写成"lingua Romana"。罗马（拉丁）语和罗马尼亚语这两种语言的名称读音非常相近，很容易混淆，而意大利的作者们不仅指出了罗马尼亚语具有拉丁属性，还指出了多瑙河流域的拉丁语和古代罗马人的语言名称是一致的。莫德卢萨的尼古劳斯是第一位把罗马尼亚人归入罗曼语民族大家庭的人文主义者："他们（罗马尼亚人）不仅用（弗拉赫人）这个词自称，还用它来称呼今天所有和意大利人相近的民族。"他尊重教皇（关于弗拉库斯将军等）的理论，但是他也间接地表达了一个正确观点，即弗拉赫人是讲拉丁语的罗马尼亚人、意大利人和其他罗曼语族人民的统称。

波兰国王的意大利顾问菲利波·博纳科尔西·格米纳诺，又名卡利马库斯（1438—1496），认识一些罗马尼亚人，他指出罗马尼亚人的罗马血统可以通过他们的语言来证明。他发现波兰人使用同一个词语来称呼罗马尼亚人和意大利人（他是第一位指出这一点的意大利历史学家），只是在重音上略有差别。他认为这证明了这两个民族有着共同的起源。在为克拉科夫主教、枢机主教兹比格涅夫·奥莱希尼茨基所著的传记中，卡利马库斯写道："波兰人知道这些人实际是古意大利人，在波兰语中对他们的称呼与对其他意大利原住民一样，只是重音不同。"卡利马库斯是在1479—1480年间提出的这一观点，而上文提到的莫德卢萨的尼古拉早在1473年前，就已发现并记录下周边民族（斯拉夫人和匈牙利人）所命名的弗拉赫人不仅是指罗马尼亚人，也是指意大利人。这是朝着弗拉赫人民族名称的真正含义迈出的重要一步。当时普遍认为这一名称是由弗拉库斯将军的名字衍生而来。波兰编年史家扬·德乌戈什（1415—1480）谈到了罗马尼亚人的罗马起源，但是他（错误地）把弗拉赫人（沃罗赫人）的名字和沃尔西人（意大利最古老的民族之一）的名字联系了起来。几乎所有波兰作者都把摩尔多瓦人称为弗拉赫人，对他们来讲，摩尔多瓦就是瓦拉几亚。因为他们最初所了解的罗马尼亚国家并非那个位于喀尔巴阡山以南，并且后来以此冠名的国家，而是"摩尔多瓦公国的北部"，即后来"第二个自由的罗马尼亚国家"的一部分。

驻马蒂亚·科尔温宫廷的外交官西西里人柏图斯·兰萨努斯，或称彼得罗·兰萨诺（1428—1492），著有一套编年史，其中第43和第44册的标题是《匈牙利事务概要》（*Epitome Rerum Hungaricarum*）。此书的第一位编辑伊昂·萨姆布库斯（匈牙利人文学家）刻意在出版时删除了关于罗马尼亚人和胡内多阿拉人起源于罗马的章节。此处记载了胡内多阿拉的扬库的祖国是瓦拉几亚，那里在古代曾被称为达契亚（包括特兰西瓦尼亚、罗马尼亚公国、摩尔多瓦），那里的居民古时被称为达契亚人，后来意大利人和外族人称他们为弗拉赫人，这个名称可能源自弗拉库斯，由于发音不同而被改变了。这里有些内容很有意思，讲的是罗马尼亚人自认为是意大利人的后裔，他们的语言可以证实这一点，因为他们的语言跟意大利人的语言有诸多相似之处。而十字军东征后期的英雄胡内多阿拉的扬库本人就被介绍为该地区的罗马尼亚人，他的祖先是罗马名门。由此也可以看出罗马尼亚人关于其罗马特性的意识具有本土特点。

人文主义作者们无一例外地指出了罗马尼亚人具有罗马渊源及其语言的拉丁属性，并且都谈到了这个位于东方门户的拉丁飞地的特点。它的特点之一就是使用斯拉夫语言作为教会、书写和办公语言。罗马尼亚人通过语言、血统和称谓宣告他们源自罗马，即西方，但他们的拜占庭信仰、宗教语言和文化语言又透露了他们与东方的相近之处。仅有极少数的罗马尼亚人通晓这种宗教和文化语言，大多数人的精神世界充满向往和多依娜 *、（源自拉丁的）民间诗歌、霍拉舞和号子声、咒语和歌声、陶盆上的纹饰和门廊上的木雕。罗马尼亚人是唯一将斯拉夫语作为中世纪文化语言并且（在一种罗曼语言中）使用西里尔字母直至 19 世纪的罗曼语民族。因此，他们没能像他们的西欧伙伴们借助从宗教和文化语言中获得的拉丁语词语和句子来丰富本地语言。相反，古教会斯拉夫语词语渗入到中世纪的罗马尼亚语中，被用于写作和办公。然而，罗马尼亚语从未丧失其拉丁属性，所有通晓它的人都会立即指出这一点。

---

* 一种民间配乐抒情诗或乐曲。——译者

罗马尼亚人"不仅为生命不息，也为语言长存而奋斗"

意大利人文学家安东尼奥·庞菲尼（1434—1502）的证词也颇具影响力。作为马蒂亚·科尔温国王的宫廷秘书，他直接认识一些罗马尼亚人："罗马尼亚人是罗马人的后裔，这证明他们的语言虽然被用于一些野蛮民族之中，但至今也没有被毁灭。"这位意大利人文学家在另一段话中表达了同样的看法，他说："他们——达契亚的罗马殖民者们，虽然被蛮夷的大潮所淹没，却仍然使用罗马语，无论怎样都不曾舍弃它。他们那样执着地坚持，你能看出他们不仅为生命不息，也为语言长存而奋斗。（如果充分考虑到）一波又一波如洪水般涌来的萨尔马特人、哥特人、匈奴人、汪达尔人、格皮德人，以及日耳曼人和伦巴第人的入侵，恐怕无人不会惊叹罗马语竟然能在达契亚人和盖塔人中残存至今吧！"

安东尼奥·庞菲尼确定马蒂亚·科尔温这位匈牙利国王与罗马尼亚有渊源，他用（想象的）家谱往久远的历史追溯，直至科尔维纳家族。这一消息是激动人心的。在他看来，关于罗马尼亚人具有拉丁渊源最重要的证据并不一定是历史，也非罗马占领和罗马行省达契亚的建立，而是语言。当然，庞菲尼也谈到了历史环境的重要性，但是于他而言，罗马尼亚语才是至关重要的证据。当他说到一个民族得以生存下来，是因为在漫长的岁月里，它捍卫自己的语言胜过生命时，这并不仅仅是一句简单的褒扬，而是一种生活哲学。换言之，庞菲尼向世人揭示了罗马尼亚人能在欧洲的这个偏远角落生存下来的秘密：捍卫语言高于一切，甚至生命！语言是身份的最高象征。这是在赞颂罗马尼亚语的过程中对罗马尼亚人最好的褒奖。

在马蒂亚·科尔温国王统治初期，特兰西瓦尼亚人（主要是撒克逊人和塞克勒人）在 1467 年发动了反对匈牙利当局的暴动。暴动似乎得到了摩尔多瓦斯特凡（Ştefan cel Mare）大公的支持，同年 11—12 月大公就遭到了报复。关于这些事件（特兰西瓦尼亚暴动和匈牙利入侵摩尔多瓦的战争，以马蒂亚·科尔温在巴亚战败而告终），米兰派驻维也纳的代表（间谍）吉拉尔多·科里（斯）在 1468 年 2 月 18 日写道："一些塞克勒人发动了反对王室的暴动，前面提到的（马蒂亚）国王率领 5 000 骑兵和大量步兵出征那个国家（特兰西瓦尼亚），国王的父亲扬库就是来自那些塞克勒人的（国度）。他以为只用很少的兵马就可以取胜，起初他掠夺了一些土地并放火焚烧，看到情况不妙，塞克勒人遂向他们的近邻罗马尼亚人求助。那些罗马尼亚人是罗马人的后裔，直到那时仍在讲拉丁语和罗马语，非常擅长骑马。他们中的一部分人生活在多瑙河彼岸，给土耳其人纳贡，而另一部分则远离多瑙河，靠近波兰，至今仍然按照自己的规则自由地生活。他们的首领称为大公，他们只向大公进贡很少的钱财。"从很多方面来讲（除去一些小小的混乱之处），这段文字都很重要。首先，匈牙利国王的父亲被冠以罗马尼亚人的名字扬库，写作"Bianco"（"白色"），并因此产生了一个误解，使得那个"瓦拉几亚的白色骑士"（"Chevalier blanc de la Valachie"）之名流传于世。其次，罗马尼亚人在文中被介绍为古罗马人的后裔，讲拉丁（罗马）语的人。各罗马尼亚公国是向土耳其人进贡的政治实体，但差不多是自由的（尤其是在一位"领主"或"大公"领导下的摩尔多瓦）。这一阐述是正确的。显然，这段文字也可以被看作（在"勇敢的米哈伊"之前）罗马尼亚-塞克勒人共同抗击布达的匈牙利压迫者的一个例证。

教皇庇护二世（人文学家埃尼亚·希尔维奥·皮科罗米尼）的秘书兼秘密仆人托斯卡纳人拉斐尔·马斐，昵称沃尔泰拉诺（1451—1522），作为教皇使节被派往匈牙利。他是一位致力于古典、哲学和神学研究的学者。1480年后，基于安东尼奥·庞菲尼和埃尼亚·希尔维奥·皮科罗米尼的理论，他在罗马发表了一些历史地理评论。在文中他详细描述了罗马尼亚人，并把特兰西瓦尼亚、罗马尼亚公国和摩尔多瓦统称为瓦拉几亚："就像我所说的，罗马殖民者们曾经来到这些地区，因此这里至今仍在讲一种半意大利语。证据之一就是瓦拉几亚的名称，因为在他们的语言中称呼意大利人为弗拉赫人。"他通过罗马尼亚土地曾被罗马殖民化、半意大利语的语言、民族名称为弗拉赫人以及国名为瓦拉几亚（意大利语）几点，阐述了罗马尼亚人具有罗马特性的观点。他是最早抛弃弗拉赫人是根据弗拉库斯的名字命名这一说法的人之一。马斐和他的精神导师庇护二世在此处产生了分歧，他（或许从亲身经历）了解到匈牙利人（就像斯拉夫人一样）对意大利人和罗马尼亚人的称呼几乎相同（这标志着他们拥有相同的血统，他们都具有拉丁属性）。

另一位意大利学者马肯托尼欧·科西奥，昵称萨贝利科（约1436—1506），在他的著作《恩奈阿德》（*Enneade*，一部记录到1504年的世界史，共92册）中描述了罗马尼亚人："弗拉赫人属于意大利人；他们的国家曾经在达契亚人的统治之下，现在归属日耳曼人、塞克勒人和弗拉赫人。"关于罗马尼亚语，关于一种已经很难被罗马人理解的残缺语言——罗马语如何在罗马尼亚人中延续下来，他从别的来源也得出了一系列重要结论。同时，可以看出他接受并适应了庇护二世的理论。

　　一位见证了多瑙河下游地区某些事件的意大利人起草了一份文件，该文件于1499年2月16日发表于尼科波尔。文件中写道："然后，在所有这些事件之后，我出发上路，渡过多瑙河，到达弗拉赫人的国家，这里的人被称为罗马尼亚人，即罗马人。"换言之，这位见证者想说的是他渡过多瑙河南下，到达"弗拉赫人的国家"。那里的居民自称罗马尼亚人，这说明他们自认为是罗马人。这样，在15世纪就清楚地证明，被意大利人称为弗拉赫人的罗马尼亚人当时自称为"Rumân"，此名称衍生于他们的先人——罗马人。

　　意大利人是最敏锐的观察者，他们是唯一能够直接发现罗马尼亚语近似于拉丁语和意大利语的。例如，听到用罗马尼亚语说"Sunt Român"（我是罗马尼亚人），他们马上会联想到相似的拉丁语说法"Romanus sum"，并判定这两种表达方式的意思是一样的。意大利人对于罗马尼亚各公国和罗马尼亚人的兴趣是由多种原因产生的。首先是源自罗马和新罗马对于这片土地的争夺，两个基督教中心都希望把它划入自己的辖区。归功于教皇的传教士们和本笃会、多明我会、方济各会的修士们的努力，罗马尼亚人多次引起西方国家的注意。其次，晚期十字军东征使罗马尼亚人为基督教世界所知。众所周知，在信奉伊斯兰教的奥斯曼土耳其人向东南欧挺进之后，在罗马教廷的主持下，组织了大规模的外交和军事行动，以阻止土耳其人前进，并把他们从被占领的土地上驱逐出去。罗马尼亚人同本地区其他基督徒一起构成了重要的军事力量，活跃在十字军东征的前线。再次，热那亚人和威尼斯人对黑海和多瑙河河口有着浓厚的商业（经济）兴趣，所以他们直接与罗马尼亚人建立了联系。最后，随着文艺复兴、新教改革和人文主义的曙光初现，许多意大利的美术家、音乐家、作家、史学家、神学家等受邀或自发地来到特兰西瓦尼亚，之后又来到罗马尼亚公国和摩尔多瓦的宫廷和宗教中心。当来自意大利半岛的神甫、僧人、雇佣兵首领、建筑师、医生和商人们穿越罗马尼亚各公国和罗马尼亚人的聚居区时，他们惊讶地发现了这个位于斯拉夫海洋中的拉丁孤岛，并通过书信和口信，把这一发现传回了家乡。就这样，身处拉丁文化发源地的人们也知晓了这一东方拉丁民族的存在。

16 世纪的罗马尼亚人了解图拉真皇帝时代的第一次定居史

这些证据中的很大一部分被阿道夫·阿姆布鲁斯特收录进一部杰出的著作《罗马尼亚人的罗马渊源——一种观点的历史演变》，该书于 1972 年首次出版。读过此书之后，最强烈的感想是："我们作为罗马尼亚人延续下来，是因为我们无法剥离罗马的记忆。"（尼古拉·约尔加）16 世纪时，那些始于和回顾 15 世纪历史的资料仍很丰富。

为了再次发动抗击奥斯曼土耳其人的十字军东征，拉古萨的外交官米歇尔·波西尼奥利（？—1534？）在 1524 年给皇家秘书杰拉多·普拉尼亚写了一封书信。在这些计划中，罗马尼亚人起着重要作用。书信写道："他们*使用一种意大利语，但是是缩水了的。"

特兰奎罗·安德罗尼科是阿尔维斯·格里蒂的拥趸。在一封写

---

* 指罗马尼亚人。——译者

给波兰王国军队最高指挥扬·塔诺夫斯基的书信中，他说："罗马人和行省的人通婚，两个民族的人融为一体，合二为一，形成了一个新的民族，他们称自己为罗马人。"安德罗尼科于 1532 至 1534 年间与弗朗西斯科·德拉·瓦莱同在特兰西瓦尼亚，他听到过罗马尼亚人讲话。所以，他说罗马尼亚人"除了语言，已经没有保留什么罗马的特征了，就算这语言也已经改变了很多，并且夹杂了粗鲁的土话"。在他看来，关于罗马尼亚人的拉丁渊源，那时仅存的证据就是他们的语言和他们使用罗马人的称谓。

帕多瓦人弗朗西斯科·德拉·瓦莱也在阿尔维斯·格里蒂身边任职。1535 年，上司去世后，他在威尼斯撰写了一篇文章，讲述他两次前往罗马尼亚各公国的印象（第一次在 1532 年，第二次在 1534 年）。他说罗马尼亚公国的居民讲罗曼语："他们的语言和我们的意大利语略有不同，他们在自己的语言里自称罗马人，因为据说他们是古代从罗马来到这个国家定居的。当有人问起有没有人会说他们的弗拉赫语时，他们回答 'Ştii Românéşte？'，即'你会讲罗马尼亚语吗？'，因为他们自己的语言已经损毁了。"接下来他讲述了在特尔戈维什特附近一所山区修道院里的经历。一些"希腊"僧侣（东正教）的热情接待给他们这一行意大利人留下了美好的印象。僧侣们给意大利人讲述了"这个国家人民的定居史"，即"图拉真皇帝征服并占领了这个国家，他把土地分封给士兵们，把这里变成了一个罗马行省。这里的居民就是那些古代人的后裔，他们沿用着罗马人的名字。但是，岁月流转，当地人的名字、习俗和语言逐渐改变，以至于现在虽然他们自称罗马人，但他们说的话已经很难听懂了。这是修道院的僧侣们告诉我们的"。弗朗西斯科·德拉·瓦莱也明确谈到了罗马尼亚人意识到他们自己具有罗马渊源以及罗马尼亚语具有拉丁属性。他是第一位完整复述了一个罗马尼亚语句子（Ştii Româneşte？）的人，这句话不用翻译他也是可以听懂的。

卡斯塔尔多将军在 1552 年 2 月 20 日从克卢日写给驻维也纳的教皇使节吉罗拉莫·马丁嫩戈的信中写道：摩尔多瓦人和蒙特尼亚人"偷走了罗马人的殖民地，我在他们那里见到无数的古物和搜集到的币章均可证明这一点，但是更有力的证据还是他们的语言，和我们的语言如此相近，以至于我们可以相互理解。当他们看到我们的时候非常高兴，如同见到了自己的兄弟"。

托斯卡纳的安东尼奥·玛丽亚·格拉齐亚尼（1537—1611）被波兰的康明多枢机主教任命为秘书，后升任教皇秘书，并于 1592—1611 年间任阿梅利亚（意大利的翁布里亚）主教。他的作品是一部关于德斯伯特大公（1561—1563）的传记，著于 1566 年，后被收入一部名为《萨尔马特人在欧洲》（*A Description of Sarmatian Europe*）的著作。他说瓦拉几亚被一分为二，其中一部分是崎岖而艰苦的山区，称为山那边的国家，另一部分平坦而富饶，称为摩尔多瓦。摩尔多瓦人的语言跟拉丁语差别不大，因为这里曾经是图拉真的罗马殖民地。摩尔多瓦人"说拉丁语单词时，要么改变了字母，要么发音相同，但是更粗糙，以至于如果我们（意大利人）不努力仔细分辨，就听不懂，但是一旦能听懂一些，我很容易就能完全掌握这种语言"。格拉齐亚尼还注意到生活在那三个罗马尼亚公国的罗马尼亚人都具有罗马特性和民族统一性，可以通过他们的政治机构、习俗和民族服装来证明。

服役于波兰军队的雇佣兵亚历山德罗·瓜尼尼于 1563 年参加了在摩尔多瓦的战斗。他的著作《萨尔马特人在欧洲》，首版于 1578 年，书的最后一部分名为"摩尔多瓦编年史"。在一部著于亚历山德鲁·勒普什内亚努第二次统治期间（1564—1568）的德斯伯特大公的匿名传记中，有一段关于罗马尼亚人的重要内容。学者康斯坦丁·马里内斯库认为这段内容是瓜尼尼所写："这个弗拉赫人的民族自称罗马（罗马尼亚）民族，他们说他们的祖上是被意大利的罗马人赶出来的流亡者。他们的语言是由拉丁语和意大利语混合而成，所以意大利人很容易就能听懂罗马尼亚人讲的话。"阿道夫·阿姆布鲁斯特也同意这部分内容的作者是瓜尼尼。通过罗马尼亚人的语言与拉丁语和意大利语相近，通过他们是意大利殖民者的后裔以及他们自身所具有的意识，这段文字对罗马尼亚人的罗马渊源做出了新的解释。当然，作者想说的并不是弗拉赫人的民族自称"罗马"（Romană）民族，而是"罗马尼亚"（Română）民族，但是他无法用拉丁语把这个罗马尼亚语名称的特点表现出来。

这些作者了解在喀尔巴阡山以南和以东的两个国家是瓦拉儿亚，即两个"罗马尼亚公国"，并且他们指出了特兰西瓦尼亚（不是"弗拉赫人的国家"，因为正如我们其他未被匈牙利占领的国家一样，它并非在罗马尼亚人的领导之下）和外喀尔巴阡山的罗马尼亚人保持着统一性。令很多人惊讶的是，这些意大利人还说有些罗马尼亚人了解图拉真皇帝时代的第一次定居史，并把这段历史讲述给了外国人。那些意大利人文主义作者们自己观察到了罗马尼亚语具有拉丁属性，但是有关罗马尼亚人的罗马渊源却是从罗马尼亚人那里了解到的。

罗马尼亚人"认为自己是罗马殖民者的后裔"

正如我所说，阿道夫·阿姆布鲁斯特更新了那些谈到罗马尼亚人的罗马渊源和罗马尼亚语的拉丁属性的外国作者名单。除了阿姆布鲁斯特，还有谢尔班·帕帕科斯泰亚、尼古拉·斯托伊切斯库和乔治·勒泽雷斯库，他们的研究成果建立在尼古拉·约尔加、玛丽亚·霍尔班、欧金尼奥·科谢留和其他众多前人的研究基础之上。如今，这份名单已经包含了从第一个千年末到现代数百位作者的名字，尤其是欧洲作者。

16 世纪文艺复兴晚期时，人员流动便利，因而此类信息大量增加。贝加莫的军人乔万·安德烈亚·格罗莫（1518—1567？）曾服役于一些大公的军队，其中就包括特兰西瓦尼亚公国的伊昂·西吉斯蒙德大公。格罗莫曾于 1564—1565 年居住在特兰西瓦尼亚，并写过两版关于特兰西瓦尼亚的介绍。简短的版本写于 1564 年，是呈给教皇的，另外一个详细的版本是 1566—1567 年写给佛罗伦萨和锡耶纳公爵科西莫·德·美第奇的。在写作时，他从格奥尔格·赖希斯托弗所著的《地方志》里引用了大量的资料。在第一版介绍中，他指出了有关地区的民族构成："所有村庄的居民都是罗马尼亚人，不仅在巴纳特，甚至在特兰西瓦尼亚也是如此。"他还写道："他们的语言称为'Română'或'Românească'，差不多是一种混合拉丁语；他们自认为是罗马殖民者的后裔。"值得一提的是，格罗莫在此使用罗马尼亚语给罗马尼亚人的语言冠名。在详细版本中，格罗莫列举了特兰西瓦尼亚主要的民族（匈牙利人和撒克逊人），然后再次提及了罗马尼亚属民，他写道："第三个民族是遍布于那个国家（特兰西瓦尼亚）各地的罗马尼亚人……他们的语言是外来语，与匈牙利语不同，他们宣称自己是罗马殖民者的后裔……因此他们仍然使用一种类似古罗马语的语言，只是粗俗一些，就像他们的习俗和服饰。"

教会人士朱利奥·鲁杰罗曾任教皇的法庭书记和罗马教廷驻波兰的使节。在担任驻波兰使节期间，他对摩尔多瓦产生了兴趣。摩尔多瓦的大公是波兰国王的附庸，只有不到 2% 的人口信仰天主教。在 1568 年给庇护五世的报告中，鲁杰罗谈到了由摩尔多瓦、特兰西瓦尼亚和罗马尼亚公国组成的达契亚以及那里的人民："这些弗拉赫人祖上是意大利人，源自弗拉库斯领导的罗马殖民地。虽然很多人会说他们被称为弗拉赫人是因为一个损毁的词，而我认为，如此称呼他们，更有可能是因为在波兰这是对所有意大利人的统称，而他们的祖先正是意大利人。因而，他们仍保留着大部分残破的拉丁语，并非与我们的意大利语截然不同。"鲁杰罗认为罗马尼亚人具有罗马渊源也是基于古罗马殖民地的历史、他们的称谓以及他们使用的跟意大利语相近的残破拉丁语。一个半世纪以前，苏丹尼耶的伊昂主教也是这样说的。鲁杰罗正确地指出外国人称罗马尼亚人为弗拉赫人，这名称并非源自那位想象出的弗拉库斯将军，而是给讲拉丁语的人的统一命名（这是他自己观察所得，在波兰对意大利人和罗马尼亚人的称呼是一样的）。

威尼斯人康明多（1523—1584）以优异的成绩成为神职人员，教皇尤里乌斯三世的秘书，后任主教和枢机主教。在担任教皇格列高利十三世（1572—1585 年在位）派驻波兰的使节期间，他了解了摩尔多瓦。在一本著于 1572 年的名为《简述原名弗拉基亚的罗马人殖民地瓦拉几亚》（*Valachiae，Olim Flacciae，Romanorum Coloniae，Brevis Descriptio*）的笔记中，他谈到了罗马尼亚人的拉丁起源。他说瓦拉几亚的意思是意大利，"因为波兰人称意大利人为维洛克人，而且弗拉赫人不仅至今仍延续着真正的罗马式风俗和法律，甚至在他们所讲的斯拉夫语言中也夹杂了相当多的拉丁词语"。虽然作者可能错误地把罗马尼亚人的口语与教会、办公和书写所用的斯拉夫语言混淆了，但他意识到大量拉丁词语渗入罗马尼亚语中。另外，各民族是以文艺复兴的复古风格命名的，因而波兰人被称为"萨尔马特人"，而斯拉夫人则被称为"伊利里亚人"。

16 世纪的人文学者乔瓦尼·洛伦佐·阿纳尼亚的著作《世界的宇宙工厂即宇宙志》（*Universale Fabbrica del Mondo Ovvero Cosmografia*）在 1573 年发表于那不勒斯，后于 1576 年在威尼斯再版。作者在书中写道："弗拉赫人（摩尔多瓦人）非常善变又骄傲。他们的语言一半是拉丁语，由此可以证明他们的出身。他们也讲斯拉夫语，这是这里的通用语。"

16 世纪时，有 50 多位意大利作者谈到了罗马尼亚各公国以及生活在那里的人民。学识渊博的安东尼奥·波塞维诺（1533—1611）就是其中之一。他是耶稣会秘书，罗马教廷的使节，曾被派驻瑞典、波兰、俄罗斯、特兰西瓦尼亚等地担任要职。他也曾计划前往罗马尼亚公国和摩尔多瓦，但是因害怕奥斯曼土耳其人而未能成行。1583 年 7 月 11 日，在从克拉科维亚写给枢机主教加利的信中，波塞维诺提到了他"想深入摩尔多瓦和罗马尼亚公国"的想法。16 世纪七八十年代时，宗教改革形成、确认和推行的三十年之后，特兰西瓦尼亚重新迎来了一位天主教领导人斯特凡·巴托里。这位亲王渴望恢复罗马教会失去的权力和威望。对于安东尼奥·波塞维诺而言，前往特兰西瓦尼亚的有利时机到来了。

波塞维诺和斯特凡·巴托里交好。后者在 1571—1583 年任特兰西瓦尼亚亲王，1576—1586 年任波兰国王。在波塞维诺的斡旋下，斯特凡·巴托里与俄国沙皇伊万四世以及哈布斯堡家族的罗马 - 德意志皇帝之间实现了和平。波塞维诺在特兰西瓦尼亚逗留了一段时间，以推动反宗教改革和天主教改革，即便特伦托大公会议（1545—1563）的决议还不能完全在这里实施。为了巩固天主教，1579—1581 年，在他的帮助下，克卢日耶稣会学院（大学）建立，该学院地位等同于当时欧洲的大学。波塞维诺还直接参与组织学院的天主教神甫研讨会。斯特凡·巴托里国王授权这位耶稣会的神甫在前往卡绍维亚（今斯洛伐克城市科希策。在那里他将参加与哈布斯堡王朝君主鲁道夫二世所派代表的谈判）的途中经过特兰西瓦尼亚，以谈判建立克卢日耶稣会学院的相关事宜。这所学院就是后来那所现代大学的核心部分。借助保留了特兰西瓦尼亚亲王称号的斯特凡·巴托里的威望，波塞维诺很不容易才从由新教徒官员领导下的特兰西瓦尼亚政府取得建立学院的许可。波塞维诺还说服斯特凡·巴托里不再等待帕多瓦大学派遣耶稣会教士到克卢日耶稣会学院来，而是从维尔纽斯大学（1579 年也是由斯特凡·巴托里下令建立）派来以前校长雅各布·乌杰克（1541—1597）为首的 11 位耶稣会教师。雅各布·乌杰克是一位波兰学者，波兰语版《圣经》的翻译者，他后来成为克卢日新大学的第一任校长。

在应对宗教改革派官员和复兴天主教的过程中，波兰国王、特兰西瓦尼亚亲王斯特凡·巴托里的天主教君主权威给了波塞维诺很大的帮助。为此，波塞维诺才能在 1583 年呈给教皇格列高利十三世一部关于特兰西瓦尼亚的意大利语专著。作者在书中描述了特兰西瓦尼亚的地理、历史、民族、政治和宗教情况。虽然其中很多来自作者自己的观察以及通过见证者直接或间接收集的资料，但也有不少引自其他著作，尤其是之前格奥尔格·赖希斯托弗所著的《地方志》。

这位意大利人试图有的放矢地采取措施在特兰西瓦尼亚居民中振兴天主教。他侧重改革派"异端"占多数的三大政治族群：匈牙利人、撒克逊人和塞克勒人。同时也不忽略罗马尼亚人。据他所说，罗马尼亚人遍布特兰西瓦尼亚，但他们不像那些主要民族一样有自己的统治中心，他们混居于匈牙利人、撒克逊人和塞克勒人之中。他还指出罗马尼亚人和塞克勒人共同居住在名为西西里（Terra Siculorum）的地区，这两个民族在特兰西瓦尼亚东南部的"融合"对于了解那片土地上古老的民族结构具有特殊意义。

这位意大利耶稣会士之所以如此详细地描述罗马尼亚人，不仅是因为他们在人口上占有绝对优势，也是出于复兴天主教计划的需要。波塞维诺后来从部下那里了解到，对于罗马教会而言，要取得真正的成就，不仅要使"迷途"的匈牙利人、撒克逊人和塞克勒人回归，也要使在国内人口众多的罗马尼亚人皈依天主教。在此背景下，他描述了罗马尼亚人的情况。

对于波塞维诺而言，罗马尼亚人的起源和语言非常重要："那些自称弗拉赫人的人也生活在特兰西瓦尼亚。有充分的迹象表明，他们的先人是从意大利来到此地的。他们的语言是非常残缺不全的意大利语或拉丁语，从外貌就能看出他们是我们其他这些人（意大利居民）的后裔。"波塞维诺发现，虽然直到那时，这些罗马尼亚人既不学习，也没有任何压力，但无论是从外貌还是行为上，他们都表现出"意大利人的思想和果决"。看到这些罗马尼亚人是从意大利来的罗马人的后裔，他们讲某种拉丁语或意大利语，这位能干的耶稣会士认为，基于这一点，要说服他们中的一部分人皈依罗马天主教应该会更容易一些。在介绍哈采格地区时，他也突出了一些关于罗马尼亚人的古代记录："哈采格是一个小地区，位于特兰西瓦尼亚最边远的角落，与该国其他地区都隔绝开了……虽然这里有一个通往罗马尼亚公国的大型关口。在这个地区中部有个地方叫哈采格（与这个小地区同名），居住着匈牙利人和罗马尼亚人；但是在南部至今仍能见到一座大城市的遗迹，当地居民称之为格勒迪什泰，意思是'要塞之地'。罗马尼亚人会到那些废墟中寻找金银币，挖掘古物。"在巴纳特卢戈日和卡兰塞贝什居住着罗马尼亚人和塞尔维亚人，而弗格拉什郡在波塞维诺看来是个独特的地区："所述之郡（地区）是一个非常非常美丽的地方，那里有一座装备完善的城堡，散布着70多个村庄。虽然在弗格拉什地区生活着匈牙利人、撒克逊人和罗马尼亚人，但几乎所有的村庄里都是罗马尼亚人。"

　　要描述特兰西瓦尼亚的罗马尼亚人的宗教生活，得从他们低下的地位和他们的属民处境说起："至于罗马尼亚人，这类人吃、穿、习俗都很肮脏，惯于抢劫。他们之中也有贵族，但并不像匈牙利贵族那么可信；尽管有时在战争中他们比匈牙利贵族发挥的作用更大，但得到的封赏却更差。"由此可见，特兰西瓦尼亚的罗马尼亚人遭受歧视，他们是一个没有得到承认的民族，生活悲惨。波塞维诺虽然没有直说，但他把罗马尼亚人遭受歧视的境遇与他们的东正教信仰联系了起来：令人惊讶的是，这些特兰西瓦尼亚的罗马尼亚人和那些罗马尼亚公国和摩尔多瓦的罗马尼亚人一样，顽固地信仰东正教。他还在此处详细描述了特兰西瓦尼亚罗马尼亚人的宗教组织：这些罗马尼亚人有一位大主教驻地在阿尔巴尤利亚。他的职务由教会机构委任，后经特兰西瓦尼亚亲王确认。有一位主教在代日（或许在瓦德地区），还有一位在西姆雷乌。因此，大主教下辖两位主教。宗教仪式用被称为"拉斯西亚或塞尔维亚语"的斯拉夫语举行，而被称为"popi"（poppi）的罗马尼亚神甫们几乎听不懂他们所读的内容。波塞维诺描述的其他一些细节也很有意思：罗马尼亚人严格遵守斋戒和节日；他们不会因迫于贵族的压力而转向他们的"异端"（加尔文派），并会就此向亲王申诉；宗教事务由他们的主教决定；虽然他们也会犯其他"教会分立派"所犯的"错误"，但他们所有的宗教仪式和礼仪几乎都和天主教的一样。

借助这些精心筛选的信息，安东尼奥·波塞维诺为在那三个地区的罗马尼亚人中推行天主教制定了方案：在特兰西瓦尼亚，在巴纳特卢戈日，特别是在弗格拉什——（正如我所说的）该地区几乎所有的村庄居住的都是罗马尼亚人，为罗马尼亚人修建天主教堂，选送一些青年离开父母，前往优秀的耶稣会神学院学习，比如维尔纳（维尔纽斯）的神学院；而居住在奥匈帝国的乌克兰青年则被送来这里（克卢日的神学院），以使青年们摆脱其神甫和亲人的影响。另外，这位耶稣会外交官提出了斯拉夫语或许也包括罗马尼亚语版的宗教书籍问题（斯拉夫语的宗教书籍已经指日可待），以及宗教礼仪的问题。在波塞维诺看来，把天主教大规模引入摩尔多瓦和罗马尼亚公国是可行的——这要归功于那些国家的亲王、经过良好培训的天主教人员、那里的日耳曼天主教徒以及适时被派往那些亲王身边的医生和神甫。波塞维诺的乐观并非完全不现实的，因为当时罗马尼亚公国的亲王贝特鲁·切尔切尔和摩尔多瓦的亲王贝特鲁·什基奥普似乎都已被天主教征服了。

安东尼奥·波塞维诺撰写《特兰西瓦尼亚》这本书，并非出于学术目的或者单纯出于对一个遥远国度的了解，而是为了完成教会赋予他的使命。所以，这部著作中的部分数据、事实和论述并不完全准确，因为是这位耶稣会士出于"传教"（实际上是改宗）的热情所写，他希望能够恢复他的教会往日的荣光。但这部著作中的很多信息是正确的、有用的。关于罗马尼亚人的介绍与事实不符的很少，多数都是清晰明了的。书中谈到的罗马尼亚人的罗马起源、罗马尼亚语与意大利语和拉丁语相似、特兰西瓦尼亚的罗马遗迹、教会的组织依照东方的教会建构、特兰西瓦尼亚的罗马尼亚人没有自己特定的领地和中心、罗马尼亚人遍布全国、罗马尼亚人聚居在哈采格和弗格拉什等地区、特兰西瓦尼亚罗马尼亚人地位卑微等等都是正确的，并且是很容易通过其他渠道验证的事实。而波塞维诺认为罗曼语族的、讲新拉丁语的罗马尼亚人可能更容易转向天主教，这种观点则是没有充分依据的。不过这位耶稣会作者抓住了一些重要而有用的细节作为历史信息。例如，他反复谈到罗马尼亚人遍布全国，而没有一个自己的统治中心；他们地位低微，为他人效力，他们之中贵族很少，这些贵族作战英勇，但穿着举止却比不上匈牙利贵族；罗马尼亚人惯于偷窃以及其他一些类似的细节，都揭示了自 16 世纪中叶起，奥斯曼宗主权下的特兰西瓦尼亚自治公国形成之后罗马尼亚人的特殊地位。波塞维诺由此注意到特兰西瓦尼亚各阶层（民族），即匈牙利贵族、撒克逊人和塞克勒人的不同地位。这些民族聚居在指定地区（有统治中心），这些地区根据民族来命名：撒克逊人居住的叫撒克逊人领地，塞克勒人居住的叫塞克勒人领地，而匈牙利贵族则居住在贵族领地或叫匈牙利人领地（划分为郡）。同时，这些民族，即特权集团或阶层掌握着政治和宗教权力，而罗马尼亚人被排除在各阶层之外，他们地位低下，没有文化，生活贫困，所以才去偷窃。罗马尼亚人的偷窃被官员称为抢劫，而对罗马尼亚人而言，这无非是一种从他们自己的劳动果实和曾经属于他们的土地所得的收获里取走一部分的方式。在那个年代，针对特兰西瓦尼亚的罗马尼亚和东正教农民的歧视体现在具有法律效力的议会决议中，而亲王对罗马尼亚贵族的"不奖"或"不赏"则表现出就连精英阶层也难逃歧视。除了在社会和政治层面，安东尼奥·波塞维诺对于民族—教派方面的一些细微差别也很敏感，这些细微之处体现了从中世纪到近代早期某一阶段民族感情的发展。

非常有价值的资料还包括关于宗教改革在特兰西瓦尼亚的推广、新教教会的组成以及罗马尼亚人教会的结构和等级制度。有关驻地在阿尔巴尤利亚的罗马尼亚大主教和东正教大主教区下辖两个主教区的信息，证实了在勇敢的米哈伊统治之前特兰西瓦尼亚罗马尼亚人的教会高层结构。对于特兰西瓦尼亚东正教会的大主教职位来说，波塞维诺的著作是一份珍贵的历史证据，如今，这一宗教职位的存在也已被来自君士坦丁堡普世牧首方面的一些重要文献所确认。

无论是安东尼奥·波塞维诺的文学创作还是教派倡议，都并非首创。他只是一长串意大利作者和旅行者之一，所有这些人都留下了关于古老达契亚的记录。但安东尼奥·波塞维诺的功绩在于，他为天主教廷下属的意大利语学界提供了关于特兰西瓦尼亚形势的最新介绍以及加强天主教信仰计划的实施方案。这些方案的一部分（成立克卢日耶稣会成人学院，为罗马尼亚人带来宗教书籍，保持东方宗教礼仪的特点）正是被安东尼奥·波塞维诺实施的。基于所有这些原因，这位16世纪末的耶稣会外交官是一位光芒四射的文化人物，他名列数个世纪以来把意大利精神文化传播到达契亚的使者之一。

波塞维诺的一位匿名同伴，也是耶稣会士，发表了一部曼托瓦人在特兰西瓦尼亚的旅行记录，其中有很多旅途中关于罗马尼亚人（包括罗马尼亚公国和摩尔多瓦的罗马尼亚人）的见闻。这些罗马尼亚人被描述为"罗马人的古老民族，至今仍自称为罗马人，他们的祖上或是罗马殖民者，或是那些被强迫开采金属矿的罗马人"，他们"讲一种残破的语言"，其中包含"很多古意大利语词语"。

　　可以看出，16 世纪时，欧洲的精英阶层开始意识到罗马尼亚人给自己的民族命名（自称）不仅提到罗马，还几乎跟罗马人的名称一样。并且当时越来越多的外国人发现他们给罗马尼亚人的命名（不同版本的弗拉赫人，即外来名）与对意大利人的称呼相似，这可以证明这两个同属拉丁世界的民族之间具有亲缘关系。

罗马尼亚人是特兰西瓦尼亚最早的居民，他们讲拉丁语

在众多指出并传播罗马尼亚人具有罗马渊源这一信息的外国人中，意大利人无疑是最多的。他们也是有能力最先发现罗马尼亚语与拉丁语和意大利语极为相近的人。保罗·乔维奥（1483—1552）著有两部历史著作（发表于1550—1552年）。他谈到了阿尔维斯·格里蒂在特兰西瓦尼亚的工作，说罗马尼亚人讲一种拉丁语，遵守罗马的习俗和律法："一些罗马习俗和法律在罗马尼亚人这里得到了繁荣发展，其中甚至还使用了拉丁语。"

生于马切拉塔的耶稣会士朱利奥·曼西内利（1537—1618），也曾于1583—1586年途经罗马尼亚公国和摩尔多瓦。他的见闻很有意思："几乎所有人（摩尔多瓦的天主教徒）都讲意大利语，而他们国家的语言和瓦拉几亚的语言一半是通俗拉丁语，一半夹杂了由僧侣、商人和亲王们带去的希腊词语。"意大利语言文化研究者克劳迪乌·伊索佩斯库认为曼西内利是第一个正确地坚持罗马尼亚语是从通俗拉丁语派生出来的意大利人。

那不勒斯的耶稣会士费兰特·卡佩奇被派往特兰西瓦尼亚以对抗宗教改革，他可能是和波塞维诺一起前来的。卡佩奇曾在1581年成立的克卢日耶稣会学院担任教授和校长，这所学院是今天克卢日大学的前身。卡佩奇在克卢日死于鼠疫。他留下了两封1584年的书信，其中写道：罗马尼亚人的"语言近似意大利语，几个月就可以学会，同样，他们（罗马尼亚人）学习意大利语也很轻松。不仅如此，他们还自称罗马尼亚人"。他还补充到罗马尼亚人是特兰西瓦尼亚最早的居民，把巴纳特称为瓦拉几亚（他说卢戈日和卡兰塞贝什位于"瓦拉几亚"），证明了这个主要居民为罗马尼亚人的省曾被看作一个罗马尼亚国家。

　　一位意大利匿名耶稣会士在1587年为西克斯图斯五世（1585—1590年在位）描述了摩尔多瓦。这位教皇试图建立一个反奥斯曼同盟，并把罗马尼亚各公国囊括进去。这位耶稣会士写道："虽然这些人信仰希腊的宗教，但他们仍是罗马人的朋友。这表现在他们源自拉丁语的残破语言，他们自认为是罗马人的后裔，他们用罗马人的名字相互称呼。"除了语言的拉丁特性，耶稣会的神甫还强调了两个重要的事项：罗马尼亚人有关他们拉丁属性的意识具有地方特点，以及摩尔多瓦人内部称自己为罗马尼亚人，他们的语言、服饰、习俗和宗教信仰都和罗马尼亚公国的罗马尼亚人一样。

　　第一次到摩尔多瓦传教时，这位耶稣会士在1588年的报告中提到，在这个国家有一种观点认为，"从摩尔多瓦人的容貌、语言和习俗可以看出，这里曾是罗马人的殖民地"。此"观点"自然是来自这个国家的跟传教团的成员有过接触的居民，这些传教士可以见到罗马尼亚人并听到他们讲话。

　　佛朗哥·西沃里是一位热那亚商人的儿子，他曾经为1583—1585年间在位的罗马尼亚公国大公贝特鲁·切尔切尔担任秘书。

在为这位罗马尼亚公国大公工作之后，他写了一本《贝内迪克特家的佛朗哥·西沃里——从1581年离开热那亚前往罗马尼亚公国后所经历之事的回忆录》（*Memoriale delle Cose Occorse a me Franco Sivori del Signor Benedetto Doppo della Mia Partenza di Genova L'anno 1581 per Andar in Vallachia*）。此书曾被20世纪的历史学家斯特凡·帕斯库的博士论文引用。西沃里说蒙特尼亚人的语言和摩尔多瓦的语言一样，也是由拉丁和意大利元素构成，但也包括一些希腊和斯拉夫元素，这使它同时具有"蛮夷语言"的一面。谈到罗马尼亚人，西沃里说他们勇敢而骄傲，学习任何语言都很快。他们的大公会说意大利语、法语、希腊语、土耳其语、塞尔维亚语、波兰语和罗马尼亚语。这里所指的即是贝特鲁·切尔切尔大公，据称他是勇敢的米哈伊的兄弟，他用意大利语写诗，还在特尔戈维什特建造了一座火炮工厂。

来自布雷西亚的彼得罗·布斯托曾服务于西吉斯蒙德·巴托里，是一位音乐家。他曾给他的兄弟写过一封信，落款是1595年1月21日于阿尔巴尤利亚，信中谈到了特兰西瓦尼亚的阶层。他说弗拉赫人"是被匈奴人赶走的罗马人留下的后裔，他们延续了希腊的宗教信仰"，"他们的语言是一种已经损坏的拉丁语，言语粗俗，差不多和弗留兰语一样，甚至更加粗鄙"。在这位意大利人眼中，特兰西瓦尼亚的罗马尼亚人就是"匈牙利人的奴隶，他们被迫为他们的主人耕作土地，却没有任何报酬"。布斯托指出这种严重的歧视具有非常重要的意义，因为恰逢勇敢的米哈伊来到特兰西瓦尼亚的前夕（1599年），当时罗马尼亚人被指控发动了反对匈牙利贵族的叛乱，"因为他们相信现在他们有一位自己民族的大公了"。

身为医生和宇宙学家的朱塞佩·罗萨乔（1530—1620）在1595年写了一本书，名为《地球与天体世界》（*Mondo Elementare et Celeste*），于 1604 年在特雷维索出版。他引用乔瓦尼·博特罗的观点在书中写道：与特兰西瓦尼亚相邻的是小瓦拉几亚（罗马尼亚公国）和大瓦拉几亚（摩尔多瓦），这三个国家所有的居民都是罗马人的后裔，因为他们讲拉丁语。但是相较于罗马人的语言，这种拉丁语是被损坏的。

正如我们所见，人文学家、知识分子、神甫、僧侣、医生、地理学家、宇宙学家和历史学家都提到了很多关于罗马尼亚民族特征的细节，他们通常都会谈到罗马尼亚语是一种被损坏的、因岁月流转和地域特点而改变的拉丁语。而军人、雇佣兵队长、商人和那些没什么文化的人，则说罗马尼亚语是一种被破坏的意大利语。同时，他们还指出了一些其他细节，例如罗马尼亚人的服饰、习俗、法律、英勇无畏和体貌特征，以及罗马尼亚人在特兰西瓦尼亚所遭受的歧视。16 世纪是地理大发现的时代，也是人口迁移和思想变革的时代。虽然遭到苏莱曼一世统治下处于鼎盛时期的奥斯曼帝国的遏制，但这种环境依然有利于罗马尼亚人的发展，并为他们打开了欧洲新视野。

罗马尼亚人和意大利人曾被
外国人冠以相同的名称

在勇敢的米哈伊统治年代，随着这位大公在欧洲威名日盛，有关罗马尼亚人的消息也越来越多。乌尔比诺的统治者德拉·罗维尔家族的乔瓦尼·弗朗西斯科·巴维埃拉以贵族的身份来到特兰西瓦尼亚西吉斯蒙德·巴托里的宫廷，并在那里逗留至 1594 年。受到前人的启发，他撰写了一本《特兰西瓦尼亚简介》(*Ragguaglio di Transilvania*)。他在书中写道：在该省有很多罗马尼亚人，他们自称是那些古代罗马殖民者的后裔。关于这一说法，他们那包含了很多残破的拉丁语和意大利语词语的语言就是一个明证。

外交官、学者乔瓦尼·博特罗并未去过罗马尼亚各公国。他著有一本政治地理学专著《普遍关系》(*Relazioni Universali*)，该书创作于 1580—1590 年，发表于 1591 年。他认为特兰西瓦尼亚、摩尔多瓦和罗马尼亚公国都是达契亚的组成部分，而且明显是指罗马的达契亚行省。关于那里的居民，他写道："罗马尼亚人的祖上是意大利人……从罗马尼亚人讲话的方式就能看出他们源自罗马人，因为他们仍然使用拉丁语，但是相较于我们意大利人的语言而言更加残破。"他们把意大利语的马"il cavallo"说成"calo"，水"l'acqua"说成"apa"，面包"il pane"说成"pa"，木头"le legne"说成"lemne"，眼睛"l'occhio"说成"occel"，女人"la donna"说成"mugier"，葡萄酒"il vino"说成"vin"，家"la case"说成"casa"，人"l'huomo"说成"huomen"，等等。可以看出，乔瓦尼·博特罗获得的信息很准确。

数学家、地理学家、天文学家、博洛尼亚大学教授乔瓦尼·安东尼奥·马吉尼在 1595 年左右撰写了《古代与现代普通地理学（全本）》（*Geografii Generale*, *Atât Vechi Cât Și Noi*, *Operă Completă*），该书于 1596 年在威尼斯出版。从一位来自特兰西瓦尼亚就读于帕多瓦的撒克逊人约翰尼斯·赫特尔处，马吉尼了解到有关罗马尼亚各公国的正确信息。他在书中讲到罗马尼亚人是图拉真带来的那些古老居民的后裔，这些殖民者在和达契亚人共同生活了两个世纪之后，形成了一个新的民族，在他们内部仍然自称为罗马人，而外族人则称他们为弗拉赫人。他接着写道：在特兰西瓦尼亚所有古老的民族里，只残存下来罗马尼亚人、塞克勒人、撒克逊人和匈牙利人。他还说罗马尼亚人意识到了他们具有罗马渊源。弗拉赫人的名称并非来自弗拉库斯，而是来自外国人对罗曼语民族的普遍称呼。为了证实这一点，他指出日耳曼人、波兰人和匈牙利人对意大利人和罗马尼亚人的称呼几乎相同。在赫特尔的帮助下，马吉尼对民族名称弗拉赫人也做出了正确的阐述（之前莱贝留斯曾做过同样的阐述，赖希斯托弗也曾给出过部分解释）。（通过保留民族名称罗马人/罗马尼亚人这一点）马吉尼也间接指出了罗马尼亚语是罗马尼亚人具有罗马特性的一个证据。

16 世纪末，来自坎迪亚的方济各会僧侣弗朗西斯科·帕思提斯在罗马尼亚人当中生活了七年，对他们有了一些了解。在编撰于1596 年的一本名为《罗马尼亚公国介绍》（*Informatione della Valachia*）的书中，他讲述了对罗马尼亚人的印象。身为神职人员，作者对于教派非常敏感，他记载了罗马尼亚人在教会使用斯拉夫语的情况，同时指出："他们古老的语言是拉丁语，但是现在已经被破坏得很厉害了，以至于仅仅能分辨出几个单词，但是可以肯定这语言是源自拉丁语的。"

弗留兰人奇维达莱的马尔坎托尼奥·尼科莱蒂在他的著作中也为罗马尼亚人保留了一页："英俊的牧人，身材挺拔而匀称……虽然他们丝毫也不高贵，但他们却是罗马贵族的后裔。他们把很多斯拉夫语词语和说法不正确的罗马语混杂在一起。"在此，尽管受到斯拉夫文化的影响，罗马尼亚人的拉丁属性还是被发现并指出了。

拉古萨人彼得罗·卢卡里在 1601 年撰写了一部编年史，其中引用了毛罗·奥尔比尼的话，同时也加入了自己的观察："瓦拉几亚位于多瑙河的另一边……那里有大小牲畜，整个罗马尼亚都靠此生活。人们（罗马尼亚人）沿用希腊人的宗教仪式，讲一种损毁的、被外来语改变了的拉丁语。那里曾被图拉真皇帝设为罗马的行省，并且有很多罗马移民被送往那里；哥特人的语言被拉丁语取代，蛮夷称之为弗拉赫语，该省的名称也由此而来。"

威尼斯人乔治·托马西曾随同罗马教廷大使阿方索·维斯康蒂长驻特兰西瓦尼亚，任他的书记官，后成为西吉斯蒙德·巴托里的秘书。他于 1596—1599 年逗留在特兰西瓦尼亚，并写下了著作《匈牙利王国和特兰西瓦尼亚的战争与动荡》（*Delle Guerre et Rivolgimenti del Regno d'Ungaria et della Transilvania*），该书 1621 年发表于威尼斯，其创作受到了博特罗和赖希斯托弗的启发。书中指出了罗马尼亚人的罗马特性以及罗马尼亚各公国的共同特点：

"尤其是在除弗拉赫人以外少有其他族裔居住的罗马尼亚公国，使用的语言是损毁的拉丁语和意大利语，这意味着那里曾经是罗马人的殖民地。他们把上帝'Dio'说成'Zieo'，把（尊称）你'doinatio tua'说成'domniata'，把马'cavallo'说成'callo'……他们认为弗拉赫人的称谓是一种耻辱，应该用其他罗马尼亚语称谓来取代，他们以身为罗马人的后裔而自豪。"托马西通过罗马尼亚人的历史、语言、服饰和他们引以为傲的罗马人这一称谓，阐述了罗马尼亚人具有罗马特性的观点。

在勇敢的米哈伊统治的年代，拉扎罗·索兰佐撰写了一本"新闻"（avvisi），当时欧洲很渴望了解地区新闻。*L'Ottomano* 就是这样一本"新闻"，它于1598年在费拉拉出版。作者指出："这些人（特兰西瓦尼亚人）和摩尔多瓦人、蒙特尼亚人都是古代达契亚人，罗马人是那样畏惧他们。"索兰佐还回顾了罗马尼亚人的意大利起源，并把他们的民族名称和意大利人联系了起来，从而解释了弗拉赫人一词的含义。他还谈到了莫拉克人（指居住在达尔马提亚海岸的罗马尼亚人，深受斯拉夫人的影响。西尔维乌·德拉戈米尔曾对他们做过介绍），并把多瑙河以北与巴尔干两个地区的罗马特性联系在一起。

正如我们所见，这些证词里有时也包括多瑙河以南的罗马尼亚人，他们中的一部分居住在多瑙河沿岸，而因为（在第一个千年时）斯拉夫人源源不断向北涌来，拜占庭和奥斯曼帝国（主要在第二个千年）又相继采取行动，导致他们中的绝大部分分散在巴尔干半岛。这些罗马尼亚人当中有相当一部分脱离了本民族，和南部的斯拉夫人、希腊人甚至达尔马提亚人混居在一起。

罗马尼亚人"自称祖先是罗马军人"

归功于人文主义运动，16 世纪是一个博学的时代，确切地说，是以个人的学识渊博而著称。中世纪的僧侣们给我们留下的印象是"博学和长期细致的脑力工作"，而这一印象的内涵真正凸显则是在现代（1500 年之后）。当时学者们致力于抄录、分析古代文献，比较手稿，展示一手的校勘资料。在这项工作中，除了意大利人，德国人和法国人也表现得非常出色，而且，他们也赞同关于罗马尼亚人的出身之说。

德国编年史学家塞巴斯蒂安·弗兰克（1499—1543）在 1534 年出版的一本著作《世界纪事》（*Weltbuch Spiegel und Bildniszdess Gantzen Erdbodens*）中延续了庇护二世的理论，他说："直到今天，这个（罗马尼亚）民族的语言大部分仍然是罗马语。"奥地利的人文学家乔治·里蒂亚梅留斯（？—1563）似乎并没有受到庇护二世的启发。他说罗马尼亚人属于古意大利民族，"除了他们所讲的粗俗的、已经损坏的语言之外，他们从自己的祖先那里什么也没保留下来"。同是在 16 世纪，（波兰）格涅兹诺大主教扬·拉斯基参加了拉特兰会议（1514年），在谈到罗马尼亚人时，他说："他们自称祖先是以前为了保护潘诺尼亚抗击斯基泰人的罗马军人。由此可见，他们使用的语言自然大半是意大利语，但是宗教仪式却是斯拉夫人的。"同样，从16世纪的一份波兰人的证词中，我们发现德斯波特大公（1561—1563年在位），即雅各布·赫拉克利德，虽然身为希腊新教冒险家，却学会了通过唤醒摩尔多瓦战士关于他们罗马起源的意识，用他们的祖先曾是主宰世界的高贵罗马人这件事来激励他们勇敢战斗。可见，罗马尼亚人对于这样的激励是很敏感的，这体现了他们中的一部分人意识到他们具有罗马血统。否则，在摩尔多瓦战士面前提起罗马尼亚人的罗马起源根本不会有任何作用。

瑞士学者约阿希姆·瓦迪安（1484—1551）在1518年出版了庞波尼乌斯·梅拉的著作，并发表了有意思的评论。约阿希姆·瓦迪安在描写达契亚时说："瀑布群的上游被称为多瑙河，下游是伊斯特鲁河，在斯特拉波所说的达契亚群山之间，如今生活着很多被雅济吉斯人和特兰西瓦尼亚人征服的人。他们在波西米亚人和萨尔马特人的语言里被称为弗拉赫人。可见，这个称呼正是由此产生的，因为在这些语言里，意大利人也被称为弗拉赫人……虽然今天他们的语言比意大利语混乱许多。"瓦迪安在他的一部著作中写道："如今（沧桑巨变），匈牙利人占领了达契亚的一部分，其他部分则被土耳其人占领，而残留下的山区里生活着哥特人和古代（罗马）殖民者，他们通常被称为弗拉赫人，他们生活的地区被称为瓦拉几亚。他们的语言至今仍保留着古罗马行省语言的痕迹。"这位瑞士人文学家坚持认为罗马尼亚人具有罗马特性，此观点是基于罗马尼亚人与罗马的历史渊源，他们源自拉丁语的语言和外族人给他们的命名。虽然这个命名可能源自斯拉夫语，但却和给意大利人的命名相同。

约翰·布穆斯于 1520 年发表了一部关于各民族风俗、法律和宗教信仰的著作。在谈到罗马尼亚人时，他引述了庇护二世和萨贝利库斯的看法，并加入了自己的观点："值得赞同的一点是，被这个民族保留至今的罗马语已经损毁得很严重，以至于就算是一个罗马人也很难听明白。"

皇家秘书维特·盖尔跟随卡斯塔尔多将军的军队来到特兰西瓦尼亚。他在 1551—1552 年间讲述了在此间的见闻，谈到了罗马尼亚人的罗马渊源。他（用德语）写到罗马尼亚人说意大利语，但是是很残破的意大利语，只能勉强听懂。匈牙利历史学家久拉·塞克夫在很久以前就发现了意大利人阿斯卡尼奥·琴托里奥是从盖尔这里获知的关于罗马尼亚人的信息："瓦拉几亚，那里的居民被称为弗拉赫人。瓦拉几亚曾经是古罗马人的殖民地……摩尔多瓦也是其中的一部分。这整个地区统称为弗拉恰（Flacia）或瓦拉几亚（Valahia）……弗拉赫人讲意大利语，但这语言过于残破，只能勉强听懂。"据阿道夫·阿姆布鲁斯特所说，克劳迪乌·伊索佩斯库在 1929 年研究阿斯卡尼奥·琴托里奥的时候并不知道这是他借用的理论。克卢日的教授康斯坦丁·马里内斯库在 1931 年指出，法国人马丁·福美在 1594 年时也从阿斯卡尼奥·琴托里奥那里引用了同一段文字。

富尔屈埃沃的领主，法国人帕维亚的弗朗索瓦（1563—1611）于 1585 年途经摩尔多瓦，他写道："这个民族源于一个古代罗马人的殖民地，他们的语言部分传承自罗马人，由意大利语、斯拉夫语、希腊语、土耳其语和很多其他语言混合而成。"

德国人文主义者柏图斯·阿尔比努斯·尼维蒙纽斯（1543—1598）于 1587 年在维滕伯格发表了第一部专门讲述罗马尼亚人的罗马起源的人文著作。作品名为《简评罗马尼亚公国及其组成部分以及罗马尼亚问题概述》（*Commentatiuncula de Walachia Eiusque Partibus et Synopsis Rerum Walachicarum*），书中回顾了人文学者们（埃尼亚·希尔维奥·皮科罗米尼、安东尼奥·庞菲尼、保罗·乔维奥、马丁·克罗默、卡斯帕·波伊策尔）关于罗马尼亚人起源的观点。这位德国作者也把语言作为罗马尼亚人具有罗马血统的论据，他通过历史（罗马人把达契亚变成殖民地，从而产生了罗马尼亚人）和语言学的论据，以及外国人给罗马尼亚人的命名与对意大利人及其他拉丁语使用者的称呼几乎相同这一点来证明罗马尼亚人具有拉丁属性。

法国人文学家雅克·邦加尔（1554—1612）曾数次到过东欧和东南欧。在此过程中，他对罗马尼亚人有了直接的认识。1600 年，他在美因河畔法兰克福发表了一部关于匈牙利人历史的资料汇编。在附录中有一封写于 1597 年 3 月 1 日的书信，信中谈到了民族名称 "Valachus"，写到他越过布拉索夫的群山，进入瓦拉几亚："我听到那些粗鲁的野蛮人通常操一口拉丁语。" 他还说，根据罗马尼亚人的语言和历史，可以推断出他们是罗马人的后裔，在德国人眼中，他们和高卢人（法国人）、瓦隆人就是同一个民族。

因此，指出了罗马尼亚人具有拉丁特性的不仅仅是意大利人，这对他们来说轻而易举，还有其他一些人，尤其是那些习惯于各种外语，习惯于研究和比较各种方言的学者。

罗马尼亚各公国"在图拉真时代曾遍布罗马殖民者"

16世纪时，宇宙志流行于学者之中。宇宙志是对世界和世界各国的地理、历史和民族的描述。其中多数是用学者们共同的语言——拉丁语撰写的，但是也有越来越多的作品逐渐改用本地语言来写作。

德国犹太人文主义者、宇宙学家、方济各会的修士塞巴斯蒂安·明斯特（1488—1552）曾在海德堡和巴塞尔任教，后投身宗教改革运动。他用拉丁语和德语创作的《宇宙志》（*Cosmographia*）首版于1544年。他说罗马尼亚人是罗马人的后裔这一观点的依据是"罗马语在这个民族保留至今，但是已经完全被破坏了，就算是罗马人也只能勉强听懂"。同时，他还说："这就是我前面提到的被古代人称为罗马殖民地的达契亚行省。出于这个原因，如今当地人仍普遍使用拉丁语。"明斯特的创作受到了埃尼亚·希尔维奥·皮科罗米尼的很大启发。这些学术著作的作者们并不曾亲身前往他们所讲述的国家，但是他们会严格筛选得到的信息，并与以前的著作进行比较，寻找证据，纠正陈词滥调，表达自己的观点，甚至提出大胆的假设。

奥斯曼帝国的历史学家德国人伦克拉维乌斯·洛文克劳（1533—1593）在他的著作《奥斯曼帝国苏丹编年史》（*Analele Sultanilor Otomani*）中也正确地指出了弗拉赫人一词的来源，并与"Welscher"一词进行比较。他说因为被称为弗拉赫人和讲罗曼语，罗马尼亚人被看作罗马人的后裔："弗拉赫人的民族名称并非来自那个传说中的源头——罗马人弗拉库斯。虽然很多人喜欢这个说法，我却认为它源自我们德国人……实际上大多数德国人习惯于不仅把古意大利人也把高卢人称为'Walchi'和'Walischi'。也曾是罗马行省的达契亚的语言和他们的行省语言是有亲缘关系的，所以我们的人用同样的名称来称呼弗拉赫人，只是发音变成了'Walachi'。支撑我这一观点的还有另外一个证据，即在古代匈牙利国王的头衔（称号）里经常出现昔日高卢人的名字，由此可以理解瓦拉几亚这个问题。因为曾经和高卢人、意大利人使用相同的语言，他们（罗马尼亚人）的语言如今仍和高卢人、意大利人的行省语言保持着某些相似之处。"伦克拉维乌斯拓宽了思路来证明罗马尼亚人具有拉丁特性，他指出在德语中，不仅意大利人，连法国人的称谓都跟罗马尼亚人的差不多，这意味着这些民族具有亲缘关系。

皮埃尔·塞根特在一本 1543 年在巴黎出版的《宇宙志》中谈到罗马尼亚人时说："即便是现在，他们仍然在这个国家使用罗马的语言，虽然它被破坏得如此厉害，以至于罗马人想听懂都很费劲。他们使用罗马字母，尽管其中有几个字母有所改变。"就目前所知，皮埃尔·塞根特是第一个用法语讲到罗马尼亚人起源于罗马的法国人，虽然他也受到了意大利作者们（从埃尼亚·希尔维奥·皮科罗米尼到马肯托尼欧·科西奥）的启发。皮埃尔·塞根特用法语写出罗马尼亚人的罗马渊源，也就是把这一观点传播给了更广泛的读者。罗马尼亚人在16世纪使用罗马字母这一说法与实际情况相差不远，因为尽管占主导地位的是斯拉夫语（是用西里尔字母书写的），但当时也有一些用拉丁字母写成的罗马尼亚语文本已为我们所知。

皮埃尔·勒斯卡皮耶是第一个能够根据自己的观察提供关于罗马尼亚语信息的法国人。他曾于1574年到过罗马尼亚公国和特兰西瓦尼亚，他说罗马尼亚人自认为是纯正的罗马人后裔，称他们的语言为罗马尼亚语，即罗马语。在这位法国旅人看来，罗马尼亚人的语言就是意大利语和拉丁语参半的混合体，又掺杂了一些希腊词语和一些听不懂的"鸟语"："整个（罗马尼亚）公国、摩尔多瓦和大部分特兰西瓦尼亚，在图拉真皇帝时代都遍布罗马殖民者……那些当地人自认为是真正的罗马人后代，把他们的语言称为罗马尼亚语，即罗马的语言；他们所说的语言里绝大部分是一半意大利语，一半拉丁语，还掺杂着希腊语和听不懂的'鸟语'。"

卡斯帕·波伊策尔（1525—1602）续写了梅兰希通所著的编年史，他说罗马尼亚人是罗马人的后裔基于三个理由：罗马人把达契亚变成了殖民地，罗马尼亚人讲拉丁语，弗拉赫人的称谓（表明这是一个古意大利民族）。因此他指出："这些人中的绝大多数曾经是罗马人，而他们源于拉丁语的语言也是一个明证。毋庸置疑的是，罗马尼亚人的名称来自这些罗马人，因为他们在特兰西瓦尼亚的邻居——高卢作者们根据日耳曼的习惯把意大利人称为'Wali'。"波伊策尔是又一位强调德国人对意大利人和罗马尼亚人的称呼几乎相同的德国学者。

自16世纪开始，这些远方的学者，如撒克逊人、匈牙利人或

（更近些的）意大利人，更多地依赖自己的细心观察，或者采用可靠的作品里经人亲眼证实过的第一手信息。这不仅可以从用来支持罗马尼亚人具有拉丁属性的论据看出，也可以从（包括民族和语言名称在内的）一些术语被吸收进罗马尼亚语，罗马尼亚语和其他罗曼语族的语言的比较，以及一些人发现部分罗马尼亚人模模糊糊、不确定地知晓（如"第一次定居史"）他们具有罗马人的血统这几点看出。法国人，更多的是德国人，把罗马尼亚人具有拉丁属性这件事传播到意大利以外的西方和北方，使得异国学者们开始关注这个"位于东方之门的拉丁飞地"的命运。这个古老大陆犹如一个"联通的容器"系统，东部欧洲开始被包括进这个系统之中，通过融入新的世界人口流动，为丰富精英学者和普通民众的知识做出了巨大贡献。

马蒂亚·科尔温能够听懂罗马尼亚语

波兰人很早以前就对罗马尼亚人有了直接的了解，原因至少有两个：一方面，波兰立陶宛王国与摩尔多瓦相邻；另一方面，在波兰南部有数十个根据罗马尼亚法律组建的罗马尼亚村庄。据考证，这些村庄所在地古代曾是"罗马尼亚人的国家"或沃洛霍瓦人（博洛霍瓦人）的国家，有可能是以前的希贝尼楚国，因为大批来自摩尔多瓦和马拉穆列什北部的人来此寻找肥沃的耕地和丰美的牧场。出于这一直接的认识，波兰人在整个中世纪都把摩尔多瓦称为"罗马尼亚公国"（瓦拉几亚），而把喀尔巴阡山南的罗马尼亚国家称为"Multana"，这可能是"Muntenia"（蒙特尼亚）一词被损毁后的形式。波兰的作者们是信奉天主教的，用拉丁语写作，他们很容易就能把罗马尼亚人具有罗马血统和罗马尼亚语具有拉丁属性的消息传到西方。

16世纪末，一份基于波兰人的信息为教皇匿名撰写的摩尔多瓦介绍——《不为人知的记忆，摩尔多瓦大公斯特凡三世以前的达契亚人简史》(*Ignotus ad rei Memoriam Brevis Historia Dacorum Usque ad Stepahnum III*)谈到摩尔多瓦公国的居民时说："他们是意大利人和罗马人的后裔达契亚人⋯⋯在他们的语言中自称罗马人，这是从罗马语而来的。在我们的语言中，他们被称为弗拉赫人，与意大利语中对他们的称呼相同。而弗拉赫人在波兰语中的称谓与意大利人在拉丁语中的称谓相同⋯⋯他们的性格、习俗和语言都与意大利人没有太大差异。"此处，用人文主义者的仿古方式，摩尔多瓦人被称为达契亚人，被描述为意大利和罗马人的后裔，讲罗曼语言的人，归入了罗曼语民族。作者知道摩尔多瓦人自称罗马尼亚人，波兰人就像称呼意大利人一样称他们为弗拉赫人。波兰人是最早称逝于1504年的不朽的伟大君主斯特凡三世为伟大的斯特凡大公的外国人，这一称呼随后被载入传奇和史册。此处关于达契亚人的记载是达契亚行省时期的，指的是罗马化的达契亚人。

斯坦尼斯瓦夫·奥尔泽霍夫斯基（1513—1566）在他1554年所著的《编年史》(*Analele*)中写道："他们——达契亚人，也就是罗马尼亚人，是意大利人和罗马人的后代⋯⋯达契亚人⋯⋯在他们的语言中自称罗马尼亚人，而在我们的语言中则被称为弗拉赫人，这是源自对意大利人的称呼。波兰人使用'Wloszy'一词所指的正是拉丁人口中的意大利人；他们的国家是摩尔多瓦⋯⋯从性格、习俗和语言来看，他们和意大利的文明相差无几，这些人既残酷又很勇敢。"这位波兰作者也声称（那些他认识的摩尔多瓦的）罗马尼亚人在他们的语言中自称"Romini"，该词是从"Romani"（罗马人）一词而来，他说波兰语也强调他们的拉丁——意大利起源，并说达契亚人通过他们的称呼、性格、语言以及罗马人的生活方式和勇敢证明了他们是罗马人的后裔。

马丁·克罗默（1512—1589）于1555年发表了一部波兰国家

史。他在书中写道:"罗马尼亚人……使用一种从老辈那里传承的民族语言,这种新的罗马语言野蛮、混杂而残破。"克罗默也是从语言的角度来谈罗马尼亚人的罗马特性的,正是这一点暴露了罗马尼亚人的出身。这位作者指出弗拉赫人的名称与所有意大利人的一样,这也证明了罗马尼亚人是罗马人。

利沃夫耶稣会学院院长克什托夫·瓦尔舍维茨基(1543—1603)写到通过罗马尼亚人与意大利人相似的语言、生活方式和性格,可以确证他们起源于罗马。他曾说胡内多阿拉的扬库的儿子——马蒂亚·科尔温国王能够听懂斯特凡大公派来的使者们的语言:"罗马尼亚人的语言虽然是损毁的,但仍然和拉丁语没有太大差异;所以当罗马尼亚(摩尔多瓦)的使者们试图通过翻译开始跟匈牙利国王马蒂亚对话时,他们对翻译说'跟我们的君主说',而国王回答说,如果他们用这种语言讲话,他可以听懂,无须翻译。"或许这位匈牙利国王能够听懂罗马尼亚语不仅仅是因为它与拉丁语很相似,也是因为这是他父辈先人所用的语言。在马蒂亚·科尔温登上匈牙利王位时,反对他的贵族们把他戏称为"罗马尼亚人的小国王"。而到后来,在他统治和生命的后期,当他想成为德意志民族的神圣罗马帝国的皇帝时,也同样被嘲弄为"罗马尼亚人的王子"。现在我们很清楚马蒂亚国王于1443年2月24日(使徒马蒂亚的生日)生于克卢日,父系是罗马尼亚人,但同样清晰的事实是,他也是匈牙利贵族(贵族阶层中的男爵),他终生都是作为一个匈牙利人从事政治活动的。在罗马尼亚大统一后民族和民族主义鼎盛的时期,尼古拉·约尔加在著名的马蒂亚·科尔温雕像(1902年在匈牙利民族主义者的推动下树立的)上写下:"征战四海,常胜无敌,唯一一次是被自己的民族打败。"当然,匈牙利的民族主义精英们并不喜欢看到这样的话,因为它不仅影射了匈牙利最伟大的国王具有罗马尼亚血统，还暗示了他于 1467 年在摩尔多瓦的巴亚被斯特凡大公打败。后来，民族主义情绪逐渐缓和，但是也并未彻底平复。其实这位伟大的人文主义君主形象完全可以成为罗马尼亚和匈牙利的一个共同象征。实际上，在 15 世纪时，信仰远比民族重要，虽然仅仅数十年之后，在 16 世纪时，各民族就将从被动向主动、积极的民族团结转变，初具现代民族性。那时，由于人文学者们使用仿古的地理和民族名称，在欧洲地图上，在罗马尼亚各公国的领土上越来越频繁地使用达契亚的名字。这是通过另外一种方式使罗马尼亚人作为达契亚人，作为达契亚的居民和罗马人的后裔名扬海外。

"罗马尼亚人是古代意大利人的后裔"

    萨斯和匈牙利的作者们是外国人,但也不能完全这么说,因为他们每天和罗马尼亚人生活在一起,他们之中的一些人甚至已经会说罗马尼亚语。

    格奥尔格·赖希斯托弗(约 1495—1554)是一位来自锡比乌地区(比尔坦镇)的萨斯学者,曾担任哈布斯堡王朝统治者斐迪南的妹妹——匈牙利王后玛丽亚的秘书以及斐迪南本人的秘书,后来为伊昂·佐波尧工作。他在《摩尔多瓦地方志》(*Chorographia Moldovei*)中写到喀尔巴阡山以东的国家叫罗马尼亚公国。他重拾了埃尼亚·希尔维奥·皮科罗米尼关于瓦拉几亚的名称源于弗拉库斯将军的理论:"可以佐证这一观点的事实是罗马的语言在这个民族延续下来,但是改变了很多,以至于就算是一个罗马人也只能勉强听懂。总而言之,罗马尼亚人是古代意大利人的后裔,正如罗马尼亚人自己所说,他们的祖先是古代罗马人。据历史记载,这些罗马人是跟随图拉真皇帝来到达契亚的。但是,无疑他们的习俗已经在盖塔人的影响下完全改变了，如今除了非常原始的、早已面目全非的祖辈传下的语言，他们没有保留任何关于他们古老起源和过往的证据。"在《特兰西瓦尼亚地方志》中，还是这位作者写道："这个民族的原始部族来自意大利，他们的语言清楚地证明了这一点，他们的名字是萨尔马特人（波兰人）起的。"虽然赖希斯托弗听到过罗马尼亚人讲话，但是关于罗马尼亚语，他并没有提出新的观点，而是就像当时流行的那样，喜欢引用官方的和惯用的说法。

萨斯史学之父约翰尼斯·莱贝尔认为，罗马尼亚人是图拉真皇帝带去的意大利殖民者的子孙。他把民族名称"Valachus"恰当地翻译为"罗马的意大利人"。他说"Valachus"是外国人给罗马尼亚人的命名，因为这些人自称"Rumuini"。莱贝尔肯定也懂得罗马尼亚人的语言，他称之为"罗马语"。借助当地的信息来源、亲身去了解以及撒克逊人的圈子，莱贝尔断言罗马尼亚人的祖先源自罗马，他们的语言具有拉丁属性，他们的民族名称具有罗马渊源。这是一种通过接触产生的理论，因为这位撒克逊人直接认识罗马尼亚人。

来自奇斯讷迪耶在克卢日定居（并于 1579 年左右在那里去世）的撒克逊人加斯帕·海尔斯说，在日耳曼人和匈牙利人之前，特兰西瓦尼亚的居民是罗马人，其中有自称罗马尼亚人（Románusok）的弗拉赫人。正是在那时（1579 年），斯特凡·巴托里宫廷的获奖诗人莱昂哈德·温丘斯称，特兰西瓦尼亚亲王的宫廷里在讨论罗马尼亚人的罗马起源问题。

达尔马提亚人安东·韦兰契奇实际是匈牙利化的克罗地亚人，曾在帕多瓦受教育，历任特兰西瓦尼亚教士团高级教士、皇家秘书、佩奇主教、阿尔巴尤利亚主教，后升任斯特里戈纽大主教、哈布斯堡匈牙利总督和枢机主教等要职。他与罗马尼亚人相识，他所记录的罗马尼亚人更多是基于自己的观察，而不是人文学者们的作品：“弗拉赫人是罗马人的后代……除了弗拉赫人的语言里有无数词语在拉丁语和意大利方言里同义这一点以外，当他们问某人会不会说他们弗拉赫人的语言时，他们会问‘你懂罗马语吗？’，或者当他们问某人是不是弗拉赫人时，他们会问‘你是罗马尼亚人吗？’。”韦兰契奇说弗拉赫人一词源于斯拉夫语，意为罗马尼亚人和意大利人，这是罗马尼亚人具有拉丁属性的又一证据。他不赞成弗拉赫人的命名是源于所谓弗拉库斯将军之名的说法，他认为，从罗马达契亚的历史、语言和名称来看，罗马尼亚人是罗马人的后裔。韦兰契奇和其他众多作者一起证明了罗马尼亚人在 16 世纪时是如何称呼自己的：“弗拉赫人自称罗马人。”当然，那时弗拉赫人并非自称罗马人，而是罗马尼亚人，对于任何知情者而言，这种相似都是惊人的，而要把弗拉赫人自己的民族命名用拉丁语来写的话，只能写作“Romanus”。

斯特凡·巴托里的总理大臣沃尔夫冈（法卡斯）·科瓦乔奇（约 1540—1594）留下了一部时政作品，名为《关于特兰西瓦尼亚政府的对话》（*De Administratione Transylvaniae Dialogus*），于 1584年在克卢日出版。该书通过虚构人物之间的对话指出，经常自称罗马人的弗拉赫人是罗马人的后裔，而罗马尼亚人的语言比意大利语更接近拉丁语。对话中的人物菲罗达古斯捍卫罗马尼亚人，而尤勒勒斯则污蔑他们。

特兰西瓦尼亚的匈牙利族人萨摩什科基·伊斯特万（约1570—1612），拉丁名为斯蒂芬·扎莫修斯，在他的作品《达契亚石头残片和古物集》（*Analecta Lapidum Analecta Lapidum Vetustorum et Nonnullarum in Dacia Antiquitatum*）中写到罗马尼亚人是罗马人的后代（罗马尼亚民族是由罗马殖民者演变而来），和意大利语、西班牙语、法语一样源自拉丁语的罗马尼亚语可以证明他们的出身："古老的拉丁语融入了四种非常独特的地方语言，即意大利语、法语、西班牙语和罗马尼亚语，这些语言中共存的拉丁语痕迹就是不容置疑的证据。"关于罗马尼亚人，在这本书中他还写道："如果不是语言暴露了他们的出身，你可能都不会相信这些人的祖先是曾经的罗马移民，即便是经过几个世纪，这种语言已经退化得不完整了，但仍然可以清晰地看出它属于拉丁语。另外，直到现在，这些人仍自称是罗马人。"扎莫修斯也认为罗马尼亚人的自称与罗马人的名称是一样的。只是在罗马尼亚大公勇敢的米哈伊统治特兰西瓦尼亚之后，在当时的重大事件影响之下，扎莫修斯的观点发生了改变，他对罗马尼亚人的欣赏被仇恨取代。此后他说并非（3世纪撤退到多瑙河以南的）罗马人，而是被罗马人统治了两个世纪之后罗马化了的达契亚人保留了拉丁语，之后又演变为罗马尼亚语。这种理论离事实基本相差不远，但是对于这位受到特兰西瓦尼亚在1599—1600年间被罗马尼亚人统治一事影响的人文主义者来说具有特殊意义：罗马尼亚人不能是罗马贵族和文明人的后裔，而只能是野蛮的达契亚人的后代，即使他们已经罗马化。

所有这些文献，或源自特兰西瓦尼亚大公们周边，或源自外国人文主义者，都指出尤其是在16世纪下半叶时，在大范围特别是精英和官方的圈子里，已经了解并记载了"弗拉赫人"在其语言中自称"罗马尼亚人"，而这个词在拉丁语里只能写成"Romanus"（以及它的衍生词）这一事实。更令人激动的是，外国人是从一些罗马尼亚人那里得知这些信息的，那些罗马尼亚人以他们的名字和出身为傲。

"摩尔多瓦人与蒙特尼亚人有着相同的语言、习俗和宗教信仰"

人文主义者尼古拉·罗曼努尔生于特兰西瓦尼亚一个来自罗马尼亚公国的罗马尼亚人家庭，他是天主教徒，曾担任最高宗教职务（匈牙利首席大主教）和政治职务（哈布斯堡匈牙利摄政）。他在1536年出版的《匈牙利》（*Hungaria*）一书中写道："摩尔多瓦人与蒙特尼亚人有着相同的语言、习俗和宗教信仰，不同的只是服饰……如同一些罗马移民后裔一样，他们和其他罗马尼亚人的语言曾经是罗马语。现在，摩尔多瓦人的语言和那个语言（拉丁语）区别很大，但是拉丁民族的人仍然可以听懂他们所说的话……罗马尼亚人称他们自己是罗马移民的后裔。这一观点的论据就是他们的语言和罗马语有诸多相同之处，并且在此地发现了很多罗马人的货币。毫无疑问，这些都证明了这里曾经处于罗马人的统治之下。"在这些信息的基础上，我们还应该加上1763年版《匈牙利》的编辑亚当·弗朗西斯·科拉留斯的评论："所有弗拉赫人都以'Rumunyi'，即罗马人自居，而且认为他们讲的是'Rumunyeschte'，即罗马人的语言。他们的语言与意大利语最为相近，但是在教会语言，尤其是在比霍尔人使用的语言里，还包含一些斯拉夫词语。如果我没弄错的话，这是因为他们的宗教信仰来自斯拉夫人，他们遵循希腊的教义和仪式，并坚定地把它们保留了下来。"科拉留斯说 1754 年时他曾到奥拉迪亚办事，他在那里和罗马尼亚人一起工作，与之交谈，亲自确认了罗马尼亚语具有拉丁属性。

一份 1548 年 11 月 23 日由匈牙利首相保卢斯·德·瓦尔达起草、斐迪南国王颁布的文件在解释尼古拉·罗曼努尔再次封爵的原因时写道："的确，众所周知，他们（罗马尼亚人）源自世界的权力之都——罗马，定居在达契亚一个名为山那边的国家的富饶地区，以便抵御附近敌人的入侵……所以，时至今日，他们在自己的语言里仍自称罗马人……你的民族出类拔萃，产生了许多重要的领导人，其中就包括著名的马蒂亚国王的父亲——卓尔不凡的胡内多阿拉的扬库。"

了解 16 世纪时罗马尼亚宗教典籍里如何称呼罗马尼亚人具有重要意义。今天无需任何证据，众所周知，在所有保留下来的 16 世纪以来的罗马尼亚语文献里，出现在其他语言文献的"弗拉赫人"（Vlah，以及它的各种变体）一词都被统一翻译成罗马尼亚人（Român/Rumân）。16 世纪后半叶，在执事科雷斯的主持下，一批罗马尼亚语新书在布拉索夫印刷出版，其中包括：1559 年的《基督教问题》（可能是 1544 年锡比乌版《教义问答》的重印版，1544 版已失传）、1563 年的《使徒行传》、1564 年的《福音传道》，1570 年的《诗篇》、1581 年的《教科书》。在科雷斯的这些印刷出版物（原版，非从其他语言翻译而来的版本）的后记里可以看到，当提及罗马尼亚人和他们的语言时，使用的都是他们自己的命名，即"Rumân"和"Rumânească"。科雷斯在《基督教问题》的出版后记中写道："……在那之后，一些优秀的基督徒把这本书从塞尔维亚语翻译成罗马尼亚语出版……以便让所有的罗马尼亚教徒都能看懂。"又在《诗篇》出版后记中阐明了出版罗马尼亚语书籍的必要性："上帝保佑，我，执事科雷斯，看到上帝的圣言已经用很多语言出版，只有我们，罗马尼亚人，没有自己的版本。"因此，罗马尼亚人给自己的命名正是那个从拉丁语"Romanus"演变而来的词语"Rumân"。

但是，罗马尼亚人这个名称也出现在其他情景下。《使徒行传》（1563 年执事科雷斯在布拉索夫出版的罗马尼亚语版）中写道："……我说我们不必接受和遵循那些不适合我们的坏习惯，因为我们是罗马尼亚人。"人们自然会问，在那个使徒们周游布道的年代，"罗马尼亚人"是什么人？这需要去罗马尼亚语翻译版本的原始文本或目击者的记录中寻找答案：在斯拉夫语文本里相对应的词语是"Rimleanini"，在拉丁语文本里使用的是"quum simus Romani"。可见，《使徒行传》里的"罗马尼亚人"就是古代罗马人。所以，拉丁语中的"Romanus"（罗马人）在 16 世纪下半叶时也被译为"Rumân"（罗马尼亚人）。

罗马尼亚印刷的最后一个新教倡议与图尔达什的米哈伊主教（罗马尼亚人的新教加尔文宗教区的牧师）有关。在（天主教的）西吉斯蒙德·巴托里的支持下，科雷斯的儿子谢尔班和执事马林印刷出版了《旧约全书》，名为《奥勒什蒂耶旧约》（*Palia de la Orâştie*）。《旧约》的前言大都使用"Român"和"Românesc"（仅有一处使用的"Rumâni"），在完成出版的当天（1582 年 7 月 14 日），图尔达什的米哈伊向教区的教徒们用拉丁语发表通喻，推荐他们用罗马尼亚语来读《旧约》，实际就是《旧约》序言结尾的拉丁语版本。特兰西瓦尼亚官员的教区牧师、罗马尼亚人的主教图尔达什的米哈伊自称为"罗马人的主教",称他和教徒们的语言为"罗马语",称他的信徒们为"罗马兄弟们"。这些事实都表明,那时的人们就已经在拉丁语词语"Romanus"和罗马尼亚语词语"Român"/"Rumân"之间建立了完美的同义关系。在此情况下,"罗马尼亚人的主教"被翻译为拉丁语"episcopus Romanorum"。同时,在同一个文本里使用"Valachus"和"Romanus"来称呼罗马尼亚人,表明了二者完全同义以及并用的新习惯。还有一点,在一些罗马尼亚语的特兰西瓦尼亚内部文本里,罗马人的名称和罗马尼亚人一样,而在一些拉丁语的内部文本里,罗马尼亚人则是以罗马人的形式出现的。罗马尼亚人被称为罗马人,而他们的语言被称为罗马语,罗马尼亚人的罗马出身是不言而喻的。由此可见,早在1500年,人们就明确了摩尔多瓦的语言和其他罗马尼亚人的语言是相同的,虽然至今仍有一些人不能接受这一基本事实。

"拉丁语是意大利语、罗马尼亚语、法语和西班牙语的本源"

欧金尼奥·科谢留数十年前就已证明，部分学者在 16 世纪就把罗马尼亚语纳入了罗曼语系。

学识渊博的奥弗涅学者、巴黎皇家学院教授吉尔伯特·热纳布拉尔（约 1537—1597），在他所著的研究语言起源和多样性的《宇宙志》（发表于 1580 年）中指出"希伯来语是人类的原始语言"，而"拉丁语是意大利语、罗马尼亚语、法语和西班牙语的本源"。他应该是从一些意大利人文主义者的作品里和当时的各种宇宙志中获得的关于罗马尼亚语的信息。即便如此，热纳布拉尔仍然通过列举事实赋予了这些信息新的含义。

毕尔巴鄂的律师、圣塞瓦斯蒂安的航海家安德烈斯·德·波萨（约 1530—1595），在他的作品《古代西班牙的语言、人口和区域划分》（*De La Antigua Lengua，Poblaciones，y Comarcas de las Españas*，毕尔巴鄂，1587）中写道："从拉丁语中演变出了现在意大利、西班牙、法国和罗马尼亚公国使用的官方语言。"根据西班牙语文本，在波萨的作品中使用了拉丁语摘引，其中提到罗马人强制在除希腊和坎塔布里亚以外的帝国全境使用他们的语言："据说命名源自指挥官弗拉库斯的弗拉赫人现在北邻鲁塞尼亚人，南临多瑙河。尽管他们的语言已经面目全非，以至于一个意大利人也很难明白一个弗拉赫人说的话，但仍有明显证据显示它源自拉丁语。"

在上述两位作者的作品中，罗马尼亚语都是同意大利语、西班牙语、法语一样作为罗曼语族的一种独立语言出现的，而并非某种罗曼语言的分支。这是已知最早承认罗马尼亚语具有如此地位的文献。波萨把罗马尼亚语归入"国家语言"或"通用语言"之列，而不是（地方）衍生语言。意大利的作者和人文学家们很早就已了解罗马尼亚语源自拉丁语，与意大利语相似，但也正是因为他们的缘故，罗马尼亚语也曾被当作一种不规范的意大利语。

瑞士人康拉德·格斯纳（1516—1565）在他的著作《语言大全——至今仍在世界各国使用的古代语言之间的差异》（*Mithridates: De Differentiis Linguarum Tum Veterum Que Hodie apud Diversas Nationes in Toto orbe Terrarum in Usu Sunt*）里说只有三种罗曼语族的语言是独立的，即意大利语、西班牙语和法语。关于罗马尼亚语，他写道："（根据教皇庇护二世埃尼亚·希尔维奥·皮科罗米尼所证）它也是罗曼语言，但是大部分都已改变，即便是意大利人也很难听懂了。"可知格斯纳认为罗马尼亚语是一种罗曼语言，但它是由意大利语衍生而来，并非一种独立的语言。

法国人克劳德·杜雷特（1570—1611）在他的遗著《世界语言史宝藏》（*Tresor de l'Histoire des Langues de cest Univers*）中，把引用的热纳布拉尔所言（"拉丁语是意大利语、罗马尼亚语、法语和西班牙语的本源"）翻译成了法语，把罗马尼亚语和意大利语、西班牙语、法语放在了同等地位。

德国人马丁·奥皮茨（1597—1639）曾在阿尔巴尤利亚任教，在他的诗《兹拉特纳》（*Zlatna*）中，罗马尼亚语也曾与意大利语、西班牙语和法语并列出现："你们的语言保留至今 / 完整而洁净 / 令人惊叹！ / 意大利已与祖先相去甚远 / 西班牙和高卢亦如这般 / 它们与罗马已少相关 / 而罗马尼亚人却与之紧密相连。"由此可见，奥皮茨在诗中指出，相较于意大利语、法语和西班牙语，罗马尼亚语与拉丁语更为接近。

英国人斯蒂芬·斯金纳（1623—1667）在《英语的词源》（*Etymologicon Linguae Anglicanae*）一书中写到从"拉丁母语"中衍生出了意大利语、西班牙语、法语和罗马尼亚语。这四种语言在给"致读者序"中被称为"拉丁母语"的"女儿"、"后代"、"分支"或"派生物"。

在 1671 年，瑞典人格奥尔格·谢恩赫尔姆（1598—1672）在他翻译出版的（哥特主教）乌尔菲拉版《圣经》的序言"语言的起源"中，也把罗马尼亚语列入了罗曼语族。谢恩赫尔姆掌握了源自拉丁语的"七种新语言"：意大利语、西班牙语、法语、列托－罗马语、加泰罗尼亚语、撒丁语和罗马尼亚语。每一种语言，作者都以《我们的父》（*Tatăl Nostru*）作为样本。在谢恩赫尔姆之后，乔治－卡斯帕·基希迈耶（1635—1700）在 1686 年出版于维滕贝格的著作《欧洲最古老的语言——凯尔特语和哥特语》（*De Lingua Vetustissima Europae—Celtica et Gothica*）中列举了同样的罗曼语言，但是他仅仅提到撒丁语一次（在他的前辈那里，加泰罗尼亚语以撒丁语的名称出现，而撒丁语则是被冠以民间撒丁语的名称）。

德国人安德雷斯·穆勒（1630—1694）在 1680 年以托马斯·吕德肯之名出版的《我们的父》（*Tatălui Nostru*）各版本合集中，把罗马尼亚语归入拉丁语的"后裔"或"女儿"。这位作者把罗马尼亚语版《我们的父》与那些拉丁语、法语、意大利语、弗留兰语、列托－罗马语、西班牙语、加泰罗尼亚语、"城市撒丁语"、撒丁语、"乡村撒丁语"、葡萄牙语的版本一起列入拉丁－罗曼语版本中，排在缺失的贝里语（普罗旺斯语的一种）版之后，位列最后。安德雷斯·穆勒是少数在 17 世纪承认并肯定罗马尼亚语具有拉丁属性的西欧作者之一。他并非默认，而是直接承认。在对欧洲语言（并未区分国家语言和方言）分类时，他分出了一组罗曼语言（拉丁语及其"后裔"或"女儿"）：拉丁语、法语、意大利语、弗留兰语、列托－罗马语、西班牙语、加泰罗尼亚语、撒丁语、葡萄牙语、巴斯克语、普罗旺斯语和罗马尼亚语。巴斯克语被错误地列入其中，或许是因为地理原因。此外，穆勒还犯了另外一个错误，这个错误在某些地方延续至今：《我们的父》的合集中有两个罗马尼亚语版（两个版本的来源不同），他把第二个版本称为威尔士版（来自威尔士）。（正如欧金尼奥·科谢留在 1980 年指出的）很明显作者既不懂罗马尼亚语，也不懂威尔士语，才会将第二个版本所用的缩写"Wal." 注为来自"Wallica"（即威尔士语版）而非"Wallachica"（瓦拉几亚）。尽管已经做出了澄清，至今仍有学者试图说服我们威尔士人曾经或现在仍讲罗马尼亚语。

拉丁语融入了四种独特的地方语言：意大利语、法语、西班牙语和罗马尼亚语

其他把罗马尼亚语明确纳入罗曼语族，将之看作与其他罗曼语族的语言具有同等地位的拉丁语分支的作者大多来自特兰西瓦尼亚，并且都懂得罗马尼亚语。萨摩什科基·伊斯特万，拉丁语名为斯蒂芬·扎莫修斯，在他的作品《达契亚石头残片和古物集》中写到罗马尼亚人是罗马人的后代（罗马尼亚民族自罗马殖民者演变而来），那和意大利语、西班牙语、法语一样源自拉丁语的语言可以证明他们的出身："古老的拉丁语融入了四种非常独特的地方语言，即意大利语、法语、西班牙语和罗马尼亚语，这些语言中共存的拉丁语痕迹就是不容置疑的证据。"在罗马尼亚大公勇敢的米哈伊统治特兰西瓦尼亚之后，在当时的重大事件影响之下，扎莫修斯的观点发生了变化，他对罗马尼亚人的欣赏被仇恨所取代。此后他说不是（3世纪撤退到多瑙河以南的）罗马人，而是被罗马人统治了两

个世纪之后罗马化的达契亚人保留了拉丁语，之后又演变为罗马尼亚语。这种理论与事实基本相去不远，但是对于这位因特兰西瓦尼亚在 1599—1600 年间被罗马尼亚人统治而心生愤慨的人文主义者来说具有特殊意义：罗马尼亚人不能是罗马贵族和文明人的后裔，而只能是野蛮的达契亚人的后代，即使他们已经罗马化。无论如何，这种政治变化并不会影响罗马尼亚语被归入罗曼语族，正如之前作者所做的那样。

另一位虽不在特兰西瓦尼亚，但也直接了解罗马尼亚情况的匈牙利作者是伊斯特万菲·米克洛斯（1535？—1615），拉丁名为尼古劳斯·伊斯特万菲乌斯·潘诺纽斯，他身为主教、历史学家，也是皇帝鲁道夫二世的外交官。这位人文学家在他的作品《匈牙利事务史》（*Historiarum de Rebus Ungaricis Libri XXIV*）中，毫不迟疑地把罗马尼亚语和其他罗曼语族的语言并列在一起："那两个罗马尼亚公国，分别名为摩尔多瓦和山那边的国家，它们和特兰西瓦尼亚一起被古人统一称为达契亚：除了迄今仍矗立在那里的古老的石头和大理石的纪念碑以外，罗马人把殖民地也建到了达契亚。当地居民使用的损毁的罗马语就是证明，这种语言和西班牙语、法语，甚至是意大利语都非常相近，以至于他们在交往中不用费劲就可以听懂彼此所说的话。"

这些在当地收集并用拉丁语在西欧发表的资料后来也被其他作者引用。前面扎莫修斯所写的那一段内容后来被马库斯·祖里乌斯·博克斯霍恩（1612—1653）在《从耶稣降生到 1650 年的神圣和世俗世界史》（*Historia Universalis Sacra et Profana a Christo Nato ad Annum Usque MDCL*，莱顿，1652）中引用。后来，克里斯蒂安·哈特克诺赫（1644—1687）又在所著的《新老普鲁士》（*Alt-und Neues Preussen*，法兰克福和莱比锡，1684）中从博克斯霍恩那里引用了这段内容："众所周知弗拉赫语只可能是拉丁语，所以斯蒂芬·扎莫修斯指出从拉丁语衍生出四种语言，即威尔士语、法语、西班牙语和弗拉赫语。"伊斯特万菲乌斯所写的那段内容又被约翰尼斯·格拉德勒努斯的《匈牙利、特兰西瓦尼亚、摩尔多瓦－弗拉赫－土耳其、鞑靼－波斯和威尼斯编年史》（*Hungarische, Siebenbürgische, Moldau-Wallach-Türck, Tartar-Persan und Venetianische Chronica*，法兰克福，1665）引用。格奥尔格·克雷克维兹可能是特兰西瓦尼亚的撒克逊人，他在《详述特兰西瓦尼亚公国》（*Totius Principatus Tuansylvaniae Accurata Descriptio*，纽伦堡和法兰克福，1688）中一字不差地也是用德语引用了同样的一段内容（虽然标题是拉丁语的）。来自锡比乌的撒克逊人约翰尼斯·特勒斯特在《新老日耳曼达契亚——对特兰西瓦尼亚公国的全新描述》（*Das Alt- und Neu-Teutsche Dacia. Das ist: Neue Beschreibung des Landes Siebenbuergen*，纽伦堡，1666）中提到，根据个人观察，罗马尼亚语比意大利语、西班牙语和法语更接近拉丁语。

可见，从 16 世纪开始，本地（喀尔巴阡山－多瑙河地区）作者和西方作者们都把罗马尼亚语视为罗曼语族的一员，把它与其他由拉丁语衍生出来的语言基本同等看待。上文提及的一些作者虽然并不直接了解罗马尼亚人，他们的信息是从他人那里获取的，但这并不会改变问题的本质。从而我们得出结论，在某些人基于偏见而假设出的"罗马尼亚语再拉丁化"之前很久，在学者界和其他各界，罗马尼亚语就已经和其他西方罗曼语言一起被看作新拉丁语了。"罗马尼亚语再拉丁化"理论是后来随着特兰西瓦尼亚罗马尼亚人的民族解放运动日益高涨而被提出的。在当时的政治环境里，人民及其语言的高贵性仍被看重。在此背景下，把罗马尼亚人说成是蛮夷或是让他们蛮夷化，一些"学者"适时声称，多瑙河以北承袭下来的拉丁语早就与其他方言和语言混杂在一起了，以至于在中世纪斯拉夫化的影响之下已经变得面目全非，所以需要特兰西瓦尼亚学派介入来把罗马尼亚语规范化，清除词语、词法、句法的非拉丁元素，引入未被民族语言吸纳的拉丁语词语或句子结构，从而赋予了罗马尼亚语罗曼语族的特点。但是，即便如此，特兰西瓦尼亚学派也是从 18 世纪的后 30 年才开始成为一个活跃的文化和意识形态运动的。如果直到 1770—1780 年，罗马尼亚语仍然是"非正式的""不发达的""野蛮的""斯拉夫化的"，那么被引用的数十位作者又怎能在 14 至 17 世纪注意到并声称罗马尼亚语具有拉丁属性呢？这一现代人所做杜撰的虚假性不仅可以通过分析上述外国作者和罗马尼亚作者们提供的证据，也可以通过研究 1500 年以来的罗马尼亚语文献来揭穿，此项工作我们会另找机会来做。

　　总之，真相只有一个：罗马尼亚语是伴随着创造它并把它作为交流工具的人民一起产生、成长、发展的；从民族和语言形成的末期开始，罗马尼亚人具有罗马特性和罗马尼亚语具有拉丁属性就是不争的事实，所有细心的观察者都能轻松认识到这一点。就像所有语言一样，随着时间的推移，罗马尼亚语也经历了发展、变化甚至是现代化的过程。18 世纪以来，罗马尼亚语制定了语法，引入了规则，使其语言特点和新拉丁语大家族的属性得到了加强。它甚至尝试通过夸张的拉丁主义潮流，引入一种词源法书写方式，如同法语和英语一样，这样，除了语音（发音）以外，它的拉丁属性也正式凸显了。另外，它还曾尝试人为去除所有非拉丁词语元素，并引入拉丁词源的词语来命名一些概念和行为，等等。但是，所有这些尝试都未能成功，因为任何行政措施或上层决定都不可能战胜一种语言的精神。就这样，罗马尼亚语在形式和内容上都实现了有机的进化，同时，它固有的拉丁属性也得到了尊重。

已知保存至今的最早的罗马尼亚语文献（不仅仅是一个句子）可以追溯到 16 世纪。然而，中世纪就已存在包含罗马尼亚语词语的用宗教仪式、办公和文学语言发表的外交和文学资料，并且从13、14 世纪开始，这样的资料越来越多。

　　例如，从拉丁语资料可以获悉，马拉穆列什几乎所有的地名、河湖名称、专有名称或人名在整个中世纪都是使用罗马尼亚语（只有一小部分是罗马尼亚－斯拉夫语）的。1592 年的一份包含博尔沙土地划界书的拉丁语文件就充分证明了这一点，文件中还包含了一些关于"盖塔语言"的混乱消息。在该文件结尾，按惯例对土地边界进行了描述："……在盖塔语言里称为葡萄酒山（Gruiu Vinului），从那里延伸到布罗斯库山（Gruiu Broscului），再到红石山（Gruiu Piatra Roşie），然后是马鞍峡（Pasul Prislop）和皮尤察（Piuţa），之后转向蒙切山（Gruiu Muncelui），再经过熊之泉（Izvorului Ursului），转而向北经过雷佩德河（Repedea）而终止。"通过研究这些地名和地形名称，可以得出几个有趣的结论。正如我们所见，几乎所有的小山丘或山脉都被称为"gruie"或"gruiuri"，这是从拉丁语"grunnium"（中性、单数、第二格）而来的罗马尼亚语词语。这些小山的名字分别是"葡萄酒"、"布罗斯库"（有可能是"蛤蟆"（al Broscoiului））、"红石"和"蒙切"（有可能是"小山"（al Muncelului））。所有这些提到的小山名字所用词语都来自拉丁语。"prislop"（复数 prisloape）似乎是斯拉夫语，在罗马尼亚语中的意思是山之间狭窄的地方、山口、峡。另一个词"izvor"也是斯拉夫语，但"urs"一词以及副词／名词化形容词"repedea"都是拉丁语。如果"piuţă"是"piuă"的指小词的话，那么这个地名也是拉丁语的，但如果它是"Bistriţa"被破坏后的一种形式的话（因文书不明白而误写），那么这个词就仍是斯拉夫语。此外，这条名为"Bistriţa"的河流上游在很多情况下被冠以罗马尼亚语名称"Repedea"，这表明斯拉夫人仅仅是翻译了它的罗曼语及其后的罗马尼亚语名称。而此处似乎指的是罗马尼亚语的"Repede"被斯拉夫人翻译之后命名为"Bistriţa"。

换言之，上述划界书中几乎所有的命名都是罗马尼亚语和源自拉丁语的。在那十个地名和地形名称中（"gruiu"一词我只算一次），八个来自拉丁语，这说明马拉穆列什的"盖塔方言"实际属于拉丁语。抛开那些悖论，我们发现不懂罗马尼亚语的文书（负责誊写的小吏、抄写员）也把罗马尼亚语称为"sermo Geticus"，我们翻译为"盖塔方言"。没有人会为此感到惊讶，因为那时我们仍处于文艺复兴时期的欧洲，当时通过人文主义，引入了符合希腊-拉丁古典主义要求的仿古命名形式。当然，如果文书写作"sermo Valachicus"或按人文主义的模式写作"sermo Dacicus"会更加自然，因为这个由罗马人组成的行省正式名称为达契亚而不是盖塔。但是人文主义作者们了解一些古代文献，从中可以看出从某一时刻起达契亚人和盖塔人具有同一性，他们显然认为"Dacia"和"Getia"是同义词。但是，即便如此，基于这些可能的解释，据我们所知，摆在我们面前的是罗马尼亚语最古老的名称，它是根据罗马尼亚社会内部的信息来源记载而来。换言之，中世纪时，马拉穆列什郡的历史中心——锡盖特的居民多为罗马尼亚人。一名当地的文书在听到罗马尼亚人讲话之后，尽己所能地把地名和河流名称记载下来，他说所有这些名称都是"盖塔语"或"盖塔方言"。从很多角度来看，包括对于达契亚-罗马传承在现代罗马尼亚公众意识中的意义而言，这一事实都是举足轻重的。

对于一些不熟悉那个时代的人而言，"盖塔方言"这个名称具有欺骗性，可能会被当作罗马尼亚人达契亚血统"理论"的错误依据。文艺复兴时期的人们有意将人名和地名仿古化（拉丁化）。因此，法国、瑞士、匈牙利、罗马尼亚各公国、塞尔维亚 - 保加利亚在当时经常被称为高卢、拉埃提亚、潘诺尼亚、达契亚 / 盖塔、默西亚，这些名字和蛮夷世界没有任何关联，而仅仅与罗马人统治下的、被纳入罗马帝国并因此进入文明世界的土地和人民有关。因此，"盖塔方言"是指罗马尼亚语，即达契亚或盖塔行省的古罗马人后裔所讲的语言。现在众所周知，马拉穆列什并不是罗马帝国的一部分，但是罗马的边界非常接近马拉穆列什，因为特兰西瓦尼亚曾经是罗马达契亚（盖塔）的核心。在文艺复兴的数百年间，一直被视为罗马人后裔的罗马尼亚人所居住的所有土地，通常都被称为达契亚或盖塔。因此，这些仿古的名称与罗马统治之前的布雷比斯塔和德切巴尔时代的达契亚并无丝毫关联，只是为了重现曾直达多瑙河和喀尔巴阡山的罗马雄鹰的荣耀。

马拉穆列什在此方面独居优势，因为自 106 年起，在来自达契亚行省的多重影响之下，它就已经逐步罗马化。但是，尤其是在奥勒良皇帝的统治撤出达契亚行省之后，大量村庄和居民蜂拥向北，寻找适于饲养牲畜和种植庄稼的土地，还有阻挡移民的天然堡垒，而马拉穆列什盆地恰恰是理想的场所。在马拉穆列什的封建主们的领导下，这里诞生了一个强大的罗马尼亚公国，这些封建主定期集会选举大公。在 13 至 14 世纪时，这个罗马尼亚的公国逐渐被匈牙利王国占领，在博格丹大公的率领下，一些封建主揭竿而起，经过大概二十年的反抗（约 1342—1363），他们来到了摩尔多瓦。而以德拉戈什（作为匈牙利君主的忠实附庸而来到摩尔多瓦的）为代表的一些其他地方的封建主，效力于匈牙利君主和新政权，期望借此能把地方领导权保留在自己的手中，这些人因"忠诚效力"而被封爵，并继续领导马拉穆列什公国。在 14 世纪末时，此地更多被官员们称为马拉穆列什郡。那些曾是马拉穆列什封建主的贵族们，作为一个异国统治下的地方领导，于1592年在锡盖特集会，就像他们历来所做的那样。他们已经适应了新的规则，但并未忘记过去的传统和规矩。造成这种延续的，除了他们这些有着强劲罗马尼亚人血脉的人，还有摩尔多瓦人。在德拉戈什和博格丹率部东去和"第二个自由的罗马尼亚国家"全面形成之后，出现了人口回流，以滋养这片疲惫贫瘠的故土。斯特凡大公是内喀尔巴阡山罗马尼亚人的第一位伟大的摩尔多瓦君主，他在费莱亚克、齐切乌和巴尔塔城被称为"我们的大公"，那里幅员辽阔，有一百多个罗马尼亚村庄。第二位是他的儿子贝特鲁·拉雷什亲王，他把和平和仇恨，尤其是罗马尼亚的功迹，一起带到了特兰西瓦尼亚。（正如尼古拉·约尔加所说的那样）他的军队的足迹遍布特兰西瓦尼亚，他们发现从北方鲁塞尼亚人聚居地到南方塞克勒人聚居地都只讲罗马尼亚语，穿罗马尼亚服装。匈牙利王后伊莎贝拉（波兰裔）的秘书贝特鲁·佩雷姆斯基在16世纪时也做了如下记载："一些罗马尼亚人占有这个（特兰西瓦尼亚）国家的大部分地区，他们很容易与他（贝特鲁·拉雷什）实现统一，因为他们讲同样的语言。"

16 世纪罗马尼亚语文献的
拉丁词语构成

　　现存 16 至 17 世纪罗马尼亚语文献里的词语结构也证明了罗马尼亚语的特点。以下选自 16 世纪的例子就很有说服力。

　　来自肯普隆格的内亚克舒所写的书信中共有 202 个罗马尼亚语词语，其中仅 12 个词源为非拉丁语。因此，拉丁语词语的比例占到了 94.06%，而非拉丁词语仅占 5.94%。斯拉夫语词语有 8 个，所占比例为 3.96%。例如以下几个词汇是源自斯拉夫语的：corabie, boier, megieş, slobozie, lotru, a păzi。还有其他来源不明的，源自匈牙利语（oraş, meşter）和希腊语（frică）的词语。

　　1563—1564 年间一份戈尔日的买卖文书里包含 344 个罗马尼亚词语，其中 30 个是非拉丁词源的。所以拉丁语词语占 91.28%，而非拉丁词语的比例为 8.72%。斯拉夫语词语一共有 9 个，仅占 2.62%。斯拉夫语词语有以下例子：vreme, a plăti, megieş, vrednic, vadră。其他词语则有来自前罗马时代的底层词语（moştean, moşie）、匈牙利语（jale）、希腊语（aspri），还有些是词源不明的词语（buiestru，iar，ban，poloboc）。

一份 1577 年 4 月 4 日的摩尔多瓦的买卖文书包含了 106 个罗马尼亚语词语，其中 85.85% 为拉丁词源的，14.15% 为非拉丁词源的。斯拉夫语词语占 8.49%（例如：zapis，ocină，veac，a clăti，tocmeală，sulițaș，diac，pecete）。词源不明的词语包括：adică，sută，ban。源自土耳其语的词语：tătar。源自前罗马时代的词语：moşie。源自希腊语的词语（罗马尼亚语指小词）：spătărel。

一份 1593 年 5 月 24 日的马拉穆列什的分割文书包含了 277 个罗马尼亚语词语，其中 17 个（6.14%）是非拉丁词源的，其余（93.86%）是拉丁词源的。源自斯拉夫语的占 1.80%，其中包括：tabără，vrajbă，slăvit，veşnic，protopop。源自匈牙利语的有：şogor，ioşag，chip，a cheltui，fisolgabir，varmeghie。词源不明的为：adică。

在一封于 1593 年 7 月 10 日写给贝特鲁·什基奥普的信中，包含了 527 个罗马尼亚语词语，其中 58 个（11%）是非拉丁词源的，89% 是拉丁语词源的。在 58 个非拉丁词源的单词中，33 个（6.26%）是源自斯拉夫语的，例如：iubit，sfat，vodă，vreme，stolnic，a grăi，vornic，lesne，treabă，slujbă，zăbavă，nădejde，milostiv，sminteală，vrăjmaş，prieten，a pofti，ispravă，a tocmi，ceas，cinste。其他词语则来源于前罗马时代的底层词语（moşie，îngropat）、匈牙利语（gând，chip，a îngădui，a sârgui）、希腊语（neofit）、土耳其语（paşa，ereiz，tefterdar），以及词源不明的词语（iar）。

科雷斯版《教义问答》里共有 1 355 个罗马尼亚语词语，其中 1 211 个是拉丁词源的（89.37%），148 个是斯拉夫词源的（10.92%），剩下的为其他词源的（匈牙利语、希腊语、本地语言）。

科雷斯版《法典》里包括 2 493 个罗马尼亚语词语，其中 2 004 个来自拉丁语（80.39%），430 个来自斯拉夫语（17.25%），其余则是其他来源的。

特奥多雷斯库的法律汇编里包含 1 743 个罗马尼亚语词语，其中 1 499 个是源自拉丁语的（86.45%），193 个是源自斯拉夫语的（11.07%），其余则是其他来源的。

博格丹的注释包括 1 450 个词语，其中源自拉丁语的有 1 219 个（84.07%），源自斯拉夫语的有 175 个（12.07%），其余的则是来自匈牙利语、希腊语以及来源不明的。

现存著于 16 世纪的罗马尼亚语文献序言和后记中共有 5 195 个罗马尼亚语词语，其中源自拉丁语的有 4 355 个（83.83%），斯拉夫语的 658 个（12.67%），其他则来源于匈牙利语、希腊语、本地语、德语（一个词）或是不明来源。我们以几个这样的序言和后记为例：科雷斯版《基督教问题》包含 215 个词语，其中 187 个是拉丁语，占 86.98%，28 个是非拉丁语，其中 18 个是斯拉夫语，占 8.37%；科雷斯版《四福音书》包含 140 个词语，其中 116 个拉丁语（82.86%），20 个斯拉夫语（14.29%）；科雷斯版《福音传道》包含 314 个词语，其中 280 个拉丁语（89.17%），28 个斯拉夫语（8.92%）；科雷斯版《祈祷书》包括 428 个词语，其中拉丁语词语 378 个（88.32%），斯拉夫语词语 37 个（8.64%）；在科雷斯版《福音宣教》的序言和引言中共有 1 844 个罗马尼亚语词语，1 621 个（87.90%）是源自拉丁语的，223 个（12.09%）是其他词源的，其中 166 个（9%）是来自斯拉夫语的（斯拉夫语词语如：a ceti, aşijderea, praznic, sfânt, trup, tipăritură, milă, voievod, duh）；1582 年奥勒什蒂耶版《旧约》的序言里有 1 811 个罗马尼亚语词语，其中 1 534 个（84.70%）是拉丁语词源的，277 个（15.30%）

是非拉丁词源的，在非拉丁词源的词语中 193 个（10.66%）来自斯拉夫语。

当然，这些数据只是部分的、粗略的统计，不能概括所有词语的使用频率。上述分析是有意基于经验而做的，并非严格符合相关规则。鲜活的语言不一定非要考虑其词语出现的次数和它们的词源，它本身就是一种真正的、令人信服的存在。

概括而言，可以看出，无论是古代作者，还是过去那些世纪里留下的文献，都证明了在中世纪和现代早期时，罗马尼亚语具有拉丁语的特点。在 15 至 17 世纪时，所有以各种方式研究罗马尼亚语的严肃作者们，都以不同的形式谈到了罗马尼亚语的拉丁属性（罗马特性）：他们察觉到这种拉丁属性，没有任何细节或理由；他们举出历史论据来谈论拉丁属性；同时也找出语言证据（以词语举例）；把罗马尼亚语归入罗曼语族中（有时列举这些语言）；他们以祈祷书《我们的父》为例；他们把罗马尼亚人的口语（新拉丁语）和书面或宗教语言（斯拉夫语）区分开来；他们把语言作为罗马尼亚人起源于罗马的证据；他们说罗马尼亚人讲"罗马语"；他们所举的例子不仅有罗马尼亚语词语，还有短语和句子；他们指出罗马尼亚人（其中一部分）坚称他们出身罗马，并以此为荣借此吹嘘。

语言学家们对 16 至 17 世纪的罗马尼亚语文献里的词语进行研究后，得出了相同的结论：无论从词语还是语法结构来看，中世纪和现代早期的罗马尼亚语都是拉丁语。

《坎塔库济诺编年史》——第一次 定居和拉丁属性

《坎塔库济诺编年史》（*Letopisețul Cantacuzinesc*）著于 1700 年左右。它由很多"层次"构成，错综复杂，其中的层次不是连续的，而是相互干扰、混淆的，这样就产生了一些令人难以理解的段落。然而，仍然可以区分出某些章节或部分讲述的是 14 世纪的事件。

在编年史的古代部分中有一部分是这样开头的："罗马尼亚公国的历史始于东正教徒们来此定居，但最初则是罗马尼亚人从罗马人中分离出来，并漂泊向北。他们跨过多瑙河，在塞维林堡定居下来；另一部分人到达匈牙利公国，沿着奥尔特河、摩勒什河和蒂萨河一直到达马拉穆列什。而那些在塞维林堡定居的人又向山脚下和奥尔特河分散，其他人则顺多瑙河而下。他们散居到各处，一直到达内科波尔的边缘。"通常，中世纪的历史学家通过罗马尼亚人定居的过程，来理解特兰西瓦尼亚和马拉穆列什的罗马尼亚领导人或大公们（带领着他们的队伍）创建罗马尼亚公国和摩尔多瓦的历史。而此处所说的定居，指的则是另外一次，即罗马尼亚人从罗马人中分离出来后的那一次。

　　研究 17、18 世纪学术著作中所记载的我们中世纪的历史，可以帮助我们弄清史实。迪米特里耶·坎泰米尔首次以博学多识、通俗易懂的方式，把这段历史介绍给了外国人。他讲到两次定居：第一次是在古代，图拉真皇帝统治下的罗马时代，从多瑙河南岸到北岸；而第二次发生在中世纪，13 至 14 世纪，从弓形喀尔巴阡山内侧到罗马尼亚公国和摩尔多瓦。这两个公国随着弗格拉什的内格鲁大公和马拉穆列什的德拉戈什的到来逐渐形成。《坎塔库济诺编年史》也没有讲出其他更多实质内容，这个从开篇就可以看出来。该书似乎是以一个矛盾的句子起始的（"但最初则是罗马尼亚人从罗马人中分离出来"），这一句与编年史的书名有关。它是和书名的全称《罗马尼亚公国的历史始于东正教徒们来此定居》中的内容相对立的。换句话说，作者想表达的是他所讲的国家历史是从第二次定居开始的，虽然有关罗马尼亚人最早的信息指向的是另外一次定居，是指罗马人的定居，包括整个达契亚，直到马拉穆列什。另一个非常严肃的论据增加了这种假设的可能：《坎塔库济诺编年史》流传下来数十个手抄本，专家把它们分为两大组，其下又分很多小组。第二组下面的 A 和 O 分组直接清楚地指明了作者所讲的是哪一次定居："而最初则是罗马尼亚人从罗马人中分离出来，并漂泊向北。他们的首领是图拉真和他的儿子西维利耶"和"而他们来自罗马，是从罗马人中分离出来的"。此处毫无疑问，编年史家在开头用短短几行，非常简短地总结了罗马人时代"罗马尼亚人"的第一次定居，即在图拉真皇帝的带领下从罗马来定居。换句话说，《坎塔库济诺编年史》的讲述由"东正教徒们来此定居"展开，在此句之前，作者以含糊的、传说的方式提到了另一次与罗马尼亚人的民族名称相关的定居，也就是第一次，图拉真时代的定居。当然，那些当时和图拉真皇帝一起渡过多瑙河的罗马人现在被称为"罗马尼亚人"（从其他罗马人中分离出来，并在那时就与这些人有所不同），也就是说他们就是罗马尼亚人的祖先。他们中的一部分人先到达了塞维林堡，并于102年后在那里建造了著名的大马士革的阿波罗多尔之桥，另有一部分人则溯奥尔特河而上，还有一部分人沿穆列什河和蒂萨河到达马拉穆列什。书中还说，那些在塞维林堡定居的人又向山脚下和奥尔特河分散，其他人则顺多瑙河而下，一直到达内科波尔的边缘，散居到各处。

　　就像在其他古代编年史文献中一样，在迪米特里耶·坎泰米尔的《坎塔库济诺编年史》中，罗马人和罗马尼亚人也被混淆了。换句话说，罗马尼亚人是留在多瑙河和喀尔巴阡山的罗马人，是正宗的分支。相较于两个民族的一致性，那些随着时间的推移形成的发音和书写方面的细微区别不过是些细枝末节而已。那两次定居标志着两次为建国奠定基础，第一次更多是民族和语言意义上的，而第二次则主要是政治意义上的。在来自喀尔巴阡山以西的力量推动之下，形成了两个"自由的罗马尼亚国家"（尼古拉·约尔加）。根据中世纪时的罗马尼亚观念，第二次定居发生在特兰西瓦尼亚，也就是罗马行省达契亚的核心。图拉真皇帝在那里建立了首都乌尔比安·特拉扬那，永久地留下了罗马的印记。作为承载罗马特性和罗马尼亚特性的主干，特兰西瓦尼亚在关键时刻源源不断地把剩余人口输送过去，为饱受侵略威胁的边界地区注入活力。而因此得到巩固的边界地区则保留了拉丁属性，并且承担了在现代重建罗马尼亚政治统一的历史使命。

第一次定居与中世纪的事件时间重叠

　　《坎塔库济诺编年史》接下来写到，在从罗马人中分离出来的罗马尼亚人当中选出了一些出身望族的贵族官吏作为"潘"*。他们自称"巴萨拉布家族"，他们的统治中心最初在塞维林堡，后来迁到了斯特雷哈亚，之后又迁到了克拉约瓦。实际上这里讲述的层次是重叠的，时间线索也是混乱的。情况先是古代奥尔特尼亚潘领土和行政权分开，后来（16世纪初）成为罗马尼亚公国统治者的某些潘的代表"巴萨拉布化"（为了统治的合法化，他们假作巴萨拉布家族的成员），最后潘的统治中心逐渐由塞维林堡搬到斯特雷哈亚，最终迁至克拉约瓦。这些情况和事件基本是连续或在很长时间里陆续发生的，而在这本编年史中却几乎是同时发生的。在这种根据多人记忆口述记录下来的作品中，类似情况并不少见。19世纪下半叶，尼古拉·丹苏石亚努在为他的作品《霍雷亚起义》搜集

---

　　* 中世纪奥尔特尼亚地区的行政长官。——译者

资料时就发现，显而易见，阿普塞尼山区的农民把霍雷亚时代的一些事迹归到了阿夫拉姆·扬库身上，或是相反。那些很久以前口口相传下来的信息经常把多重时间线交叉混淆在一起，而且还不止于此。

通过副词"那时"，选举奥尔特尼亚的潘们的时间变为了罗马尼亚人从罗马人中分离出来之时。对于这位编年史家而言，此事并不重要，因为无论如何，所有这些事件都是很久以前发生的。但是，提到图拉真、塞维林堡和一批又一批罗马尼亚人自第二次达契亚战争中罗马军队的方向而来，都毫无疑问地表明作者试图讲述第一次定居，即罗马人的定居。后来的一些与第一次定居毫无关系的时刻也被关联到了一起。之后，作者简短讲述了被放在1290年的第二次定居，这次定居与拉杜·内格鲁大公从匈牙利公国来到此处有关。

仅有的一些时间确定的元素是与图拉真皇帝和古罗马相关的，如我们所见，包含在《坎塔库济诺编年史》流传下来的数十种版本中的几个里面。其余则是模棱两可和传奇性的。我们不排除在这本史书中，由选举潘，即奥尔特尼亚的政治领导，引出了一个章节来讲述来自西蒙大帝统治下的第一保加利亚帝国。或更为合乎情理的，来自阿森王朝 * 的推动影响。另外，就像翁丘尔所记述的那样，这整个章节都会使人联想到巴萨拉布家族具有"塞尔维亚"（即多瑙河以南）血统。

这部编年史不负众望，清晰地反映了我们那两次定居史。这与罗马尼亚人在很久以前经历的两个重要的历史时刻相符：随着罗马人的到来，罗马尼亚人形成独立的民族（"图拉真时代的定居"）和罗马尼亚国家形成（"内格鲁大公时代的定居"）。第一次定居得益

---

* 第二保加利亚帝国的建立者。——译者

于来自南方罗马的政治和人口贡献，而第二次则是源于弓形喀尔巴阡山内部（即西部和北部）的罗马尼亚（也包括西方的）政治与人口贡献。事实并非完全如上所述，有关那两次定居史的书面记录复杂、模糊甚至自相矛盾。当然，也曾有过其他小规模的定居。然而，《坎塔库济诺编年史》在开头只简短讲述了图拉真和拉杜·内格鲁时代的那两次经典定居，然后以16世纪之后，特别是17世纪为重点展开叙述。关于统治中心位于塞维林堡、斯特雷哈亚和克拉约瓦的"巴萨拉布家族的潘们"的讲述引人入胜，然而它与那两次定居之中的任何一次都不属于同一个时代。关于这个问题，我们可以像一个世纪之前那样提出假设。

《坎塔库济诺编年史》还有一个意义被很多人忽略了，也有些人从未理解过它。我所指的是在罗马尼亚民族起源的前期（直至600年），多瑙河并非民族和语言边界。如果我们回顾几个事实，就会发现其实这很正常：色雷斯-盖塔-达契亚人居住的区域从南部的赫姆斯山（巴尔干山）到北部的马拉穆列什山（此外，布雷比斯塔的联盟扩展到了赫姆斯）；罗马人征服了多瑙河南北两岸，在各地建立了罗马的行省；一些斯拉夫部族途经并定居在这片广袤的土地上，他们中的一部分留在了多瑙河的北岸和南岸。如此一来，构成罗马尼亚民族的所有元素在多瑙河南北两岸都已具备。在7世纪初时，发生了一次重大的变化。大部分多瑙河北岸的斯拉夫人涌入了南岸，使得罗马尼亚民族起源的喀尔巴阡山中心得到巩固，罗马尼亚人的重心向北转移。然而，多瑙河-巴尔干和多瑙河-喀尔巴阡山两个地区间的联系却一直有机存在，并被拉丁属性的活力滋养着。

因此，罗马尼亚公国国内的编年史证实了许多中世纪外国作者所写的：一些罗马尼亚人意识到了他们具有罗马特性和罗马血统，这些是从"罗马皇帝图拉真时代的第一次定居"时就可以发现的。

该编年史前几章简要回顾了关于罗马尼亚民族和语言的证据，提出了几点确定的事实。第一，这些证据显示外国人把罗马尼亚人看作罗曼语族的成员和讲拉丁语的人。第二，可以看出在中世纪时（一部分）罗马尼亚人就已意识到他们具有罗马渊源（即他们知道自己的祖先是罗马人，并且时常以他们的血统为傲）。第三，罗马尼亚人自称"Român"是来自拉丁语"Romanus"。

当然，以上资料仅仅是部分总结，是基于一个外行为外行们所做的粗略分析。如果把从民族起源末期到 17 世纪所有支持罗马尼亚语具有拉丁属性的作者和文献列出一份清单，这份清单将会给人留下深刻的印象。仅仅是在 1501 到 1593 年间，我本人就能列举出 35 位坚称罗马尼亚语源于拉丁语或与拉丁语有亲缘关系的意大利作者。在经过研究的罗马尼亚语文献中，拉丁词源的词语比例大概是 75%～80%。详细分析将会证明，无论是从单词使用率，还是那些文献的语法结构来看，都会得出同一个结论：罗马尼亚语过去和现在都是罗曼语族的成员。更令人吃惊的是，罗马尼亚语是中世纪唯一一个不可能像意大利语、法语、西班牙语等语言一样，通过借用其所使用的宗教语言来增强和拓展自己的拉丁属性的罗曼语言。罗马尼亚人使用斯拉夫语作为宗教、办公和文化语言，他们借用斯拉夫词语丰富了自己的俗语和文学语言。即便如此，他们语言的拉丁属性却并未受到影响。

所以，语言是我们所有人手中掌握的最重要的活生生的历史资料，它证明了罗马尼亚人具有罗马渊源。借助拉丁属性，我们虽身处"斯拉夫海洋"中，却保留了自己的特色，并与赋予我们生命和使命的西方文明建立和重建了联系。

有一些词语创造了历史，通过它们可以更好地解读我们的历史，例如 bătrân（年老的）、biserică（教堂）、păcură（重油）、ai（蒜）、nea（雪）、păcurar（牧人）、amăgire（admăgire，欺骗）等等。关于其中一些词语，我们确切地了解它们是何时在罗马尼亚语里出现和如何创造历史的。

如上文所述，我们发现古代作者们和过去数百年所遗留下来的文献，都证实了罗马尼亚语在中世纪和现代早期具有拉丁特点。同时，从 16 和 17 世纪的古代罗马尼亚文献中，可以得出一个和历史资料及外国人观察所得相符的结论，即罗马尼亚语的结构和内涵都是拉丁语的。

总之，通过语言、称谓、血统和基督教化的形式，我们注定在这个世界上组成一个具有拉丁属性的群体。在所有这些提到的元素中，最基本的特性和辨识元素仍然是罗马尼亚语。正如前述，罗马尼亚人通过他们的语言所获得的最好的赞美来自一位中世纪的外国作者。我指的是人文学家、意大利编年史家、马蒂亚·科尔温国王的秘书安东尼奥·庞菲尼。他赞美了他所认识的罗马尼亚人，因为他们具有拉丁属性。庞菲尼惊讶于罗马尼亚人，也就是图拉真带来的那些后来被移民潮淹没的"罗马殖民者"，如何能够把拉丁语在多瑙河和喀尔巴阡山保留下来。同时，他也就这个奇迹给出了答案："他们——达契亚的罗马殖民者们，虽然被蛮夷的大潮淹没了，却仍然使用罗马语，无论怎样都不曾舍弃它。他们那样执着地坚持，你能看出他们不仅为生命不息，也为语言长存而奋斗。"这位意大利人认为罗马尼亚人之所以能够保持他们的身份特征，是因为他们珍视他们的语言重于生命。换句话说，罗马尼亚人现在仍然是罗马尼亚人，是因为他们把语言置于万物之上。一些民族因勇敢而被赞美，另外一些则因为他们取得的成就、获得物质财富的能力、思想的敏锐、跨越海洋、捍卫民主和自由等等被颂扬。罗马尼亚人并不经常战败（否则早已灭亡），他们没有放弃耕种土地（否则就会饿死），他们没有放弃诗歌和讲述（否则就不会有著作），他们没有生活在独裁之下（否则就会丧失人性），而且他们的所做所为超越了所有这一切：他们捍卫了自己的语言。还有比这一认识更美妙的吗？并非偶然，诗人写道："我们的语言是神圣的语言！"显然，我们后来几乎忘记了这一点。在小说集《科莫内什蒂人》（*Comăneştenilor*）的开头，杜伊柳·扎姆菲雷斯库曾写下含义深刻的题词，这题词如今已经完全被忘却了："我们有责任用我们自己的语言去阅读。那些大民族根本不懂得其他语言。"我们并非如国家统一之初所自以为的那样是一个大民族，但是这不能成为我们不懂罗马尼亚语的理由。否则，在不久的将来，我们将既不是大民族也不是小民族，我们将什么也不是了！

拉丁语、法律或诚实生活

　　每个有文化的人都知道，这世上没有任何一所严肃的法学院不研究罗马法。显然，在此领域我们也是绝无仅有的。我们竭尽全力把罗马法边缘化为一门课程，减少课时，把它作为选修课，最后完全放弃这个"废物"。只是因为我们现代化了，不再需要机械的记忆了！

　　然而，罗马人几乎把他们在司法领域里的所有重要成果都留给了我们。抛开那些罗马尼亚语的名称（法、司法、法律、宪法、刑事的、民事的、商业的、协议、条约、证人、法官、检察官、律师、裁决、惩罚、免诉、控告、判决、家庭等，这些都是拉丁语），还有一些跨越数千年的具有最高价值的罗马司法原则。

　　"Audiatur et altera pars！"（"兼听则明！"）这与宪法原则共鸣。它表达了每个公民都有辩解的权利，经过拓展，为民主社会的答辩权奠定了基础。罗马人不会根据某一方的证词做出片面的裁决。各方可以在法官面前平等发言，每个人都有一个律师负责辩护。控告人称为"actor"，被告称为"in causam atractus"，双方当事人都有"causidici"，即律师，作为诉讼案件的辩护人。两千年前的司法程序和现在的几乎一样。

"Honeste vivere, alterum non laedere, suum cuique tribuere"（"诚实生活，不损害他人，各得其所"）是一项生活原则和道德准则，它包含在罗马法学家乌尔比安提出的规则之中："正义乃是使每一个人获得其应有权利的永恒不变的意志。法律箴言这样说：诚实生活，不损害他人，各得其所。"普布留斯·尤文求斯·杰尔苏也提出："法律乃善良及公平之艺术。"按照我们今天刻板的原则，罗马人可能无法区分道德概念和司法概念，因为无论是对于乌尔比安，还是杰尔苏而言，只有诚实与善良是道德观念，其他的则属于司法观念。这一判断是禁不住历史的检验的：罗马人了解道德和司法概念之间的差异，但是他们根据普遍的人类原则来做出裁决，而不是跳出个人和公共利益来理解正义。如果我们为恶他人和社会的话，那么我们追求真理和正义就毫无意义。当然，好也并非绝对的，必须经常与更高层次的事物、现实和人类理想进行比较。一些关于法律效力的箴言有它们自己的故事，即便是令人怀疑的，也是引人入胜的。正如我所说，"dura lex, sed lex"（"法是严厉的，但这就是法"）有可能出自（虽然也有可能不是）推翻了君主政体、建立了共和国并被迫审判了自己儿子的布鲁特斯（约前509年）。罗马检察官们的脑子里没有法律面前并非人人平等的想法。箴言"Fiat iustitia et pereat mundus！"（"即使天崩，也坚持正义！"）表达了同样的意思，这意味着正义高于一切。同样的含义也包含在"Iustitia fundamentum regnorum（est）"，即"正义是所有国家的根基"这句话中，它把法律看作国家运转的基础。罗马人第一次定义了公民身份，他们采取分权并规定了主要的公共机构。"Cives

Romanus sum", 即 "我是罗马公民", 这句话直到今天听起来仍是如此令人印象深刻! 拥有公民身份的人(这并非与生俱来的, 而是作为对国家所做贡献的奖励给予的)以他们的罗马公民身份为荣, 他们既承担义务, 也享受权利, 他们不会出自底层, 像外国人或蛮夷。罗马对共和制的热爱历经半个千年的检验, 这一点从 "Salus reipublicae suprema lex esto!"("共和国的安全就是最高法律!")这一表述就能看出来, 这归因于另一位布鲁特斯, 他是前 44 年谋杀尤利乌斯·恺撒的策划者之一。另外, "Senatus populusque Romanus"("元老院和罗马人民", S.P.Q.R.)这一表述深受罗马人的喜爱, 今天仍见于罗马钱币、建筑和其他地方的铭文。这句话指的是罗马共和国政府、罗马城市和国家的领导, 曾被用于官方的正式签名。同时, "Vox populi, vox Dei"("民之声, 神之声")这句话显示了民主在法治国家中的力量。

还有很多被当代司法界人士经常引用的表述, 仅简单列举下就能看出它们的重要性: bona fides(在民法中, 合同各方有诚信的正确表现), captatio benevolentiae(在开始辩护时, 博取听众或法官们的好感很重要), corpus delicti(刑法中的犯罪主体、物证), cui bono?(何人从中得益?), de facto et de iure(事实与法律), erga omnes(普遍适用), expressis verbis(用确切的词语表述, 昆提利阿努斯), flagrante delicto(现行犯), habeas corpus(保障个人自由, 限制随意逮捕和拘留的权利), ius deliberandi、ius gentium、ius gladii、ius primae noctis、ius primum occupantis、ius utendi et abutendi(审议权、人民权、控告权、初夜权、先占权、使用和滥用权), mortis causa(罗马法里的一种捐赠形式), nullum crimen sine lege(法无明文规定不为罪), pater incertus(父亲不详), pater familias(一家之长), persona non grata(在一个国家不受欢迎的

人），post factum（事后行为），primus inter pares（同侪之首），pro tempore（临时，在限定时间内），res nullius（一种可以先到先得的财产），res communis（属于任何人的财产，如太阳、空气、水、大海等共有物），casus belli（战争原因），statu quo（现状），status in statu（国中之国），veto！（我反对！）。

罗马人认为应该倾听民众的声音，而中世纪的人只重视神的旨意。到了现代，人民的声音才开始得到重视。如果我们切断同过去的联系，我们可能就会认为是我们发明了这一切，这是不幸的，也是错误的。

所罗门·马库斯与拉丁属性

　　"院士先生"（所罗门·马库斯）一直力争在罗马尼亚学校教授拉丁语，我对此印象深刻。我是少数有幸从现场而不仅仅是从书本了解他的论据的人，因为他与我分享了它们，并鼓励我走出去，到公共场合去。他的第一个理由是我们罗马尼亚人具有拉丁属性，他认为一个新拉丁民族不学习拉丁语是荒谬的。在德国，即便是在一些理工大学也教授西塞罗的语言。第二，他深信拉丁语是学习其他语言的关键。他认为懂拉丁语的人，不仅是对罗曼语族的语言，学习其他外语也会快很多，也更容易。第三，他告诉我拉丁语的语法可以锻炼思维，并使知识分子具有远见，正如几何学之于数学家一样。他坚信，有拉丁语（语法）基础的学生或青少年具有成为从自然科学到社会科学和人文科学等众多领域的专家的先决条件。当然，他也知道现在学习现代语言的方法和技巧与过去不同，但是，语法是必不可少的，动词的结构和句子的句法是真正能证明一个人的博学和智慧的。他为那些活跃的年轻人辩解说，年青一代是快节奏的、思维敏捷的，他们不再有耐心和兴趣去研究那些无聊、枯燥、严肃的问题，如古拉丁语文献。他久久地凝望我，对我说年青一代并非"他们想成为怎样，而是看我们怎样去培养他们"，我们有责任认真、扎实、坚持不懈地去努力引导他们。过了一阵，他对我说他有一个想法，想利用年轻网民们自己的武器去说服他们，同时努力说服政府挽救拉丁语研究。我们没来得及去实现他的这个想法，因为我们天人永隔了，所罗门·马库斯去了另一个更美好、更高尚的世界。

我深信他正在包罗万象的天国某处注视着我们，所以现在我简短地说几句来偿还这债务。在坚决捍卫拉丁语成为学校课程的运动中，我喜欢在电视或脸书上邀请一些人仔细看着计算机或者笔记本电脑，在 Word 启动时对着屏幕思考一下。第一眼，在那个屏幕上出现大约 30 个英文单词。它们是如下这些：document、file、home、insert、design、page、layout、references、mail、view、review、paste、cut、copy、format、painter、clipboard、normal、font、paragraph、space、title、heading、subtle、emphasis、styles、find、replace、select、editing。在这 30 个单词中，7 个，即 23.33%，是属于古日耳曼语族的（英语是一种日耳曼语言），其余的 23 个，即 76.66%，是古典拉丁语和晚期拉丁语，很多通过法语被引入中世纪的英格兰使用。因此，在任何启动 Word 的人都必须进入的软件首页上将近 80% 的英文计算机术语是源自拉丁语！这意味着没有拉丁语，这门 21 世纪的科学也就无法生存，至少从形式上，要归功于拉丁语的存在。如果我们继续进入软件，从初始页到 Insert、Design、Page layout 等，我们会碰到 grammar、define、thesaurus、count、translate、proofing、language、comment、delete、change、accept、reject、previous、compare、authors、restrict、notes、protect 等词语，所有这些词语都来自西塞罗、贺拉斯和奥维德的语言。严格来讲，可以反驳说虚拟空间里的年轻冲浪者们并不需要了解词源，就可以很好地使用甚至成为计算机专家。如此判定也是可以的，但如果那样的话，我们就要准备退回动物界，我们就不再是"会思想的芦苇"（布莱士·帕斯卡）。持续提出问题，努力回答问题，并进行争论，是我们作为人类的基本条件。如果我们决定忽略人类对拉丁语言和文学所做的贡献，那就意味着我们准备进入"理性休眠"，准备从长期麻木到愚昧无知，准备退回到生命脆弱的萌芽状态和逐渐衰退。

所罗门·马库斯为在学校教授拉丁语而辩，不仅因为他相信人类思维的创造力，相信人文主义精神需要"语法几何学"，也是出于更加深刻的原因。这位学者通过拉丁语为罗马尼亚语——从根本上讲是为罗马尼亚文化和罗马尼亚民族特性而辩。他的前辈，语言学家扬库·菲希尔在很久以前写过一本书，名为《多瑙河拉丁语》（*Latina Dunăreană*）。书中证明罗马尼亚语实际是拉丁语，在罗马印记被永久留在多瑙河下游地区之后的两千年里，拉丁语在此地经历了发展和变化。所罗门·马库斯如此努力争辩，还因为罗马尼亚语的准确性，因为它世代正确延续以及始终不舍弃自己的根源。他把罗马尼亚语看作我们民族的名片。

经过漫长的争论，以"院士先生"为首的我方并未取得胜利，我们仅仅做到没有让拉丁语被彻底遗忘，我们获得承诺七年级学生将每周学习一小时拉丁语。这是好还是不好？是多还是少？很难说，鉴于我们不停地进行学校"改革"，我们都不能静静地等待这些改变取得成果。我们经常变来变去！所罗门·马库斯为维护拉丁语研究而斗争的这段生命历程，揭示了他的一个人格闪光点，也就是他看重心灵的需求和具有拉丁属性的罗马尼亚民族特性。如果我们只是一动不动地待在屏幕前，盲目地接收那些具体信息，那么我们就有可能变得机械化，丧失人类的本质。在屏幕前，我们首先应该思考，对自己提出问题，并且时刻自我质疑。然而为此，（正如之前所讲）我们必须具有扎实的文化素养和丰富的知识储备，通过比较、权衡、斟酌可能的选项，做出决定。如果我们没有知识，如何去比较？又比较什么？在我们脑海里的必备知识中，拉丁语言和文学为我们自己的电脑提供了整个世界。而世界上最好的电脑是我们每个人的头脑。所以，我们应该培养它，用数据去充实它。

结 语

　　今天，罗马尼亚人在世界上的分布比历史上任何时期都更广。在意大利生活着一百多万罗马尼亚人，在西班牙的罗马尼亚人也有百万之众。另外，还有很多罗马尼亚人旅居法国、美国、德国、英国、加拿大、澳大利亚、新西兰和其他许多地方。显然，我们会问为什么罗马尼亚人集中在意大利和西班牙，而不是像德国或者美国那样工资更高、就业机会更多的国家。可能有人会反驳说，尽管美国以"充满无限可能的国家"著称，但它距离遥远，位于大西洋彼岸。可是德国到罗马尼亚的距离要近得多啊！唯一说得过去的理由是：吸引罗马尼亚人的是语言、习惯都与他们自身相近的新拉丁世界。一个文化程度不高的罗马尼亚人在意大利或者西班牙，只要和当地人一起生活几周，就可以讲意大利语或者西班牙语了。我们来看几个例子：罗马尼亚语"Bună seara！"（晚上好！）在意大利语里是"Buona sera！"，"fruntea"（额头）意大利语是"fronte"，"ochiul"（眼睛）是"occhio"，"urechea"（耳朵）是"orecchio"， "nasul"（鼻子）是"naso"，"barba"（胡子）是"barba"，"braţul"（胳膊）是"braccio"，等等。这种便利难道是因为达契亚人可能曾经是世界的主宰，而罗马尼亚人、意大利人和西班牙人可能都是他们的后裔？这种猜想显然是荒谬的。这一点即便是那些不了解历史的人，那些没有文化素养的人，或是任何有判断力的人都能看出来。显而易见，就算是非专业人士，也知道共同的罗马特性孕育了意大利人、西班牙人和罗马尼亚人。

可见，罗马尼亚人的血统源自拉丁世界，确切地说，是源于通过拉丁语传承下来的罗马精神。这一点是毋庸置疑的。大约在第一个千年后半期，与那些跟他们具有相同血统的亲族——意大利人、法国人、西班牙人、加泰罗尼亚人、葡萄牙人等等一样，罗马尼亚民族形成。确切地说，在公元 800 年之前，罗马尼亚民族还无从谈起，只能称之为罗马尼亚民族的前身或是曾经在这片土地上生活、驻足的其他民族。所有那些并未在罗马尼亚民族形成过程中起到任何作用的民族，都不能被称作罗马尼亚人的祖先。在被罗马占领之前，多瑙河下游南北两岸生活着盖塔－达契亚人和色雷斯人，他们和其他民族混居在一起。在达契亚被罗马征服之后，形成了达契亚－罗马人，他们是由盖塔－达契亚人与罗马人，更确切地说，是与来自"整个罗马世界"的讲拉丁语的人共同生活、交融而成。即便在 271—275 年，罗马皇帝奥勒良的统治从古达契亚领土及其周边地区（克里沙纳、马拉穆列什、摩尔多瓦）撤离以后，当地居民仍以达契亚－罗马人为主，后来，开始有迁徙民族来到这里。罗马尼亚民族由此逐渐孕育而成。最初，也就是 7 至 8 世纪，他们被称为古代罗马尼亚人或早期罗马尼业人。在罗马尼亚民族起源的末期，作为第三个组成元素，斯拉夫元素开始加入到罗马尼亚的民族构成中。这些元素中最主要的是罗马元素，斯拉夫元素的影响相对较弱。在此情况下，无论我们多想说罗马尼亚人"已延续数千年"都是不可能的，因为这不符合史实。"哈曼吉亚的思想者"、"特尔特里亚图章"、特里波利耶-库库泰尼文化著名的陶器和许多史前文物都令人印象深刻，但它们都和这片土地而非罗马尼亚人有着直接的联系。类似的情况也发生在其他民族。例如，就算是帝国时代的罗马人也不能以著名的伊特鲁里亚（今天的托斯卡纳）墓葬来炫耀，因为那些是属于伊特鲁里亚的，而非罗马的。同样，虽然保加利亚人、塞尔维亚人和匈牙利人的国家都位于一些古罗马行省内，但在那里发现的罗马古迹和这些民族并没有任何关联，因为他们是在罗马统治倒台和罗曼语族的人被赶走很久之后才到达那里的。

公元前 2000 年左右，此地的种族结构通过印欧化进程彻底改变了。那时，当色雷斯人或色雷斯人的祖先踏上我们的土地时，欧洲人口密度之低可能会令我们当中的一些人感觉难以置信。例如，1835 年前后，罗马尼亚平原的人口密度是大约 16 人 / 平方公里，1400 年时，约 6～8 人 / 平方公里；公元初年，欧洲的平均人口密度可能只有约 3 人 / 平方公里。我们可以想象，公元前数千年，在这片土地上生活的居民屈指可数，他们极易因传染病、自然灾害、异族进攻、武装冲突等等原因消亡、被迫离开家园或失去生命。考古资料显示，确切地说是通过对当时的居住区和墓葬区的考古挖掘发现，公元前 2000 年左右，这里不仅人烟稀少，而且平均寿命很短。因此，一个地区的民族—人口结构很容易发生变化，不需要特别的助力，基本就是自然而然地改变。人口定居化、在固定居所生活和疆域规划都是在很久之后才出现，并最终在罗马统治下推行的。总之，民族形成之前的所有痕迹甚至都不能隐晦地归结于罗马尼亚人，因为他们并非像时间一样是一直存在的。关于喀尔巴阡山-多瑙河地区的民族特性，我们的了解始于 2 500～3 000 年前，从那时开始有了关于黑海的希腊人、萨尔马特人、斯基泰人、色雷斯人、伊利里亚人、盖塔－达契亚人和凯尔特人的确切记载。从最初的记载到罗马尼亚民族在这些地区的罗马化进程中孕育而成，其间经过了漫长的岁月（大约 1 500 年或者将近 2 000 年）。罗马尼亚人的民族名称源于罗马，他们的祖先通过拉丁语实现了基督化，他们使用罗曼语言，这些都充分证明在罗马尼亚人和拉丁属性之间存在着千丝万缕的联系。

世界的罗马特性，包括罗马尼亚人的罗马特性是经过历代学者的检验的，并非那些爱好历史的知识分子所开的玩笑或是可以选择、可以按照某人或某个时代的口味任意改变、否认、接受、缩小或夸大的真相。一个民族的起源不会过时，不会去适应时代、统治者和时尚，也不会因此而改变。拉丁属性在我们的历史上始终存在，只有那些无知的、心怀恶意的人或是罗马尼亚人的敌人才会去否认它。在经过数个世纪对我们罗马血统的肯定和证明之后，也出现了一些谣言。正如编年史家所说，这是出于对在这一方世界里罗马传统的唯一传人——罗马尼亚人的嫉妒。人文学家们首次清晰、明确地指出了罗马尼亚人具有拉丁属性，指出罗马尼亚人出身于罗马。前启蒙主义拥护者坎泰米尔和启蒙运动一代（特兰西瓦尼亚学派）对此都进行了科学论证。特兰西瓦尼亚罗马尼亚人与罗马教会联合以及罗马尼亚联合教会（希腊－天主教）的建立，除了政治内涵以外，还意味着罗马尼亚人明显与他们的出身之地重新靠拢。在布拉日的高等学校建立之后，一代代的罗马尼亚青年足迹遍布罗马、维也纳、布达、特尔纳瓦（今斯洛伐克特纳瓦）等地，即到达西方，并带着有关罗马尼业人具有拉丁属性的新证据返回家乡。他们博学的著作似乎使事情最终步入正轨，但却遭到了某些捍卫哈布斯堡王朝的政治和领土财富的奥地利历史学家的反驳。19 世纪时，在其他一些政治"雇佣兵"，尤其是匈牙利人和俄国人的助推下，奥地利人的诋毁得到了加强。罗伯特·罗斯勒的"作品"在某些国家的"历史学家"中催生了一批反对者，在这些国家的一些省份里居民多为罗马尼亚人。20世纪时，反对之声一直在持续，尤其是在1918—1920年通过民族解放斗争和承认民族自决权完整的罗马尼亚形成之后。

在罗马尼亚国内，从未有具有扎实专业知识的历史学家和语言学家否认罗马尼亚人具有罗马渊源。然而，就像在任何研究领域一样，在此问题上也经常存在一些细微差别。在某些时期，罗马尼亚人的罗马出身不仅仅被肯定，甚至被夸大了。"我们出身于罗马"经常被罗马尼亚精英阶层拿来吹嘘，尤其是就连外国人也支持这一观点。另外，在现代罗马尼亚民族受到肯定的时期，罗马特性使我们得以在世界立足，并保证我们在欧洲和世界都有一个体面的地位。与罗马尼亚人相关的概念"达契亚人"/"盖塔人"和"达契亚"/"盖塔"并非指他们在前罗马时代的存在，而是指成为罗马人的达契亚人/盖塔人和罗马帝国的达契亚行省。达契亚和达契亚人的魅力长存，但是这指的是被纳入罗马世界的达契亚和在罗马人统治下的达契亚人。每当在某些中世纪史料里看到地名"达契亚"和"盖塔"或者民族名称"达契亚人"和"盖塔人"时，那些不具备足够深厚的历史和语言知识的人都欣喜若狂，忘记了这些名称指的是罗马尼亚人居住的地方和罗马尼亚人自身，忘记了这些名称与文艺复兴和文艺复兴后的仿古和使用古代名称的风尚有关。这些名称与被人文学家和希腊-拉丁古典主义代表们蔑视和忽视的"蛮夷"无关，与之相关的是那些被纳入罗马世界范围，之后又被罗马化的领土。总之，人文学家们的书本和地图上的达契亚是指被纳入罗马世界后的文明达契亚，而人文学家们所欣赏的达契亚和达契亚人也是指罗马时代的，而非指"蛮夷"。因此，中世纪的罗马尼亚人（除了广为传播的名称弗拉赫人以外）有时被称为"达契亚人"或"盖塔人"，正是因为他们的祖先是罗马人，是讲拉丁语的人。

从 19 世纪下半叶（哈什德乌以后）开始，对于前罗马时代达契亚人的重视凸显，但这并不意味着罗马人被排除在罗马尼亚的民族起源之外。在两次世界大战之间，经过研究，达契亚人和罗马人所受的重视达到某种平衡，伟大的罗马尼亚学者们，从瓦西里·波尔凡到格奥尔基·布勒蒂亚努都对此进行了阐述。在共产主义时代前期，尤其是"头脑中挥之不去的十年"，斯拉夫元素被夸大了，但本地人和占领者，即达契亚人和罗马人元素并未被剔除。随着民族共产主义政权的回归，达契亚主义被夸大，但是因为遭到了那些权威历史学家们的持续反对，达契亚主义倾向变为非主流，学校教科书没有偏离正确的方向，大学课程也遵循了历史真相。总之，真正的罗马尼亚历史学家不会随着政治利益或时尚而摇摆。一般而言，不同的重点所在是与历史学科的发展、领域内在活力、考古、碑铭和档案研究发现的进展阶段等等相关的。离经叛道的爱好者和工具主义的历史学家只是少数，他们从未能主导历史研究的大方向。在 20 世纪六七十年代比较缓和的时期，康斯坦丁·久雷斯库确立了关于民族起源的教学范例，并且之后没有再被改变——罗马尼亚人以三个基本元素为基础（除了其他许多次要元素以外）：本地元素（古代），即盖塔－达契亚人；征服者元素，即罗马人或讲拉丁语的人；移民元素，即斯拉夫人。正如对于所有古代罗曼语族的民族一样，在所有这些元素之中，罗马人是基本元素，如果没有它，罗马特性或拉丁属性就无从谈起。换句话说，拉丁属性的思想是始终贯穿在罗马尼亚史书中的，虽然它出现的频率与自身应有的地位并不相符，并非始终那么频繁。但是这种差异在所有罗曼语族的民族和其他民族的文化中都会碰到。

　　因此，支持除了以罗马人为主的任何其他罗马尼亚民族起源，或者甚至把罗马尼亚人的罗马渊源与他们所谓单纯的达契亚起源放在同一层面，都是背离史实的。同样，毋庸置疑，罗马尼亚语是罗曼语族的语言，尽管在这一问题上出现的谬误更加明显。完全不同的事物是不能放在同一层面上的，一个是基于已经被证明的事实，而另一个是出于幻想。有关罗马尼亚人具有罗马特性的理论是始终存在的事实，不被环境所影响，而单纯的达契亚主义则是一种随机出现的幻想。

　　总而言之，罗马尼亚人具有罗马特性不可能也不是 18 世纪以后才出现的一种新理论，它并非主要出自某些对此感兴趣的外国人，并被一些同样感兴趣的罗马尼亚爱国人士所采纳。所有中世纪的严肃证据，其中很多是在 13 至 17 世纪（启蒙运动前），都证明了罗马尼亚人具有罗马渊源，而罗马尼亚语具有拉丁属性。这些中世纪作者说，一方面他们是从某些罗马尼亚人那里得知了我们是罗马人的后裔这一真相（"罗马皇帝图拉真时代的第一次定居"），另一方面，听到罗马尼亚人讲"残破的拉丁语"或"损毁的意大利语"更坚定了他们的这种信念。今天越来越清晰的证据表明，中世纪时，一些罗马尼亚人就已意识到他们具有罗马特性，即确信罗马尼亚人的祖先是很久以前从罗马而来的。这些证据推翻了所有有关罗马尼亚人的罗马血统论始于现代的论断。关于我们出身最持久、最有力的观点恰恰是这个民族出身于罗马，是罗马人的后裔。罗马人和讲拉丁语的人征服了世界，用文明之光照亮世界，并为世界继续前行创造了条件。而我们，罗马尼亚人，通过我们的祖先，进入了这个文明世界，因为在两千年前，我们成了当时世界上最强大的罗马帝国的一部分。

大部分欧洲人、几乎全部中南美洲人、部分北美人以及非洲和亚洲的一些族群，他们主要通过所讲的语言（使用最广泛的是西班牙语、法语、葡萄牙语、意大利语和罗马尼亚语），携带着三千年前起源于意大利半岛中部一个小平原的文化和文明的信息。当然，那些古拉丁姆地区的小部落并非凭空出现的，他们源自其他群体、种族，其中不排除希腊人、古犹太人、埃及人、腓尼基人、美索不达米亚的民族、希腊化的人们，甚至包括色雷斯人。但是，伟大的罗曼语民族有它不可混淆的本质特点，即是讲罗曼语和拉丁语的。罗马尼亚人是这个世界的一小部分，这是真的，这一事实并非偶然的、可以选择或是改变的。一些外国人可能不喜欢罗马尼亚人具有拉丁属性，就像某些罗马尼亚人也不承认这一事实一样。实际上，我们是自由的，我们可以选择只接受那些合我们心意的现实。但是作为科学家、专家、资深史学家，我们不能拿史实开玩笑。我们的使命是以真理为标准，进行诚实的、正确的、博学的研究，遵循那些经过历史学科和相关领域验证有效的方法，进行比较、咨询，然后只得出那些明显无误的结论。通过这样的工作，一代又一代的历史学家和语言学家，无论是罗马尼亚的，还是国外的，都一致得出结论：罗马尼亚人是罗马人（讲拉丁语的人）、达契亚人、斯拉夫人和其他民族的后裔，罗马尼亚语是一种新拉丁语。关于罗马尼亚人的民族起源，就如其他民族的起源一样，可以也并将永无止境地讨论下去，但是罗马尼亚语具有拉丁属性这一点无论如何都是毋庸置疑的。它是既定的事实，这就足够了！

　　我知道仅凭这本书并不能改变人们关于我们古代历史的认知。不久前，在我为罗马渊源是18世纪乃至19世纪特兰西瓦尼亚的罗马尼亚人民族斗争的主旋律而辩之后，我在一篇博客中被列为了"狂热的达契亚民族主义者"。我不理解狂热的达契亚民族主义与罗马渊源有什么关系！人们不读书，只看他们想看的，并且仅仅因为想要指责、攻击和伤害，就毫无判断力地进行归类。这样的表现令人痛心。我们讲宽容，却不能接受异己的意见；我们歌颂民主，却又想实行个人专政；我们随心所欲地写作，阅读却越来越少；我们谈论博学，却培养肤浅；我们自称真正的学者，实际却不过一知半解；我们呼吁全球化，却想让自己的国家被膜拜，不接受其他国家的生存权；等等。上述转折句所指的并不一定是罗马尼亚人，也一定不仅仅是罗马尼亚人。我们有各种各样的邻居，他们并不喜欢我们。同样，我们罗马尼亚人也并不怎么喜欢他们。

我们的邻居们也不准备承认我们的一些重要的历史功绩和明显的基本属性，如拉丁属性。并非只有罗马尼亚人面临此类问题。所有民族都有与它们为敌的邻居，后者不承认他们的功绩，不承认他们的民族和语言，甚至民族神话。的确，那些曾经和现在主宰世界的伟大民族和国家与中小民族和国家享有的地位和得到的认同不可同日而语。这只是"牛没资格享受上帝应得之物"！世界自诞生之日就是如此，今后也会如此。这并不意味着那些中小民族就应该放低声音或者保持沉默。研究旨在让他们延续，正如语言也将继续传承，无人能够阻止。矛盾是不会也不应停止的，只是有些不变的史实不再成为讨论的内容和矛盾的主题，罗马尼亚人具有拉丁属性就是其中之一。

总之，直至19世纪文化团体尤尼米亚（Junimea）出现之前，特兰西瓦尼亚学派在推动罗马尼亚社会现代化，使其与西方世界，即我们的血统、民族名称、语言和信仰的起源地同步方面，发挥了最为重要的作用。但并非特兰西瓦尼亚学派告知了我们罗马尼亚人具有罗马特性，而是从民族初始，罗马尼亚人的罗马特性就模糊而传奇地保留在一些罗马尼亚人的意识里。从这些罗马尼亚人那里，中世纪时来到多瑙河和喀尔巴阡山地区的外国旅人了解到，在图拉真皇帝时代，众多从罗马世界而来的人在此实现了"第一次定居"。那些旅行者中的一部分很有文化，他们发现我们自称"罗马人"，外国人称我们为"弗拉赫人"，我们称自己的语言为"Romană"或"Romanescă"（罗马语或罗马尼亚语），这种语言与意大利语、法语、西班牙语和葡萄牙语等语言很相似。除了在当地（即从罗马尼亚人那里）收集来的经验主义证据以外，他们后来还补充了其他一些历史和语文方面的旁征博引来的学术论据。14 至 16 世纪，即文艺复兴时期，这些旅行者（商人、军人、冒险家、政客、学者、外交官）主要使用拉丁语告知西方世界，在东方有一个继承了罗马特性的"罗马殖民地"。显然，有一些当地人也在 14 至 16 世纪，把罗马尼亚人具有罗马特性的消息传到了西方。这些人里有日耳曼人（撒克逊人）、匈牙利人，甚至是罗马尼亚人。而在这些罗马尼亚人中，首推尼古拉·罗曼努尔，他虽然是在匈牙利王国任职的天主教徒，却从未放弃他的姓氏"Românul"，他以他的罗马血统和他的民族为傲。此后，在 17 世纪时，一些罗马尼亚人开始在波兰（摩尔多瓦编年史家们）、意大利（康斯坦丁·坎塔库济诺）或君士坦丁堡（迪米特里耶·坎泰米尔）的高等学校学习，借此机会，他们带回了有关罗马尼亚人具有罗马渊源的历史、考古和语言文化方面的新证据。他们早已意识到了这一渊源的存在。特兰西瓦尼亚学派使罗马尼亚人的罗马特性成为一项系统的研究计划和民族解放斗争的基本证据。在此学派出现之前，有关罗马尼亚人的罗马血统和罗马尼亚语的拉丁起源的认识历程令人难忘。这一过程可以追溯到古代，并在整个中世纪延续，直至现代。我们不需要从外国学者们那里得知我们来自何方，也不需要等到 18 世纪我们的罗马特性理论形成，因为在此理论形成之前，罗马尼亚人具有罗马特性就是一个活生生的事实，它在多瑙河和喀尔巴阡山地区已经存在了两千年。

罗马尼亚人的拉丁属性和罗曼语族大家庭的成员身份属于某种历史财富，从它们可以看出某种形式的发展，这种发展是与从地中海直到火地岛、好望角等的众多成功文明同步的。它们并非罗马尼亚人的功绩，但是它们使罗马尼亚人融入世界，使他们与世界有了交点，并解释了他们的众多成就。罗马尼亚人的拉丁属性并非一件值得称颂或者羞耻的事情，它只是一个简单的事实，即在语言和文化方面，罗马尼亚人与意大利人、西班牙人、法国人和葡萄牙人等具有亲缘关系。这种亲缘关系不仅仅是指"血缘"。谁知道在这漫长的历史时期里，我们的祖先和多少民族混居过。它也是指精神上，指认知世界的方式和思维方式。而这种与拉丁语使用者之间所存在的精神亲缘关系，在罗马尼亚人最美好的精神创造——罗马尼亚语上体现得最为明显。我们应该培养它，正确地说、写，因为它是我们作为一个民族融入这个世界的标志。新拉丁语仍然是罗马尼亚人之间沟通的最重要途径。同时，作为一个大语族的组成部分，借助罗马尼亚语，罗马尼亚人能够更容易地使用意大利语、西班牙语、葡萄牙语、法语等语言进行沟通。罗马尼亚语还有一个优势，即与罗曼语族的其他语言拥有共同的词汇表和相似的语法形式。总之，罗马尼亚语不仅使罗马尼亚人之间能够有效沟通，同时，也是帮助罗马尼亚人更轻松地融入世界、与世界对话以及更容易地掌握外语的工具。拉丁世界是一个完整的世界，罗马尼亚人是其中的一员。

罗马尼亚人的祖先从两千年前就开始歌颂多瑙河和喀尔巴阡山地区的拉丁属性，之后他们也一直津津乐道并分享这赞歌，就像分享圣杯中的美酒。通过罗马尼亚文学，他们把创作的活力注入整个文明世界。两千年以来占据了世界文化统治地位的那些语言，按时间顺序分别为拉丁语、法语和英语。借助源自罗马的语言，罗马尼亚人首先通过那些同样出身永恒之城的民族，实现了与世界的对话。那些民族从未停止高唱"拉丁民族之歌"，而罗马尼亚人的身份也与拉丁属性密不可分。

图书在版编目（CIP）数据

从罗马人到罗马尼亚人：为拉丁渊源而辩 /（罗）
伊昂－奥莱尔·波普（Ioan－Aurel Pop）著；李昕，杨颖
译 . -- 北京：中国人民大学出版社，2024.9. --ISBN
978－7－300－33243－7

Ⅰ. K542

中国国家版本馆 CIP 数据核字第 2024BX7819 号

从罗马人到罗马尼亚人
——为拉丁渊源而辩

［罗］伊昂-奥莱尔·波普　著

李昕　杨颖　译

Cong Luomaren dao Luomaniyaren

出版发行	中国人民大学出版社	
社　　址	北京中关村大街 31 号	邮政编码　100080
电　　话	010－62511242（总编室）	010－62511770（质管部）
	010－82501766（邮购部）	010－62514148（门市部）
	010－62515195（发行公司）	010－62515275（盗版举报）
网　　址	http://www.crup.com.cn	
经　　销	新华书店	
印　　刷	涿州市星河印刷有限公司	
开　　本	890 mm × 1240 mm　1/32	版　　次　2024 年 9 月第 1 版
印　　张	8.25 插页 3	印　　次　2024 年 11 月第 2 次印刷
字　　数	196 000	定　　价　48.00 元